kro_014 Foto: wl

Werner Lips
Süddalmatien

„Non bene pro toto libertas venditur auro"
(Für kein Geld der Welt sollst du die Freiheit verkaufen;
Freiheitsparole am Stadttor von Dubrovnik)

Impressum

Werner Lips
Süddalmatien

erschienen im
Reise Know-How Verlag Peter Rump GmbH
Osnabrücker Str. 79, 33649 Bielefeld

1. Auflage 2008

Gestaltung
Umschlag: G. Pawlak, P. Rump (Layout); M. Luck (Realisierung)
Inhalt: G. Pawlak (Layout); M. Luck (Realisierung)
Karten: C. Raisin; der Verlag
Fotos: der Autor (wl), Kroatische Fremdenverkehrszentrale (fz)
Titelfoto: der Autor

Lektorat: M. Luck

Druck und Bindung: Wilhelm & Adam, Heusenstamm

ISBN 978-3-8317-1678-4
Printed in Germany

Dieses Buch ist erhältlich in jeder Buchhandlung Deutschlands, der Schweiz, Österreichs, Belgiens und der Niederlande. Bitte informieren Sie Ihren Buchhändler über folgende Bezugsadressen:

Deutschland
Prolit GmbH, Postfach 9, D-35461 Fernwald (Annerod)
sowie alle Barsortimente

Schweiz
AVA-buch 2000, Postfach, CH-8910 Affoltern

Österreich
Mohr Morawa Buchvertrieb GmbH, Sulzengasse 2, A-1230 Wien

Niederlande, Belgien
Willems Adventure, www.willemsadventure.nl

Wer im Buchhandel trotzdem kein Glück hat, bekommt unsere Bücher auch über unseren
Büchershop im Internet: www.reise-know-how.de

005sd08 Foto: wl

Reise Know-How im Internet

Aktuelle Reisetipps und Neuigkeiten
Ergänzungen nach Redaktionsschluss
Büchershop und Sonderangebote

www.reise-know-how.de
info@reise-know-how.de

Wir freuen uns über Anregungen und Kritik.

Vorwort

Das **„neue Kroatien“,** für die nächste Beitrittsrunde offizieller EU-Kandidat, verzeichnet eine **politische und touristische Erfolgsgeschichte** ohnegleichen. Etwas mehr als ein Jahrzehnt zurück, noch am Ende eines unseligen Bürgerkrieges stehend, hatten viele Menschen in und außerhalb Kroatiens erhebliche Zweifel am Sinn und Nutzen der Eigenstaatlichkeit aus dem zerfallenen Jugoslawien heraus. Hinzu kam eine rechtskonservative Regierung unter *Tuđman,* die mitunter Erinnerungen an das faschistische Ustaša-Regime im 2. Weltkrieg hervorrief. Die stetigen Auseinandersetzungen auf dem Balkan (Bosnien, Serbien) taten damals ein Übriges, um Reisende von der Region fern zu halten.

Ende der 1990er Jahre kamen die Menschen trotzdem. Wie schon im „alten“ Jugoslawien erfreute sich die kroatische Küste mit ihren zahlreichen malerischen Buchten, ungezählten Inseln und traumhaften Kleinstädten einer boomenden Beliebtheit insbesondere im deutschsprachigen Raum – und keine „Kriegsgerüchte“, keine innenpolitischen Wirrnisse, keine kleinen Mankos im touristischen Komfort taten dem Abbruch.

Mit Präsident *Stjepan Mesić* folgte der nationalistischen Tuđman-Administration ein liberaler Freidenker mit Gerechtigkeitssinn und Drang zum Ausgleich mit allen Nachbarn. Er schuf die politischen Voraussetzungen, die das „neue Kroatien“ Wirklichkeit werden ließen und das Land auf EU-Kurs führten.

Dieses Urlaubshandbuch, das die kroatische Küste von Makarska bis Dubrovnik einschließlich seiner Inselwelt, aber auch die Stadt Mostar (Bosnien-Herzegowina) sowie die ehemals dalmatische Bucht von Kotor (heute Montenegro) abdeckt, soll all denen eine Hilfestellung geben, die – egal ob pauschal oder individuell unterwegs, ob mit eigenem Fahrzeug, Mietwagen oder öffentlichen Verkehrsmitteln – die wundervolle süddalmatische Küste und das Hinterland bereisen möchten, und zwar sowohl bei der Vorbereitung wie auch bei der Urlaubsgestaltung vor Ort. Eine kleine Landeskunde macht mit Kultur und Geschichte des Gastlandes, mit den Menschen und ihrem Leben vertraut.

Neben der Beschreibung aller lohnenswerten Ziele Süddalmatiens wird im Rahmen dieses Buches einer breiten Interessensvielfalt Rechnung getragen; so finden sich unter anderem wertvolle Tipps für Segler, Taucher, Wanderer, Biker, Familien mit Kindern, Strandurlauber u.v.m.

Bleibt mir noch, die außerordentliche Gastfreundschaft der Bewohner der jungen Republik Kroatien ganz besonders hervorzuheben und allen Reisenden einen interessanten und gelungenen Urlaub zu wünschen. Gute Reise!

Werner Lips

Ergänzungsband Norddalmatien

Der vorliegende Band zum Süden Dalmatiens wird ergänzt durch den ebenfalls bei REISE KNOW-HOW erschienenen Band „Norddalmatien", dessen beschriebenes Reisegebiet sich unmittelbar nördlich anschließt. Der allgemeine und landeskundliche Teil deckt sich in beiden Büchern weitgehend.

Inhalt

Reisetipps A–Z

(unter Mitarbeit
von *Elfi H. M. Gilissen*)

Land und Leute

Die Riviera von Makarska

Karten

Auf die passenden Karten/Stadtpläne wird jeweils in den Kopfzeilen verwiesen.

Exkurse

Anmerkung: Die in diesem Buch genannten **E-Mail- und Internet-Adressen** können – bedingt durch den Zeilenumbruch – getrennt werden, sodass ein Trennstrich eingefügt wird, der nicht zur Adresse gehören muss!

Insel Hvar

Halbinsel Pelješac und Inseln Korčula, Mljet und Lastovo

Dubrovnik

Südlich von Dubrovnik

Ausflug nach Mostar (Bosnien-Herzegowina)

Abkürzungen

a/c – Klimaanlage, Air condition
AC – Autocamp (Campingplatz)
AI – All inclusive
Bbhf – Busbahnhof
DZ bzw. **EZ** – Doppel-/Einzelzimmer
FeWo – Ferienwohnung
frz. – französisch
Hbf – Hauptbahnhof
ital. – italienisch
krt. – kroatisch
lat. – lateinisch
p.P. – pro Person
TI – Touristeninformation
Zi – Zimmer

Landesüberblick Kroatien

- **Ländername:** Republik Kroatien/*Republika Hrvatska*
- **Klima:** an der Küste maritimes, mildes Mittelmeerklima, sonst Kontinentalklima mit heißen Sommern und kalten Wintern
- **Lage:** mediterraner und mitteleuropäischer Staat mit Landgrenzen zu Slowenien, Ungarn, Serbien, Bosnien-Herzegowina und Montenegro
- **Größe:** 56.691 km² plus 1185 Inseln (davon 67 bewohnt) mit einem Küstenhoheitsgebiet von insgesamt 31.139 km²
- **Hauptstadt:** Zagreb (ca. 780.000 Einwohner, mit Umland 1,2 Mio.)
- **Bevölkerung:** ca. 4,5 Mio., davon ca. 90 % Kroaten, 7 % Serben, 3 % Sonstige
- **Zeitzone:** MEZ und MESZ
- **Reisedokumente:** Personalausweis oder Reisepass, Kinderausweis mit Bild
- **Währung:** Kuna (Jan. 2008: 1 Euro = 7,36 K, 1 K = 0,14 Euro; 1 SFr = 4,54 K, 1 K = 0,22 SFr)
- **Impfvorschriften:** keine, Standardimpfungen nach dem deutschen Impfkalender empfohlen
- **Landessprache:** Kroatisch; Fremdsprachen Deutsch, Englisch, Italienisch
- **Religionen:** 80 % römisch-katholisch, 5 % serbisch-orthodox, 1 % muslimisch
- **Nationaltag:** 30. Mai (Tag der kroatischen Eigenstaatlichkeit)
- **Unabhängigkeit:** Unabhängigkeitserklärung am 25.6.1991; Anerkennung durch Deutschland am 23.12.1991 mit Wirkung zum 15.1.1992, gemeinsam mit der Europäischen Union
- **Staats- und Regierungsform:** parlamentarische Demokratie; Zwei-Kammer-System und starke Stellung des Präsidenten
- **Staatsoberhaupt:** Präsident der Republik, *Stjepan Mesić* (bis 2010)

Auf der Stadtmauer von Dubrovnik

Ausflug in die Bucht von Kotor (Montenegro)

Anhang

013sd08 Foto: wl

014sd08 Foto: wl

Reisetipps A–Z

Anreise

Anreise mit dem Flugzeug

Nach Dubrovnik, Split und Zadar

Die meisten internationalen **Flughäfen in Kroatien** (Dubrovnik, Pula, Rijeka, Split, Zadar und Zagreb) werden aus dem Ausland **nur im Sommerhalbjahr** angeflogen. Nonstop-Verbindungen aus dem deutschsprachigen Raum mit Linienfluggesellschaften gibt es nach Split und Dubrovnik, eine ganze Reihe von Umsteigeverbindungen über Zagreb und andere europäische Hauptstädte (z.B. mit Austrian Airlines über Wien oder mit Malev über Budapest).

Flugpreise

Ein Economy-Ticket von Deutschland, Österreich und der Schweiz hin und zurück nach Split bekommt man je nach Jahreszeit und Aufenthaltsdauer **ab rund 150 Euro** (einschließlich aller Steuern, Gebühren und Entgelte). Am teuersten ist es in der Hauptsaison im Sommerhalbjahr, in der die Preise für Flüge in den Sommerferien im Juli und August besonders hoch sind und über 300 Euro betragen können.

Indirekt sparen kann man als Vielflieger, indem man Mitglied bei einem **Vielflieger-Programm** wird. Alitalia und Czech Airlines gehören dem Verbund www.skyteam.com an, während Austrian Airlines und Lufthansa im Verbund www.star-alliance.com sind. Diese Gesellschaften fliegen Zagreb, Split und/oder Dubrovnik an.

Buchung

Für die Tickets der Linienairlines kann man bei folgenden **zuverlässigen Reisebüros** meistens günstigere Preise als bei vielen anderen finden:

Buchtipps:
- Frank Littek, **Fliegen ohne Angst**
- Erich Witschi, **Clever buchen – besser fliegen**

(beide Bände Reise Know-How Praxis)

Kleines „Flug-Know-how“

Check-in

- Nicht vergessen: Ohne einen **gültigen Reisepass oder Personalausweis** (Letzerer nur für EU-Staatsbürger) kommt man nicht an Bord eines Flugzeuges nach Kroatien.
- Bei den innereuropäischen Flügen muss man mindestens **1 Stunde vor Abflug** am Schalter der Airline eingecheckt haben. Viele Airlines neigen zum Überbuchen, d.h., sie buchen mehr Passagiere ein, als Sitze im Flugzeug vorhanden sind, und wer zuletzt kommt, hat dann möglicherweise das Nachsehen.

Das Gepäck

- In der Economy Class darf man in der Regel nur **Gepäck bis zu 20 kg pro Person** einchecken (steht auf dem Flugticket) und zusätzlich ein Handgepäck von 7 kg in die Kabine mitnehmen, welches eine bestimmte Größe von 55 x 40 x 23 cm nicht überschreiten darf. In der Business Class sind es meist 30 kg pro Person und zwei Handgepäckstücke, die insgesamt nicht mehr als 12 kg wiegen dürfen. Man sollte sich beim Kauf des Tickets über die Bestimmungen der Airline informieren.
- **Flüssigkeiten** sowie wachs- und gelartige Stoffe (wie Kosmetik- und Toilettenartikel, Sprays, Shampoos, Cremes, Zahnpasta, Suppen) dürfen nur mit an Bord genommen werden, sofern sie die Höchstmenge von 100 ml nicht überschreiten und in einem durchsichtigen, wiederverschließbaren Plastikbeutel verpackt sind (den Beutel vorher kaufen, Fassungsvermögen: max. 1 l). Von den Einschränkungen ausgenommen sind verschreibungspflichtige Medikamente und Babynahrung sowie alle Flüssigkeiten/Getränke/Gels, die nach der Fluggastkontrolle z.B. in Travel-Value-Shops erworben wurden. Da sich diese Regelungen jedoch ständig ändern, sollte man sich im Reisebüro oder bei der Fluggesellschaft nach den jeweils gültigen Regelungen erkundigen.
- **Sperrige Gepäckstücke** (z.B. Fahrräder) müssen bei der Fluggesellschaft vorab angemeldet werden. Deren Beförderung kann mit Zusatzkosten verknüpft sein, die je nach Airline unterschiedlich sind.
- Aus Sicherheitsgründen dürfen **Taschenmesser, Nagelfeilen, Nagelscheren,** sonstige Scheren und Ähnliches nicht mehr im Handgepäck untergebracht werden. Diese Gegenstände sollte man unbedingt im aufzugebenden Gepäck verstauen, sonst werden sie bei der Sicherheitskontrolle einfach weggeworfen. Darüber hinaus gilt, dass Feuerwerke, leicht entzündliche Gase (in Sprühdosen, Campinggas), entflammbare Stoffe (in Benzinfeuerzeugen, Feuerzeugfüllung) etc. nichts im Passagiergepäck zu suchen haben.

- **Jet-Travel,** Buchholzstr. 35, 53127 Bonn, Tel. 0228-284315, Fax 284086, info@jet-travel.de, www.jet-travel.de. Sonderangebote auf der Website unter „Schnäppchenflüge".
- **Globetrotter Travel Service,** Löwenstr. 61, 8023 Zürich, Tel. 044-2286666, www.globetrotter.ch. Weitere Filialen siehe Website.

Billigfluglinien

Split und **Dubrovnik** werden von folgenden Billigairlines angeflogen:

- **Fly Baboo,** www.flybaboo.com. Von Genf nach Dubrovnik.
- **Air Berlin,** www.airberlin.com. Von Düsseldorf nach Split.
- **Germanwings,** www.germanwings.com. Von Köln/Bonn, Stuttgart, Hamburg, Berlin-Schöneberg, München, Dresden, Leipzig/Halle und Dortmund nach Split und von Köln/Bonn nach Dubrovnik.
- **TUIfly,** www.tuifly.com. Von Hannover, München und Stuttgart nach Dubrovnik.

Last Minute

Wer sich erst im letzten Augenblick für eine Reise nach Kroatien entscheidet oder gern pokert, kann Ausschau nach Last-Minute-Flügen halten, die von einigen Airlines mit deutlicher Ermäßigung ab etwa **14 Tage vor Abflug** angeboten werden, wenn noch Plätze zu füllen sind. Diese Last-Minute-Flüge lassen sich nur bei Spezialisten buchen:

- **L'Tur,** www.ltur.com, (D)-Tel. 01805-212121 (0,12 Euro/Min.), (A)-Tel. 0820-600800 (0,12 Euro/Min.), (CH)-Tel. 0848-808088 (0,12 SFr/Min.); 140 Niederlassungen europaweit.
- **Lastminute.com,** www.de.lastminute.com, (D)-Tel. 01805-777257 (0,12 Euro/Min.).
- **5 vor Flug,** www.5vorflug.de, (D)-Tel. 01805-105105 (0,12 Euro/Min.).
- **www.restplatzboerse.at:** Schnäppchenflüge für Leser in Österreich.

Anreise mit dem Bus

Gute und preiswerte Verbindungen

Von Pauschalreisen abgesehen (Information und Buchung in jedem Reisebüro) gibt es in Kroatien und seinen Nachbarstaaten, bedingt durch die langjährige Gastarbeitertradition, gute und preiswerte Linienbusverbindungen zwischen Deutschland und Kroatien. Die Rückfahrtickets sind in der Regel sechs Monate gültig, sodass man seinen Urlaub flexibel planen kann.

Einzelheiten, Fahrpläne und Buchungen sind bei der **Deutschen Touring GmbH** erhältlich. Auf der Internetseite können Ausgangs- und Zielorte gewählt, Fahrtzeiten und Preise abgefragt sowie Kataloge bestellt werden:

- **Deutsche Touring GmbH,** Am Römerhof 17, D-60486 Frankfurt am Main, Tel. 069-7903-501, Fax 7903-219, service@deutsche-touring.com, www.touring.de. Ticketkauf und Reservierungen kann man in 17 DTG-Ticket-Center in Deutschland sowie in DER-Reisebüros und den meisten Reisezentren der Deutschen Bahn vornehmen.

Alle wichtigen Orte werden angefahren

Von allen deutschen Großstädten werden alle wichtigen Orte in Kroatien, Bosnien oder Serbien-Montenegro - viele davon täglich - angefahren. Ein Beispiel: Eine Linienbusfahrt von Hamburg nach Zadar kostet rund **120 Euro** (180 Euro retour). Auf allen Routen erhalten Studenten mit Ausweis 10 % Rabatt, Kinder (4–12 Jahre) zahlen die Hälfte.

Die Mitnahme von **Reisegepäck** ist pro Person auf zwei Gepäckstücke und ein Handgepäckstück begrenzt. Auch sperriges Gepäck wie ein Fahrrad oder die Tauchausrüstung ist kein Problem, in der Hochsaison im Sommer und zu Weihnachten sollte man es jedoch lange im Voraus anmelden. Pro Gepäckstück wird eine Gebühr von 3 Euro beim Einstieg in den Bus erhoben. Als Quittung wird eine Gepäckmarke ausgegeben; das Handgepäck ist frei.

Wichtig: Die **Rückbestätigung** (Reservierung für die Rückfahrt) muss am Zielort durchgeführt werden, wofür vor Ort eine Gebühr von umgerechnet etwa 3 Euro erhoben wird.

Ähnliches wird auch **in Österreich** ab Wien bzw. Graz angeboten, etwa als Nachtfahrt über Karlovac und Zadar bis Split für knapp 92 Euro (Rückfahrkarte) bzw. Kinder für 46 Euro. Infos unter www.blaguss.com oder auch www.wintereder-busreisen.at.

Anreise mit der Bahn

Nach Rijeka

Derzeit bestehen **zwei gute Verbindungen täglich** von München nach Rijeka, dem für Bahnreisende günstigsten Zielort an der kroatischen Adria. Tagsüber geht es um 7.26 Uhr los, man erreicht sein Ziel nach Umsteigen in Ljubljana um 17.24 Uhr. Der direkte „Nachtzug" startet um 23.45 Uhr und erreicht Rijeka um 8.51 Uhr. Fahrpreisbeispiel: Für zwei Personen mit Bahncard 25 kostet die Hin- und Rückreise bei rechtzeitiger Buchung rund 150 Euro. Der Komfort eines Schlaf- oder Liegewagens wird extra berechnet. Nach München bestehen viele bequeme ICE-Verbindungen aus dem gesamten Bundesgebiet.

Von Rijeka aus startet mindestens einmal pro Woche das Küstenschiff der Fährgesellschaft Jadrolinija Richtung Split und Dubrovnik – eine der landschaftlich schönsten Fährreisen überhaupt!

020sd08 Foto: wl

Eine reizvolle **Variante** ist es auch, mit dem Nachtzug um 21.03 ab München **nach Venedig** (Ankunft 7.37 Uhr) zu reisen, dort dann einen Tag zu verbringen und dann mit dem Schnellboot nach Kroatien überzusetzen.

Die Preise bei der Bahn schwanken sehr, je nachdem, ob es gerade ein Sparangebot gibt, ob man eine Ermäßigungskarte besitzt etc. Es empfiehlt sich daher die kompetente **Beratung** bei einem **spezialisierten Reisebüro** wie z.B.:

- **Gleisnost am Stadttheater,** Bertoldstr. 44, D-79098 Freiburg, Tel. 0761-383031.
- **Gleisnost im Bahnhof Littenweiler,** Lindenmattenstr. 18, D-79117 Freiburg, Tel. 0761-62037.
- **www.gleisnost.de.**

Fahrradtransport

Hinweis für alle, die ihr Fahrrad mitnehmen wollen: Die Mitnahme von Fahrrädern ist nur in sehr, sehr wenigen Zügen möglich. In den durchgehenden Zügen von Deutschland aus besteht die Möglichkeit gar nicht.

Wer sein Fahrrad jedoch in eine **Fahrradtasche** verpackt, reist nicht mit einem „Fahrrad“, sondern mit einem normalen Gepäckstück - schon ist das Problem gelöst!

Alternativ bietet es sich an, die **EMS-Kurier-Post GmbH,** den Nachfolger des Gepäckversandes der ehemaligen Bundesbahn, mit der Beförderung zu beauftragen: In Verbindung mit der normalen Bahnfahrkarte wird dann für pauschal 25 Euro das Rad zum Bahnhof des Zielortes transportiert. Es muss im Karton verpackt (Lenker quer, Pedale ab; spezielle Radkartons bietet EMS für 5 Euro an) und mit einem Gepäckschein (Bahnhöfe) versehen sein. Spätestens 24 Stunden vor der eigenen Abreise (besser 3–4 Tage vorher) muss EMS unter

Die Kirche Sv Martin bei Drnovo auf der Insel Korčula

Tel. 0180-3320520 informiert werden. Das Rad wird von der Haustür abgeholt, man erhält es dann am Bahnhof des Reiseziels wieder.

Anreise mit dem Auto

Autobahn bis Makarska

Dalmatien gehört wie Italien oder Frankreich zu den „klassischen" Autoreisezielen, wobei unterschiedliche Routen für die einzelnen Großräume zu beachten sind (s.u.). **Am schnellsten** kommt man über die Autobahn nach Dalmatien; sie ist mittlerweile bis hinter Makarska (Süddalmatien) freigegeben und soll noch im Laufe dieser Auflage bis Dubrovnik befahrbar sein.

Der vielleicht **wichtigste Tipp** ist: **Man meide den Samstag** auf kroatischen Straßen um jeden Preis; insbesondere im Hochsommer sind stundenlange Staus vorprogrammiert! Leider bestehen die meisten Unterkunftsvermieter auf den üblichen „Bettenwechsel am Samstag", anstatt durch individuelle Lösungen zu einer Entzerrung dieser Stoßzeiten beizutragen.

Grundsätzlich gilt: Wie in Kroatien selbst auch für alle Transitländer (Tschechien, Slowenien, Italien, Österreich) die **Pannensignalweste** nicht vergessen und **tagsüber Abblendlicht** einschalten (Verstöße kosten 15–40 Euro Bußgeld)!

Transit Österreich

Für Kfz bis 3,5 t verlangt Österreich eine **Autobahn-Vignettengebühr** von 72,60 (Jahr) bzw. 21,80 Euro (2 Monate); das zehn Tage gültige „Pickerl" kostet 7,60 Euro – es empfiehlt sich somit die Anschaffung zweier 10-Tages-Vignetten (die Preise für ein Motorrad betragen 29 Euro/ 10,90 Euro/4,30 Euro). Damit nicht genug: Die gängige Route Salzburg – Ljubljana via Tauernautobahn und Karawankentunnel wird zusätzlich jeweils einfach mit einer Maut von 9,50 Euro (Tauern) und 6,50 Euro (Karawanken) belegt, auf der Route Linz – Graz sind es 4,50 Euro für den Bosrucktunnel und 7,50 Euro für den Gleinalmtunnel.

Anreise
TSCHECHIEN
3
Passau, Nürnberg
D
München, Innsbruck, Schweiz
Wohlfühlroute
Brno
D1
D2
Žilina
A1
Salzburg
Wien
D1
D2
SLOWAKEI
Tauernautobahn
ÖSTERREICH
A4
Bratislava
A10
A9
A2
M1
Graz
Klagenfurt
A11
A2
A9
Budapest
M7
A2
SLOWENIEN
A1
Ljubljana
(Laibach)
M7
M5
A1
H1
A4
A2
UNGARN
Zagreb
Rijeka
105
A1
A6
KROATIEN
A3
E75
A1
4
5
Banja Luka
A3
E70
14-2
17
Sofija
BOSNIEN-
Beograd
(Belgrad)
Zenica
16
HERZEGOWINA
Split
A1
Sarajevo
Gornji Milanovac
17
Mostar
SERBIEN
Adriatisches Meer
20
Dubrovnik
6
Nikšić
Podgorica
MONTENEGRO
Priština
Shkodër
ITALIEN
100 km
ALBANIEN
Skopje

In Österreich müssen Kfz über 3,5 t eine „Go-Maut-Box" für einmalig 5 Euro erwerben (alle Grenzbüros/Tankstellen in Grenznähe) und diese dann mit einem Guthaben von 50 bis 500 Euro aufladen. Auf allen mautpflichtigen Strecken wird dann automatisch per Funksignal die entsprechende Gebühr abgebucht. Dieses System gilt auch für **Wohnmobile,** prinzipiell zahlen sie etwa das 1,5-fache (zweiachsig) bzw. zweifache (dreiachsig) der oben genannten Pkw-Tunnelgebühren.

Eine **Umgehung der Tauernautobahn** ist möglich, kostet aber Zeit und ist nur für zugkräftige Fahrzeuge mit Einschränkungen, für Kradfahrer jedoch durchaus empfehlenswert: Tauernautobahn Abfahrt „Lammertal", dann via Radstadt und Mauterndorf bis Rennweg (Mehraufwand ca. 40 Minuten, malerische Strecke über zwei Pässe); Karawankentunnel bei Villach-West via Wurzenpass (bis 20 % Steigung, für Gespanne gesperrt!) nach Kranjska Gora, dort Richtung Bled und Ljubljana (Mehraufwand ca. 45 Minuten).

Transit Slowenien

Auch Slowenien erhebt Gebühren an **Mautstationen:** für den Karawankentunnel (auf der Rückreise, hin zahlt man in Österreich) 8 Euro, auf der kurzen Autobahn vor Ljubljana 1,50 Euro, hinter Ljubljana (man muss leider ganz hindurch) Richtung Zagreb bis Novo Mesto 3 Euro (Autobahn Novo Mesto – Karlovac) und von Ljubljana Richtung Postojna/Triest 3,50 Euro (Camper/Wohnmobile jeweils ca. 50 % mehr). Seit 2007 gilt in Slowenien der Euro als alleiniges Zahlungsmittel, für die Transitmaut werden alle gängigen Währungen ohne Aufschläge akzeptiert, man kann sogar in kroatischen Kuna zahlen (nicht Karawankentunnel oder Tauernautobahn).

In Kroatien

In Kroatien kosten die Autobahnen eine **moderate Gebühr,** eine Umgehung lohnt keinesfalls; von der slowenisch-kroatischen Grenze zahlt ein Pkw auf der nördlichen Route Zagreb – Slavonski Brod

Transit-Hinweise	Deutschland	Österreich	Slowenien	Kroatien	Bosnien-Herzegowina	Serbien/Montenegro
Höchst-geschwindigkeit Km/h Ort/Landstr./Autobahn	50 / 100 / keine	50 / 100 / 130	50 / 90 / 130	50 / 80 / 130	50 / 90 / keine	50 / 80 / 130* *Serbien
Promillegrenze	0,5	0,5	0,5	0,0	0,5	0,5
STRAFE FÜR: Alkohol am Steuer	ab 250 €	ab 220 €	125-430 €	ab 80 €	ab 150 €	ab 150 €
20 km/h zu schnell	30-40 €	20-55 €	40-125 €	ab 40 €	ab 40 €	ab 25 €
Rote Ampel überfahren	ab 50 €	70-145 €	bis 250 €	130 €	75 €	100 €
Überholverstoß	30-125 €	70-145 €	170 €	ab 40 €	ab 30 €	20-100 €
Parkverstoß	5-50 €	ab 10 €	40 €	ab 40 €	ab 30 €	25-45 €
Treibstoff-Preisniveau	100 %	5-15 % günstiger[1]	10 % günstiger[2]	10 % günstiger[2]	10 % günstiger[2]	15 % günstiger[2]
ADAC-Notruf	089-767676	01-2512060	051-3440650	01-3440666	051-3440660	011-422707
Mautgebühren	keine	Tauern 10 € Karawanken 8 €	Karawanken 8 € Autobahn s. Text	bis Split ca. 150 K, bis Spll. Brod 85 K	keine	Montenegro - →Belg. 5,50 €

[1] Landstraßentankstellen 15 %, an Autobahnen ca. 5% [2] landesweit gleiche Preise

rund 88 K (ca. 12 Euro), auf der Südroute bis Split rund 157 K (ca. 21 Euro). Die Autobahnen sind ausgezeichnet, viele Autobahnraststätten bieten Übernachtungsmöglichkeiten, die Spritpreise sind landesweit identisch (auch an Autobahnen). An der Autobahnzufahrt erhält man ein Ticket (gut aufbewahren!), welches man beim Verlassen an der Mautstation abgibt, erst dann wird der Routenpreis berechnet.

Autobahngebühren

Die genauen Autobahngebühren (detailliert zwischen zwei Ein-/Ausfahrten) kann man unter **www.hak.hr** – dort den Suchbegriff „Straßengebühren" eingeben – einsehen und ausdrucken. Für die slowenischen Straßengebühren werfe man einen Blick auf die Seite **www.kroatien-information.de**/html/kroatische_maut_kroatien.html.

Zusätzliche Tunnelgebühren auf kroatischen Straßen:

- **Zagreb – Karlovac: 16 K**
- **Karlovac – Vukova Gorica: 23 K**
- **Tunnel Učka: 28 K**
- **Krk-Brücke: 15 K**
- **Lepenica – Rijeka: 15 K**
- **Zagreb – Slavonski Brod: 68 K**
- **Zagreb – Krapina: 10 K**
- **Goričan – Varaždin: 13 K**
- **Sv. Helena – Zagreb: 14 K**
- **Zagreb – Jastrebarsko: 8 K**

Haupttransitroute

Viele Kroatien-Urlauber wählen die Haupttransitroute **durch die Alpen,** die von München über Salzburg und Villach **nach Ljubljana,** der Hauptstadt von Slowenien, führt. Dabei passiert man in Österreich die Tauernautobahn und den Karawankentunnel mit der slowenischen Grenze unmittelbar dahinter. Ab Ljubljana nach Osten Richtung Zagreb und bei Novo Mesto Richtung Grenzübergang Metlika abzweigend, erreicht man **Karlovac.** Ab Karlovac wurde die von Reisenden lang ersehnte **neue Autobahn bis Makarska** (südlich von Split) dem Verkehr übergeben, sodass Reisende nach Dalmatien die Strecke Karlovac – Zadar und weiter bis Split zügig zurücklegen können. Spätestens 2009 soll das letzte Teilstück bis Dubrovnik (Süddalmatien) fertig gestellt sein.

Alternativroute

Neben der oben genannten Route bietet sich alternativ die **Autobahn Linz – Graz – Maribor – Zagreb – Rijeka** an, denn gerade in den Ferienzeiten platzt die „klassische" Tauernroute aus allen Nähten; kilometerlange Staus an Tauern- und Katschbergtunnel sind nur eine Folge. Den Abschnitt München – Tauern – Ljubljana – Karlovac kann man auch auf der (vom ADAC empfohlenen) so genannten **„Wohlfühlroute"** – wohl weil die Tester dort nicht im Stau standen – umgehen: Ab Nürnberg fährt man via Regensburg, Passau, Linz, Graz und Maribor bis Zagreb. Wer aus Norddeutschland/Ostösterreich anreist, ist damit sicherlich gut beraten; Eindrücke und Infos auf der Website www.wohlfuehlroute.de.

Route über Slawonien/ Nordostkroatien

Aus Mitteldeutschland via Tschechien bzw. **aus Ostösterreich via Graz** könnte man in Kroatien alternativ über das östliche Binnenland/kroatische Donaugebiet fahren. Dazu folgt man ab Zagreb der A 3 oder der Landstraße N 2 ab Maribor via Varaždin und Virovitica bis Osijek/Vukovar. In Ostslawonien kann man über die serbische Autobahn A 1 Richtung Belgrad oder (bei Slawonski Brod) über Sarajevo und Mostar Mittel- und Süddalmatien (Split bzw. Dubrovnik) erreichen.

Anreise mit dem Schiff

Ab Venedig

Von Venedig in einige istrische Küstenstädte verkehren **in den Sommermonaten** regelmäßig **Personenfähren** von Venezia Lines:

- **Venedig – Rabac:** Juni bis Sept. 1x wöchentlich
- **Venedig – Pula:** Juni bis August 1–3x wöchentlich
- **Venedig – Piran:** Mai bis Sept. 1x wöchentlich
- **Venedig – Poreč und Rovinj:** Ende April bis Anfang Okt. jeweils 3–6x wöchentlich

Die **Preise** für die einfache Strecke starten bei ca. 50 Euro pro Person (Fahrrad 10 Euro, Pkw-Mitnahme ist auf diesen Strecken nicht möglich). Die direkten Überfahrten dauern 2,5–4 Stunden. Aufgrund der wenigen Abfahrten empfiehlt sich eine langfristige Buchung.

Ab Ancona

Für Reisen nach Süddalmatien geeigneter ist die Anreise per **Autofähre** ab Ancona. Die Überfahrt nach Zadar für zwei Personen (Unterbringung Sitz) inkl. Pkw kostet derzeit ab 157 Euro (Rückfahrkarte) bzw. 137 Euro einfache Fahrt (Sitz).

Infos und Buchung

- **www.venezialines.com**
- **www.smc-ferry.com**
- **www.jadrolinija.hr**
- Eine zuverlässige, unverbindliche individuelle Preisberechnung ist unter **www.ocean24.com** möglich.
- Tickets und Informationen zu Fähren erhält man außerdem bei den Spezialisten von **Richtig Schiffen:** im Internet unter www.richtig-schiffen.de und unter Tel. 01805-7424844724433336 (0180-richtigschiffen) (0,12 Euro/Min.).

Fährschiff der Gesellschaft Jadrolinija

Ausrüstung und Reisegepäck

Weniger ist mehr

Grundsätzlich gilt: So wenig wie möglich mitnehmen, bei Bedarf kann nahezu alles unterwegs nachgekauft werden. Neben Toilettenartikeln und der persönlichen Bekleidung, die in den Sommermonaten leicht und luftig sein sollte, könnte eine **Basisausrüstung** folgendermaßen aussehen:

- **Schwimmkleidung,** evtl. Schnorchelausrüstung (Inseln).
- **Schuhe:** Für die Stadt gute Laufschuhe, denn die Kopfsteinpflaster der oft steilen Altstadtgassen sind auch bei Trockenheit glatt wie Schmierseife; für die Berge Wander- oder gute Sportschuhe; für den Strand Schlappen oder Gummisandalen (Steinstrände!).
- **Regenschutz:** Ein Regenschirm kann auch als Sonnenschutz dienen; für Fahrrad- und Mopedtouren eine leichte Regenjacke.
- **Sonnenschutz:** Sonnencreme sowie Tuch, Hut oder Mütze für Wanderungen oder Sonnenbäder in der heißen Jahreszeit (insbesondere für Kinder!), Sonnenbrille.
- **Taschenmesser:** Multifunktionsmesser mit Büchsenöffner, Schere, Feile usw.
- **Wäscheleine** zum Aufhängen der Handwäsche, besser noch ein flexibles Hosengummi; in Ferienwohnungen besteht meist die Möglichkeit, die Handwäsche auf dem Balkon/der Terrasse zu trocknen.
- **Waschmittel:** Spezielle Reisewaschmittel sind vor Ort meist nicht erhältlich, ein Stück Kernseife genügt.
- **Wanderausrüstung:** Tagesrucksack (auch für Einkäufe), bruchfeste Feldflasche.
- **Reisewecker** für frühe Wanderungen, öffentliche Verkehrsmittel usw.

Wer mit dem eigenen Fahrzeug unterwegs ist, hat bei der Zusammenstellung des Gepäcks natürlich einen ganz anderen Spielraum.

Reisende mit Rucksack, die ein mittleres oder besseres Hotel aufsuchen, werden zuweilen schräg angesehen. Aber gerade **Koffer** sind das denkbar ungeeignetste Transportmittel, wenn man nicht gerade von Hoteltür zu Hoteltür fährt bzw. gefahren wird. Für alle Zwecke sehr gut bewährt haben sich **Reisetaschen.** Wer sich überwiegend in Städten und an Stränden aufhalten will, ist mit einer Tragetasche mit Schulterriemen gut beraten.

Es versteht sich von selbst, dass man in Museen, Kirchen, guten Restaurants, Casinos usw. **angemessene Kleidung** trägt, während an den Stränden, in Touristenorten und auf Wanderungen lockere Freizeitkleidung völlig in Ordnung ist. Für offizielle Anlässe oder Geschäftsreisen sind Kostüm bzw. Anzug und Krawatte unverzichtbar.

Autofahren in Kroatien

Defensiv fahren!

„Hinter Wien beginnt der Balkan", hieß es immer – hinsichtlich der Fahrweise vieler Bewohner Ex-Jugoslawiens sicherlich nicht gänzlich aus der Luft gegriffen. Trotz der recht häufigen Polizeikontrollen mutet manch riskantes Überholmanöver der Einheimischen recht abenteuerlich an. **Als Gast im fremden Land** sollte man besonders vorsichtig und defensiv fahren, um Unfälle und Ärger von vornherein zu vermeiden.

Straßennetz

Das Straßennetz ist **vollkommen ausreichend.** Trotz etlicher Neubaumaßnahmen muss jedoch auf dem Großteil der alten Küsten- und Landstraßen mit Vorsicht gefahren werden. Neben den Autobahnen sind auch manche Tunnels sowie die Brücke zur Insel Krk mautpflichtig.

Landkarten

Allgemein hilfreich für die Anreise (einschließlich Transit) sind die **ADAC-Reisekarten,** die (für Mitglieder kostenlos) in den Geschäftsstellen erhältlich sind. Bei **Reise Know-How** gibt es detaillierte **Landkarten** mit Ortsregister zu Dalmatien (Maßstab 1:175.000) und Kroatien (1:300.000).

Geschwindigkeit

In Kroatien sind folgende Geschwindigkeitsbegrenzungen zu beachten: **50 km/h** in Siedlungen, **90 km/h** auf Landstraßen außerhalb von Siedlungen, **110 km/h** auf Kraftfahrtstraßen, **130 km/h** auf Autobahnen; für Pkw mit Anhänger gelten außerhalb von Ortschaften grundsätzlich 80 km/h.

0,0 Promille!

Auf kroatischen Straßen gilt ein absolutes Alkoholverbot! Hierzu eine kleine **Anekdote:** Ein Priester, der sich gegen die 0,0-Promille-Regelung vor Gericht beschwerte, fand eine interessante Argumentation: Er müsse mehrere Gemeinden betreuen, am selben Tage oft Messwein trinken und käme so aus beruflichen Gründen auf einen gewissen Pegel ...

Parken

Wichtig sind auch die **neuen Parkregelungen,** die in fast allen größeren Orten mittlerweile umgesetzt wurden: Das Parken ist (abgesehen von Parkhäusern, z.B. in Zagreb) nur auf farbig markierten Parkflächen erlaubt. Dabei steht „Rot" für 60 Minuten, „Gelb" für 120 Minuten und „Grün/Blau" für 180 Minuten, die in aller Regel Mo bis Fr von 7–20 Uhr und Samstag bis 14 Uhr **gebührenpflichtig** sind (Parkscheinautomaten).

Sonstiges

Weitere Vorschriften: In Kroatien besteht eine grundsätzliche **Anschnall- und** (für Kradfahrer) **Helmpflicht.** Mitzuführen sind **Verbandskasten, Warndreieck und Abschleppseil,** auch Ersatzbirnen für die Beleuchtung sind offiziell Pflicht. Ersatzkanister mit Treibstoff dürfen nicht mitgeführt werden. Kinder unter 12 Jahren müssen auf dem Rücksitz befördert werden. **Tagsüber** muss – wie auch in Slowenien – **mit Abblendlicht** gefahren werden.

Buchtipp:

- RA Michael Nissen, Friedrich Köthe

Bordbuch Südeuropa für Unfall, Panne und Verkehr

Dieser Praxis-Ratgeber informiert über spezielle Verkehrsregeln und Einreisebestimmungen, Strafen, Notrufe und viele weitere Fragen rund ums Autofahren und hilft, Unfälle und Pannen zu regulieren und seine Rechtsansprüche durchzusetzen (Reise Know-How Verlag, Bielefeld).

Die Entstehung der Krawatte

Die „Krawatte", gemeinhin die gängige Bezeichnung für Halsbinde oder Schlips, hat überraschenderweise ihren **Ursprung in – Kroatien!** Das deutsche Wort leitet sich vom französischen „cravatte" ab, das folgendermaßen entstand: Im 17. Jahrhundert hielten sich am französischen Königshof Gesandte aus aller Herren Länder auf, auch wurden besondere Militärverbände gerne aus anderen Ländern rekrutiert, da man diesen größere Loyalität unterstellte. Ein solch besonderer Kavallerieverband wurde von den Franzosen aus Kroatien angeworben, die hervorragend ausgebildeten Reiter dienten der französischen Reiterei als Vorbild. Bemerkenswert war aber noch etwas anderes: Um ihren Hals trugen diese Kroaten seltsam gebundene Halstücher, die schon bald als modisch empfunden und am Königshof getragen wurden. Da es keinen eigenen Namen für diesen Halsschmuck gab, nannten die Franzosen ihn nach der Herkunft seiner Träger „Crvate" (aus altslavisch „Chvat"), woraus dann allmählich französisch „cravatte" und das deutsche „Krawatte" wurde.

Papiere

An Pkw-Papieren sind **Führerschein** und **Kfz-Zulassungsschein** Pflicht; die **„Grüne Versicherungskarte"** ist ebenfalls vorgeschrieben.

Unfälle

Bei Unfällen sollte man unbedingt eine **polizeiliche Unfallbestätigung** ausstellen lassen! Nur damit ist die problemlose Ausreise möglich, da Fahrzeuge mit auffälligen Karosserieschäden die Grenze nicht passieren dürfen, ehe der (mögliche) Verkehrsunfall nachweislich geregelt wurde. Für die heimische Versicherung und um langwierige Schadensersatzprozesse zu vermeiden unbedingt das mehrsprachige Formular „Europäischer Unfallbericht" (Automobilclubs) mitführen und zusammen mit dem Unfallgegner ausfüllen!

Notruf/ Pannenhilfe

Der ADAC unterhält eine **Notrufstation in Zagreb,** die unter Tel. 01-3440666 angerufen werden kann. Der ÖAMTC ist in Zagreb unter Tel. 01-3440644 erreichbar. Andere Automobilclubs haben nur Notrufnummern im jeweiligen Heimatland, die in der Regel auf der Mitgliedskarte des

Clubs aufgedruckt sind. Die **Pannenhilfe des kroatischen Autoclubs HAK** ist unter Tel. 987 (aus Mobilnetzen Tel. 01987) durchgehend erreichbar (man achte auf die Aufschrift „Pomoć na cesti 987" - andere Pannenhelfer sind wesentlich teurer).

Diplomatische Vertretungen

Die Republik Kroatien unterhält **diplomatische Beziehungen zu über hundert Ländern,** von denen etwa die Hälfte ihre Botschaft in Zagreb hat, einige Länder unterhalten zudem Konsulate in Rijeka, Split und Dubrovnik.

In Kroatien

- **Deutschland: in Zagreb,** Njemačko Veleposlanstvo, Ulica Grada Vukovara 64, Tel. 01-6300100 und bei dringenden Notfällen Tel. 098-227136; **in Split,** Njemački Konzulat, Svačiceva 4, Tel. 021-409347.
- **Österreich: in Zagreb,** Austrijsko Veleposlanstvo, Jabukovac 39, Tel. 01-4881050; **in Pula,** Austrijski Konzulat, Stiglicheva 28, Tel. 052-541999; **in Rijeka,** Austrijski Konzulat, Stipana Istranina Konzula 2, Tel. 051-338554; **in Split,** Austrijski Konzulat, Klaiceva poljana 1, Tel. 021-322610.
- **Schweiz: in Zagreb,** Švicarsko Veleposlanstvo, Bogoviceva 3, Tel. 01-4878800.

In D/A/CH

- **Botschaft der Republik Kroatien,** Ahornstr. 4, D-10787 **Berlin,** Tel. 030-21915514, Fax 23628965.
- **Botschaft der Republik Kroatien,** Heuberggasse 10, A-1170 **Wien,** Tel. 01-4802083, Fax 4802942.
- **Botschaft der Republik Kroatien,** Thunstr. 45, CH-3005 **Bern,** Tel. 031-3520275, Fax 3520373.

Ein- und Ausreisebestimmungen

Kurzfristige Änderungen

Ein- und Ausreisebestimmungen können sich kurzfristig ändern. Bitte **informieren** Sie sich kurz **vor Antritt der Reise** nach dem aktuellen Stand (z.B. unter www.auswaertiges-amt.de für Deutsche, unter www.bmaa.gv.at für Österreicher und unter www.eda.admin.ch für Schweizer).

Papiere

Für die Einreise nach Kroatien mit einer Aufenthaltsdauer von bis zu drei Monaten genügt ein gültiger **Personalausweis.** Schweizer und Reisende durch Bosnien-Herzegowina (z.B. im Transit nach Süddalmatien/Dubrovnik) benötigen einen **Reisepass.** Kinder müssen in den Reisedokumenten der Eltern eingetragen sein, ab 12 Jahren ist ein eigener **Kinderausweis** mit Lichtbild erforderlich. **Impfvorschriften bestehen keine.**

Mitnahme von Tieren

Für die Mitnahme von Tieren wird ein gültiger und aktualisierter **Impfpass** (Tierarzt) benötigt. Achtung: Auch schon für die Durchreiseländer innerhalb der EU muss für das Tier eine ordnungsgemäße **Tollwutschutzimpfung** und ein **EU-Heimtierausweis** („Pet Passport" genannt) oder übergangsweise der bisherige Impfausweis vorgelegt werden. Darüber hinaus muss das Tier neuerdings mit einem **Microchip** oder übergangsweise bis zum 2. Juli 2011 mit einer lesbaren Tätowierung gekennzeichnet sein.

Zoll in Kroatien

Auf Gegenstände des persönlichen Bedarfs in üblichen Mengen wird kein Zoll erhoben. Ansonsten gelten bei der **Ausfuhr** die internationalen **Höchstmengen:** 200 Zigaretten oder 250 g Tabak, 50 ml Parfüm, 250 ml Eau de Toilette, 1 Liter Spirituosen oder 1 Liter Wein.

Wertvollere **professionelle und technische Ausrüstung** muss deklariert werden (nicht aber die private Kamera- oder Tauchausrüstung).

Devisen

Die Ein- und Ausfuhr von Devisen ist **in unbegrenzter Höhe** zulässig, die Landeswährung darf bis zu 2000 Kuna ein- bzw. ausgeführt werden.

Schnappschuss auf dem Markt

bonboni
30×65

Mehrwertsteuer

Für in Kroatien gekaufte Waren (mit Ausnahme von Treibstoffen) kann die Mehrwertsteuer (PDV) auf Rechnungen von über 500 Kuna **rückerstattet** werden. Beim Kauf verlangt man hierzu das Formular „PDV-P", welches vom Verkäufer ausgefüllt werden muss. Bei der Ausreise lässt man diese Rechnungen vom Zollamt gegenbestätigen. Die Mehrwertsteuer kann dann innerhalb von sechs Monaten rückerstattet werden: entweder persönlich beim Verkäufer, bei dem die Ware gekauft wurde, oder postalisch (Adresse des Verkäufers) unter Angabe der Kontonummer, auf die der Betrag eingezahlt werden soll. Die Erstattung erfolgt innerhalb von 15 Tagen nach Eingang.

EU-Zoll

Bei der **Rückkehr** gibt es auch auf EU- bzw. schweizerischer Seite **Freigrenzen, Verbote und Einschränkungen,** die man beachten sollte, um eine böse Überraschung am Zoll zu vermeiden. Die nachfolgend genannten Freimengen darf man zollfrei einführen:

- **Tabakwaren** (über 17-Jährige in EU-Länder und in die Schweiz): 200 Zigaretten oder 100 Zigarillos oder 50 Zigarren oder 250 g Tabak.
- **Alkohol** (über 17-Jährige in EU-Länder): 1 Liter über 22 % Vol. oder 2 Liter bis 22 % Vol. und zusätzlich 2 Liter nichtschäumende Weine; (in die Schweiz): 2 Liter (bis 15 % Vol.) und 1 Liter (über 15 % Vol.).
- **Andere Waren für den persönlichen Gebrauch** (über 15-Jährige): nach Deutschland 500 g Kaffee, nach Österreich zusätzlich 100 g Tee; (ohne Altersbeschränkung): 50 g Parfüm und 0,25 Liter Eau de Toilette sowie Waren bis zu 175 Euro; in die Schweiz Waren bis zu einem Gesamtwert von 300 SFr p.P.

Wird der Warenwert von 175 Euro bzw. 300 SFr überschritten, sind **Einfuhrabgaben** auf den Gesamtwert der Ware zu zahlen und nicht nur auf den die Freigrenze übersteigenden Anteil! Die Berechnung erfolgt entweder pauschalisiert oder nach dem Zolltarif jeder einzelnen Ware zzgl. sonstigen Steuern.

Einfuhrbeschränkungen bestehen **in Deutschland** für Tiere, Pflanzen, Arznei- und Betäubungsmittel, Feuerwerkskörper, Lebensmittel, Raubkopien, verfassungswidrige Schriften, Pornografie, Waffen und Munition; **in Österreich** für Rohgold, Tiere, Pflanzen, Lebensmittel, Arzneimittel und Waffen; **in der Schweiz** für Pflanzen, Lebensmittel, Waffen, Tiere, CB-Funkgeräte etc. Nähere Informationen gibt es bei:

- **Deutschland:** www.zoll.de oder beim Zoll-Infocenter, Tel. 069-469976-00.
- **Österreich:** www.bmf.gv.at oder beim Zollamt Villach, Tel. 04242-33233.
- **Schweiz:** www.ezv.admin.ch oder bei der Zollkreisdirektion in Basel, Tel. 061-2871111.

Einkäufe und Souvenirs

Obst und Gemüse

Man wird als Selbstverpfleger gar nicht umhin kommen, von dem leckeren frischen Obst und Gemüse zu kosten, das auf den **lokalen Märkten** und oft auch **am Straßenrand** angeboten wird.

Ein paar **Richtpreise** (für 1 kg):

- **Paprika: 5–7 K**
- **Tomaten: 5–6 K**
- **Trauben: 10–12 K**
- **Bananen: 8–12 K**
- **Pfirsiche: 12–15 K**
- **Kohl: 5–6 K**
- **Zucchini: 5–7 K**
- **Melonen: 3–5 K**
- **Kartoffeln: 4–5 K**

Fleisch und Fisch

Frischfleisch und Fisch kauft man in der **mesnica** (Fleischerei, Metzgerei) und in der **ribarnica** (örtliche Fischhalle), wo hauptsächlich vormittags Muscheln, Tintenfische, Scampi und diverse Speisefische je nach Saison fangfrisch verkauft werden – für Fischfreunde ein Muss!

Bäckereien

Bäckereien **(pekarna)** gibt es in jedem Ort; Brote und Teigwaren sind durchweg sehr preiswert, wobei überwiegend mit Weizenmehl gebacken wird (ein Laib Weißbrot kostet ca. 5 K). Kuchenteilchen sind sehr preiswert und lecker – es gibt viele Sorten, einfach mal durchprobieren! Die bekanntesten Leckereien sind *fritule, krostule,* Strudel, *cukerančići* und die pikant gefüllten *burek* (s.u.). In kleineren Orten, seltener in großen, steht zu bestimmten Tageszeiten ein Bäckereiwagen mit einem Grundsortiment frischer Brote und Kuchen.

Mini- und Supermärkte

Eier, Frischmilch, Konserven, Getränke aller Art und ein **ähnliches Angebot** wie in westeuropäischen Lebensmittelmärkten sind in Mini-Märkten (größere „Tante-Emma-Läden“) oder Supermärkten erhältlich, die sich rapide an den Hauptverbindungsstraßen der größeren Orte ausbreiten.

Eisdielen

Unübersehbar dem italienischen Einfluss sind – neben den Pizzerien – die vielen Eisdielen („Gellateria“) zuzuschreiben. Im Gegensatz zu früheren Jahren kann das Speiseeis (4–6 K pro großer Kugel) heute als sehr gut bezeichnet werden.

Souvenirs

Was kann man mitbringen? Von kitschigen Erinnerungsstücken abgesehen, die in den Touristenorten angeboten werden, könnte eine Spitzendecke oder eine Strickjacke gerade älteren Menschen Freude machen. Auch Holzschnitzereien, etwa Puppen mit Regionaltrachten, kommen in Frage. Als Idee für die Wohnungsgestaltung sei erwähnt, dass es in den kroatischen Städten unendlich viele Künstler gibt, die moderne Aquarelle, Radierungen, Plastiken u.v.m. feilbieten.

Mehr als ein Verlegenheitssouvenir sind lokale **Weine und Schnäpse,** allen voran das auf jedem Bauernhof gebrannte **Nationalgetränk Sliwowitz** *(Šlivovica).* In Touristenorten bekommt man diesen Pflaumenbranntwein als verdünnten Fusel mit künstlichen Aromen, aber in schönen Flaschen, oft mit Kräutern oder eingelegten Früchten. Richtig guten Schnaps erhält man auf den Höfen – einfach auf Schilder wie „Vino“ und „Šlivovica/Rakija“ achten.

Elektrizität

220 V bei 50 Hz

Die Stromspannung beträgt wie bei uns 220 V bei 50 Hz, die **Steckdosen** sind landesweit **ohne Adapter nutzbar.**

Essen und Trinken

Kroatien kann sich einer **ausgezeichneten Küche** überall im Lande und auf den Inseln rühmen. Es versteht sich von selbst, dass die unterschiedlichen **Regionen** ihre jeweils eigenen **kulinarischen Spezialitäten** hervorgebracht haben, so auch Dalmatien.

Fisch

Aufgrund der Lage am Meer sind Fischgerichte, Hummer, Scampi, Muscheln und andere Meeresfrüchte **typisch für die** meisten der in diesem Buch beschriebenen **Küstenorte.** „Klassische" Speisefische sind Goldbrasse, Wolfbarsch, Drachenkopf und Rotbrasse. Sehr beliebt sind auch Krebs- und Seepolypensalat, Austern sowie Jakobs- und Miesmuscheln, *dondole* genannt. Ferner dürfen gegrillte Sardinen oder Sardellen (köstlich!) auf den Speisekarten nicht fehlen.

Nudeln

Nicht zu verachten sind (besonders in Istrien) die **hausgemachten Nudeln,** z.B. Makkaroni mit Fleischsauce. Maultaschen *(fuži), gnocchi* mit Wild und *krafi* (mit Käse gefüllte Ravioli) mit Fleischsauce sind Gerichte, deren Rezepte hier von Generation zu Generation weitervererbt werden und eine „kulinarische Nähe" zur italienischen Küche aufweisen.

Trüffel

In der Gegend um Motovun werden hervorragende Trüffel gefunden, die von manchen Kennern zu den **besten der Welt** gezählt werden, und auch der Kaiserling gilt als istrische Pilzspezialität.

Maneštra, Würste, žarebnjak

Die unersetzliche *maneštra* (Minestrone, Gemüsesuppe) mit Bohnen und jungem Mais oder Gerstenkorn, hausgemachte Würste und *žarebnjak* (geräuchertes Schweinskarree) mit Sauerkraut sind traditionelle **„Hausmannskost"**, die in alten Weinstuben und Lokalen *(gostionica, konoba)* serviert wird.

Eine kulinarische Besonderheit Slawoniens, das man evtl. im Transit über Tschechien passiert, ist das exzellente **Gulasch,** welches auf die kulturelle Nähe Donaukroatiens zur „Urheimat des Gulasch" (Ungarn) hinweist.

008is Foto: wl

Rohschinken und Schafskäse An kleinen, kalten Speisen seien der ausgezeichnete Rohschinken **(pršut)** und Schafskäse **(sir)** erwähnt, ergänzt durch selbst gebackenes Brot *(kruh)*.

Spanferkel Und da wir gerade von zünftigen, deftigen Leckerbissen sprechen: Unübersehbar sind die **entlang der Straßen** scheinbar unentwegt rotierenden, knusprigen Spanferkel **(odojak),** die jeder einmal gekostet haben sollte.

Gegrillte Kleinigkeiten Gegrillte Kleinigkeiten wie **čevapčići** *(čevapi,* Hackfleischröllchen), **pljeskavica** (Frikadellen) oder **ražnjići** (Fleischspieße) werden mit *ajvar,* einer roten Paprikapaste, serviert.

Burek Sehr beliebt sind auch warme *burek* (Blätterteigtorte, in Bäckereien), die **mit Spinat, Käse, Hackfleisch oder Apfel gefüllt** sind, eine – wie auch das Lamm am Spieß – von den muslimischen Bosniern übernommene Spezialität.

Beilagen, Gemüse Die beliebtesten Beilagen sind Brot, Reis und Pommes Frites. An Gemüse werden je nach Saison Mangold, Tomaten, Feldsalat, Wildspargel, Zucchini, Bohnen, Erbsen und Oliven gereicht.

Getränke An Getränken steht zuvorderst der heimische **Wein** in diversen Sorten, zu nennen sind vor allem *Pleškavica* (weiß und rot), *Malvazija-Weißwein, Teran-* und *Borgonja-Rotwein* sowie *Hrvatica-Rosé,* im Süden die bekannten *Pelješac-Weine.* Hausmarken können übrigens in den meisten Orten (Schilder „Vino" beachten) direkt vom Erzeuger für 5–6 K pro Liter gekauft werden, ebenso **Schnäpse,** allen voran *Šlivovica* (Pflaume) und

Dalmatien kann mit gutem Wein überzeugen

Kruškovac (Birne), wobei besonders die handwarm getrunkene Mischung *Juliška* (Pflaume und Birne) zu empfehlen ist. Als typischer Aperitif wird gern der überall erhältliche, sehr milde **Likörwein** *Prošek* getrunken, bei der Jugend ist *Bambus* aus Rotwein und Cola in oder auch *Gemišt* (Weißwein und Wasser), auch *Bevanda* genannt. Als Durstlöscher empfiehlt sich **Mineralwasser,** das mit oder ohne Kohlensäure („gaz“) in Kunststoffflaschen in Supermärkten vertrieben wird.

Restaurants

Ausländische Restaurants sind relativ selten in Kroatien zu finden – mit Ausnahme der allgegenwärtigen **Pizzerien,** gleichzeitig auch die **günstigsten Lokale** in Kroatien.

Ein Wort zum **Preisgefüge:** Essen gehen in Kroatien ist im Durchschnitt immer noch rund 10 % günstiger als in Österreich, Deutschland oder der Schweiz. Grundgerichte scheinen geradezu billig zu sein, man darf sich jedoch nicht täuschen lassen: Beilagen werden extra bestellt und gesondert berechnet. Recht günstig sind gemischte Platten für zwei Personen, etwa Fisch für 180–220 K oder Grillfleisch für 140–170 K. Als Faustregel gilt: Je weiter weg von der Küste, desto uriger, originaler und preiswerter!

Feste und Feiertage

Lokale Feste

Neben den gesetzlichen Feiertagen wird in fast allen Orten mindestens ein lokales Fest im Jahr gefeiert, von zahllosen Veranstaltungen, Ausstellungen, Sportwettkämpfen usw. ganz abgesehen. Sehr interessant ist in diesem Zusammenhang **www.istra.com/events/pregled.html,** wo nach Eingabe des geplanten Aufenthaltszeitraumes und -ortes alle entsprechenden Veranstaltungen und Feste angezeigt werden.

- **1. Januar:** Neujahr
- **6. Januar:** Heilige Drei Könige
- **März/April:** Ostern
- **1. Mai:** Tag der Arbeit
- **30. Mai:** Staatsfeiertag (kroatischer Parlamentsbeschluss von 1991 zum Austritt aus der BR Jugoslawien)
- **22. Juni:** Antifaschismustag
- **5. August:** Staatsfeiertag; Rückeroberung der Krajina 1995
- **15. August:** Mariä Himmelfahrt
- **1. November:** Allerheiligen
- **25. und 26. Dezember:** Weihnachten

Geld und Finanzen

Kuna (K)

Die nationale Währung heißt Kuna (K; 1 Kuna = **100 Lipa**), das kroatische Wort für „Marder" (siehe Exkurs „Wissenswertes zur kroatischen Währung"). Im Gebrauch sind Münzen zu 1, 2, 5, 10, 20 und 50 Lipa sowie 1, 2 und 5 Kuna, ferner Geldscheine im Wert von 5, 10, 20, 50, 100, 200, 500 und 1000 Kuna.

Geldwechsel

Devisen werden in **Banken, Wechselstuben,** auf **Postämtern** sowie in den meisten **Reisebüros, Hotels** und an **Campingplätzen** gewechselt. Es empfiehlt sich definitiv nicht, Kuna schon zu Hause zu tauschen, denn der Wechselkurs vor Ort ist deutlich besser. In Kroatien wiederum bieten die Banken den weit besseren Kurs als Hotels oder Andenkenläden. Wechselstuben sind unkomplizierter, aber ungünstiger.

Wechselkurs (Januar 2008):
- **1 Euro** = 7,35 K, 1 K = 0,14 Euro
- **1 SFr** = 4,58 K, 1 K = 0,22 SFr

Hinweis: Die kroatische Währung wurde im Zusammenhang mit den EU-Aufnahmeverhandlungen in einem engen Korridor an den Euro angebunden, sodass große Schwankungen nicht zu erwarten sind.

Banken

Die Banken sind von **7–19 Uhr geöffnet,** samstags bis 13 Uhr; manche Banken in größeren Städten sind auch sonntags geöffnet (meist in touristischen Orten); für Schecks werden 1,5 %, für Bargeldtransaktionen 1 % Kommission verlangt (besser als Wechselstuben).

Kreditkarte

In den meisten **Hotels, Restaurants und Geschäften** kann mit gängigen Kreditkarten (American Express, Diners Club, Master- bzw. EuroCard, VISA) bezahlt werden.

Für **Barabhebungen** per Kreditkarte kann das Kreditkartenkonto je nach ausstellender Bank mit einer Gebühr von bis zu 5,5 % belastet werden, für das bargeldlose Zahlen werden nur 1–2 % für den Auslandseinsatz berechnet. Also am besten viel bargeldlos bezahlen und für Bargeld gleich größere Summen mit der Maestro-Karte abheben.

EC-/Maestro-Karte

Sehr praktisch sind die **Geldautomaten** (mit Deutsch in der Sprachauswahl) an den Banken, wo mit EC-/Maestro-Karte und PIN-Code bis zu 2000 Kuna pro Transaktion abgehoben werden können. Es kommt allerdings manchmal zu so genannten „Verbindungsschwierigkeiten“, sodass man nicht unbedingt auf den letzten Drücker versuchen sollte, Geld abzuheben! Die Barabhebung per Maestro-Karte ist die preiswerteste Art der Geldbeschaffung. Je nach Hausbank wird dafür pro Abhebung eine Gebühr von 1,30–4 Euro bzw. 4–6 SFr berechnet, allerdings wird der günstigere Banken-Mittelkurs verrechnet (besser als Bargeldtausch!), sodass man gut fährt, wenn man den jeweiligen Höchstbetrag aus dem Automaten zieht.

In großen Supermarktketten kann direkt mit der EC-Karte gezahlt werden, was sich nur bei hohen Beträgen lohnt.

Verlust der Geldkarte

Bei Verlust oder Diebstahl der Kredit- oder Maestro-Karte sollte man diese **umgehend sperren lassen.** Für deutsche Maestro- und Kreditkarten gibt es die einheitliche Sperrnummer 0049-116116, im Ausland zusätzlich 0049-30-40504050. Für österreicherische und schweizerische Karten gelten:

Wissenswertes zur kroatischen Währung

Die Bezeichnung „Kuna" für die kroatische Landeswährung reicht viele Jahrhunderte zurück und beweist allein durch ihren Namen die ehemalige Tauschwirtschaft unter den Menschen. **„Kuna"** bedeutet nämlich nichts anderes als **„Marder"**, ein Hinweis darauf, dass vor der Verbreitung von Gold und Geld als allgemeinem Zahlungsmittel die einfachen Kroaten mit den auf der Jagd erbeuteten Marderpelzen bezahlten. Auf den kroatischen Kuna-Münzen ist das Tierchen verewigt.

Recht ähnlich ist auch der ethymologische Hintergrund des russischen **Rubel,** der „das Abgeschlagene" bedeutet, da die Händler Silberbarren bei sich trugen, von denen sie beim Bezahlen mit der Axt etwas „abschlugen".

Derartige **Tauschwirtschaften** wie beim „Kuna" sind auch aus anderen Kulturen bekannt, etwa aus der Südsee, wo man Muscheln als Zahlungsmittel verwendete.

009is Foto: wl

Früher zahlte man mit echten Mardern

- **Maestro-(EC-)Karte,** (A)-Tel. 0043-1-2048800; (CH)-Tel. 0041-44-2712230, UBS, Tel. 0041-800-888601, Credit Suisse, Tel. 0041-800-800488.
- **MasterCard/VISA,** (A)-Tel. 0043-1-71701-4500 (MasterCard) bzw. Tel. 0043-1-7111-1770 (VISA); (CH)-Tel. 0041-58-9588383 für alle Banken außer Credit Suisse, Corner Bank Lugano und UBS.
- **American Express,** (A)-Tel. 0049-69-9797-1000; (CH)-Tel. 0041-44-6596333.
- **Diners Club,** (A)-Tel. 0043-1-5013514; (CH)-Tel. 0041-44-8354545.

Informationsstellen

Für einen Urlaub in Kroatien stehen nationale, regionale und lokale Informationsstellen zur Verfügung, bei denen man sich vorab ausführlich informieren und/oder Buchungen vornehmen kann.

Touristikbüros außerhalb Kroatiens

Außerhalb des Landes bieten die „klassischen" Touristikvertretungen Kroatiens **Informationen, Hilfestellungen und Literatur** zur Reisevorbereitung. Dazu ist anzumerken, dass die kroatische Zentrale für Tourismus in den letzten Jahren spürbar professionalisiert (im positiven Sinne) wurde und heute sehr nützliche Publikationen und Karten kostenfrei ausgegeben werden, wohingegen noch vor wenigen Jahren jeder Stadtplan nur gegen bare Münze zu erhalten war.

Die **Kroatische Zentrale für Tourismus** ist online unter **www.croatia.hr** vertreten, man kann aber auch Kontakt mit der Vertretung vor Ort aufnehmen:

Deutschland:
- Kaiserstr. 23, D-60311 **Frankfurt/M.,** Tel. 069-2385350, Fax 23853520, info@visitkroatien.de.
- Rumfordstr. 7, D-80469 **München,** Tel. 089-223344, Fax 223377, kroatien-tourismus@t-online.de.

Österreich:
- Am Hof 13, A-1010 **Wien,** Tel. 01-5853884, Fax 585388420, office@kroatien.at.

Schweiz:
- Badenerstr. 332, CH-8004 **Zürich,** Tel. 043-3362030, Fax 3362039, info@kroatien-tourismus.ch.

Touristikbüros in Kroatien

Wichtig für Touristen vor Ort ist die Nummer **0800-200-200,** eine landesweit kostenlose **Informations-Hotline der Kroatischen Zentrale für Tourismus.**

- **Zentrale für Tourismus,** Ilica 1a, 10000 **Zagreb,** Tel. 01-4556455, Fax 4816756, 4816757, www.htz.hr, www.mint.hr.

Daneben existieren einige **regionale touristische Informationsstellen** der Gespanschaften (Verwaltungsbezirke). Diese Stellen bieten reichhaltiges Prospekt- und Informationsmaterial zu den jeweiligen Regionen, ohne einen konkreten Ort besonders hervorzuheben, und sind daher neutraler als die lokalen Touristeninformationen, die ihren jeweiligen Ort propagieren. Für Süddalmatien ist vor allem die erste der unten genannten Adressen von Belang, die anderen können durchaus mit Blick auf An- bzw. Rückreise interessant sein:

- Die süddalmatische Gespanschaft **Dubrovnik-Neretva** findet man unter www.visitdubrovnik.hr; zu den offiziellen Informationsbüros der einzelnen Orte in Süddalmatien siehe bei den Ortsbeschreibungen.
- Die drei norddalmatischen Gespanschaften (= Kantone, Bundesländer) veröffentlichen ihre jeweiligen Informationen unter **www.zadarska-zupanija.hr** (Gespanschaft Zadar), **www.sibensko-kninska-zupanija.hr** (Gespanschaft Šibenik-Knin) und **www.dalmacija.hr** (Gespanschaft Split-Dalmatien).
- **Karlovačka,** Ambroza Vraniczanya 1, 47000 **Karlovac,** Tel. 047-615320, Fax 615320.
- **Primorsko-Goranska** (Tourismusverband der Region Kvarner), Nikole Tesle 2, 51410 **Opatija,** Tel. 051-272988, 272665, Fax 272909, www.opatija-tourism.hr.
- **Zagreb:** Informationen zur kroatischen Hauptstadt bietet die Turistica zajednica grada Zagreba unter info@zagreb-touristinfo.hr oder im Internet: www.zagreb-touristinfo.hr.

In Kroatien ist die Institution des so genannten **„Turist Biro"** (auch „Information" oder „Tourist Service/Agency" oder ähnlich) praktisch allerorts vertreten; es handelt sich um **kommerzielle Agenturen,** die Privatunterkünfte vermitteln, Geld wechseln, Ausflüge organisieren, Angel- und Tauchlizenzen (nicht alle) ausstellen usw. Dieser Service ist nicht umsonst, Auskünfte - etwa in Form von Stadtplänen - kosten Bares (teilweise werden 5 Euro für einen kleinen Stadtplan verlangt!). Für die Organisation von Fremdenzimmern und Ferienwohnungen sind diese Institutionen unumgänglich (siehe „Unterkunft"), für normale touristische Anliegen (Hintergrundinfos zum Ort, Faltblätter, Stadtpläne usw.) empfiehlt sich jedoch grundsätzlich der Besuch der „richtigen" Touristikinformationen in den einzelnen Orten, kroatisch **„Turistična Zajednica Grada ..."** (Tourismusverband der Stadt ...). Die lokalen Informationsbüros sind in den jeweiligen Ortsbeschreibungen aufgeführt. Diese verfahren in Bezug auf Informationsmaterial, insbesondere Karten, Wanderpläne usw., vor allem auf den Inseln, auf unterschiedliche Art und Weise. Während in einem Ort das Material kostenlos ausgegeben wird, werden in anderen Orten (derselben Insel) auf ein und dieselben Karten Gebühren von mehreren Euro erhoben.

Infos im Internet

Jede beliebige Suchmaschine findet heute in Sekundenschnelle Tausende Internetseiten zum Stichwort „Dalmatien"; nur einen Bruchteil davon hier zu kommentieren, ist schlicht unmöglich. An dieser Stelle sei daher auf einige wichtige oder besonders hilfreiche Seiten verwiesen. Spezielle Hinweise besonders zu Unterkünften sind im Kapitel „Unterkunft" zu finden, wichtig sind auch die offiziellen Seiten der Zentrale für Tourismus (s.o.). Linkhinweise zu den einzelnen Städten und Regionen sind in den jeweiligen Ortsbeschreibungen angegeben. Einige besonders **empfehlenswerte Internetseiten** sind:

- **www.dalmatienweb.eu**
Informiert über Wissens- und Sehenswertes und bietet praktische Informationen zu ganz Dalmatien.
- **www.dalmatien.info**
Neben Reisehinweisen auch allgemeine Hintergrundinformationen zur Region sowie eine Weiterverknüpfung zu diversen Unterkunftsangeboten (siehe „Unterkunft").
- **www.kroatien.netzstart.net**
Die Themen dieser exzellenten Linksammlung reichen von Nationalparks, Verkehrsnachrichten und Sport über Webcams und Kreativurlaub bis hin zu Stadtplänen und Unterkunftsbuchung.

- **www.hak.hr**
Seite des kroatischen Automobilclubs.
- **www.kroatien.hr**
Offizielle Website der kroatischen Fremdenverkehrsämter.
- **www.croatia.hr** und **www.croatica.net/de**
Sollte man bei der Suche nach Hotels, Agenturen, Tauchbasen und Sportmöglichkeiten durchforsten.
- **www.generalturist.com**
Repräsentiert den seit 1923 in Kroatien ansässigen Reisespezialisten Generalturist, wo neben Unterkünften aller Art auch Autoverleih, Bootsanmietung, Ausflüge oder auch Kreuzfahrten arrangiert werden können.
- **www.travelmed.de**
Allgemeine Infos und Hintergründe zur Gesundheit bzw. zu Krankheiten, konkrete Infos zum gewünschten Reiseland, viele sonstige reise-/gesundheitsrelevante Adressen.

Kinder auf der Reise

Dalmatien wird Kindern gefallen!

Von „Ritterburgen“ über „Robinson-Inseln“ bis zu Hüpfburgen wird so allerlei geboten – für kleine und für große Kinder (siehe bei den Ortsbeschreibungen). Dennoch sollte man ein paar Kleinigkeiten beachten, um ungetrübte Urlaubsfreuden mit der gesamten Familie genießen zu können. Wegen des Klimas (sonniges Mittelmeerklima während der Haupturlaubszeit) versteht sich ein **guter Sonnenschutz** (auch für den Kopf) von selbst; wichtig ist es, **viel** zu **trinken,** am besten Mineralwasser, das vor Ort preiswert erhältlich ist. Sehr wichtig sind auch **Strandsandalen** wegen der häufigen Kies- und Felsbuchten mit teils unangenehm scharfkantigen Steinen. Höschenwindeln für ganz kleine Gäste sind nur in größeren Supermärkten/Drogerien erhältlich, Gleiches gilt für spezielle Babynahrung.

Buchtipp:
- Jeanette und Werner Lips, **Schwanger reisen** (Reise Know-How Praxis)

Medien

Rundfunk

Von 6.35 bis 21.35 Uhr sendet das 2. Programm des kroatischen Rundfunks HRT (98,5 MHz) zu jeder vollen Stunde nach den Nachrichten touristische Informationen (Straßenverhältnisse, Sperrungen, Staus, wichtige Fähren und sonstige Hinweise) in englischer, deutscher und italienischer Sprache – allerdings nur vom 1.7. bis 15.9. (sonst kroatisch und englisch). Der Automobilclub HAK sendet zudem zweimal täglich in den genannten Sprachen den Nautikerbericht (Wind- und Seeverhältnisse). Nachrichten in englischer Sprache strahlt das 1. Programm auf der Frequenz 92,1 MHz täglich um 8.03 (sonntags ab 9.03 Uhr), 10.03, 14.03, 20.03 und 00.10 Uhr aus.

Zeitungen

Größere **deutschsprachige Tages- und Wochenzeitungen** sind landesweit an Kiosken und in Buchhandlungen erhältlich.

Die wichtigsten **kroatischen Tageszeitungen** (in kroatischer Sprache) sind „Večernji List" (Abendblatt), „Vjesnik" (Bote) und im Süden „Slobodna Dalmacija" (Freies Dalmatien).

Medizinische Versorgung

Das medizinische Versorgungssystem wird permanent verbessert und auch für Touristen erweitert. Viele Campingplätze verfügen über eine **Erste-Hilfe-Station,** mittlere und größere Städte über ordentliche, moderne **Kreiskrankenhäuser.** Alle Behandlungskosten sind bar zu entrichten; es empfiehlt sich der Abschluss einer Reisekrankenversicherung (siehe „Versicherungen").

Medizinische Infos im Internet unter der Adresse:
• **www.travelmed.de**

051sd08 Foto: wl

Mietwagen

Teuer

Zahlreiche international renommierte Unternehmen (Avis, Hertz) bieten ihren Service auch in Kroatien an und sind an den Flughäfen sowie in größeren Ortschaften vertreten. Die Preise liegen in Kroatien überdurchschnittlich hoch – mindestens 40 Euro pro Tag sind für einen Kleinwagen zu zahlen, die namhaften Vermieter verlangen oft das Doppelte! Günstiger sind Fahrräder und Mopeds,

Agaven mit Blütenstand auf der Insel Hvar

die von kleineren Händlern in vielen Touristenorten vermietet werden. In aller Regel ist unabhängig vom Fahrzeug eine Kaution zu entrichten.

Verleihstellen gibt es in den großen Hotels oder am Flughafen, zur Voraborganisation eignen sich u.a. die Webseiten www.avis.com.hr, www.budget.hr, www.hertz.hr, www.sixt.hr, www.europcar.hr oder www.kompasrent.hr.

Wer mit einem **im Ausland angemieteten Fahrzeug** unterwegs ist (Wohnmobil, Leihwagen), benötigt eine Vollmacht des Vermieters – Vordrucke stellen die Automobilclubs zur Verfügung. Außerdem ist, wie bei jeder Auslandsreise, der Kfz-Schutzbrief eines Automobilclubs ratsam.

Nachtleben

Vielfältig

Die meisten Hotels der höheren Kategorie haben **Nightclubs,** wichtigere touristische Ortschaften verfügen über **Discos.** Im Sommer werden oftmals **Tanzabende im Freien** sowie verschiedene **Unterhaltungsprogramme** und **Kulturveranstaltungen** organisiert – es ist wirklich ein Genuss, eine kroatische Dorfband auf einem kleinen Platz einer der Altstädte zu erleben! In den bekannteren Hotel- und Freizeitanlagen gibt es auch das eine oder andere **Spielcasino.** Nachtschwärmer werden sich ansonsten an den malerischen Promenaden der Küstenstädte wohlfühlen, wenn nach Einbruch der Dunkelheit das Leben in den **Bars** und **Cafés** erwacht.

Notfälle

Man hofft es natürlich nicht, aber wenn doch einmal etwas passiert, sollte man trotz aller Aufregung einen **kühlen Kopf bewahren** und bei folgenden Stellen Hilfe in Anspruch nehmen.

Verlust von Reisedokumenten Beim Verlust von Reisedokumenten kontaktiere man außer der **Polizei** die **diplomatische Vertretung** (zu den Adressen siehe entsprechendes Kapitel); idealerweise hat man Fotokopien gesondert aufbewahrt!

Verlust von Geld Ist das Geld weg, **Sonderversicherer** (z.B. Automobilclub) kontaktieren, ein Grundbetrag zur Heimreise wird ggf. vorgestreckt. Bei entsprechender Bonität hilft auch die **Hausbank** mit einer Geldanweisung, um den Urlaub eventuell wie geplant fortzusetzen!

Notrufnummern

- **Polizei:** Tel. 92.
- **Feuerwehr:** Tel. 93.
- **Notruf:** Tel. 94.
- **Kfz-Pannendienst:** Tel. 987 oder 01987 (Funktelefon), s.a. „Autofahren".
- **Notrufstation** der Automobilclubs: siehe „Autofahren".

Öffnungszeiten

Banken, Post, Behörden Öffentliche Institutionen, Postämter und Banken sind Montag bis Freitag von **8–16 Uhr** durchgehend geöffnet, Banken und Postämter größerer oder touristischer Orte von 7–19 Uhr. Während der Sommersaison sind viele Postämter auch bis 21 Uhr geöffnet.

Geschäfte Geschäfte und Warenhäuser unterliegen keiner einheitlichen Regelung, öffnen aber meist von **8–20 Uhr.**

Gastronomie Restaurants und touristische Einzelhändler (Souvenirläden usw.) passen ihre Öffnungszeiten dem jeweiligen **Bedarf** an.

Tankstellen Tankstellen sind jeden Tag von **7–19 oder 20 Uhr,** im Sommer bis 22 Uhr geöffnet, in größeren Städten und auf Fernverkehrsstraßen rund um die Uhr.

Post

Zuverlässig

Die **kroatische Post HPT** hat sich als effektiv und zuverlässig erwiesen (Öffnungszeiten s.o.). Briefe (Porto: 5,50 K) und Postkarten (3,50 K) benötigen etwa 3–4 Tage nach Mitteleuropa.

Briefmarken sind nicht nur in Postämtern, sondern auch in Zeitschriftenläden und teilweise in Souvenirshops erhältlich (Faustregel: dort, wo es Ansichtskarten gibt).

Pakete können bis zu 10 kg per Post ins Ausland versandt werden, wobei neben der üblichen Paketkarte auch eine Zollerklärung (in dreifacher Ausfertigung) beizufügen ist.

Preise und Kosten

Relativ günstiges Reiseland

Kroatien ist immer noch eines der günstigeren Reiseziele Europas. Die Verpflegung im Land ist preiswert, vor allem dann, wenn man auf Märkten und in Bäckereien einkauft. Auch bei den Unterkünften finden sich manchmal Schnäppchen. Dazu muss man sich natürlich etwas umsehen (Zeitschriften) oder das Internet durchforsten – Wochenpreise von 150 Euro p.P. in einem Hotel sind durchaus normal. Auch Ferienwohnungen können vorab gebucht werden, „Wiederholungstäter" vereinbaren ohnehin oft mit dem Vermieter für den nächsten Urlaub eine direkte Buchung.

Die **Treibstoffpreise** nähern sich immer mehr den mitteleuropäischen an.

Richtpreise sind u.a.: Eier 1,20 K, Brot 10–14 K, Butter 7–8 K, Wurst und Käse sind durchschnittlich 20 % teurer als bei uns; Bier (Lokal) 12–15 K (0,5 l), Softdrink 10–15 K, Kaffee 5–6 K, Capuccino 8–10 K, Eiscreme ca. 5 K für die Riesenkugel.

Insgesamt kann eine vierköpfige Familie für einen dreiwöchigen Camping- oder Apartmenturlaub mit rund 3000 Euro (Eintritte und Sprit inbegriffen) rechnen.

Weltweit kann man auch **Rabatte** bei vielen Museen und Sehenswürdigkeiten, manchen Unterkünften, Tourveranstaltern und sogar Restaurants etc. bekommen, wenn man im Besitz eines Internationalen Studenten- (ISIC), Lehrer- (ITIC) oder Schülerausweises (IYTC) ist. Diesen Ausweis muss man schon zu Hause besorgen. Zum Kauf (12 Euro/D, 10 Euro/A, 20 SFr/CH) geht man zum AStA, in ein Reisebüro oder zum Studentenwerk und muss Immatrikulationsbescheinigung bzw. Schüler- oder Lehrerausweis, Personalausweis und Passbild vorlegen. Den nächsten Verkaufspunkt findet man auf den Webseiten www.isic.org oder www.isic.de. Hier kann man auch die konkreten Vergünstigungen in Kroatien bzw. Dalmatien nachsehen.

Radfahren

Vor- und Nachteile

Es hat so seine **Vorteile,** unabhängig und gemächlich per Drahtesel sein Urlaubsland zu erschließen. Man hat unmittelbaren Kontakt zum Umfeld, zahlt keine zusätzlichen Straßen- oder Schiffsgebühren (Fähren transportieren Fahrräder kostenlos), und ohne Frage wird auf diese Weise auch ein erheblicher Beitrag zum Umweltschutz geleistet. Aber die **Nachteile** sind nicht zu unterschätzen: Es gibt außerhalb Istriens nur wenige ausgewiesene Radwege, Kroatien ist überwiegend hügelig bis bergig, die Nebenstraßen sind in teilweise abenteuerlichem Zustand, und der Verkehr auf den Landstraßen (vor allem am Wochenende auf den Küs-

Buchtipps:

Für Radfahrer bietet Reise Know-How mehrere Praxis-Ratgeber an, z.B.:

- Ralle K.!, **Handbuch Mountain-Biking**
- Sven Bremer, **Radreisen Basishandbuch**

tenstraßen) ist teils so brutal, dass von einer reinen Radtour durch Kroatien eher abzuraten ist. Was nicht heißen soll, dass ein Rad gänzlich unnütz ist: Als zusätzliche „Mobilitätsreserve" z.B. im Camper macht es durchaus Sinn, so kann man vor Ort kleinere Nebenstrecken befahren oder vom Campingplatz in den nächsten Ort radeln.

Radgebiete

In Dalmatien werden derzeit sechs größere Radgebiete propagiert: auf dem Festland **Makarska** und **Omiš** sowie die **Inseln Vis, Hvar, Šolta und Brač.** Zu allen Gebieten sind bei den Informationsstellen jeweils eigene Übersichten/Kurzbeschreibungen (kostenlos) mit mehreren Routen erhältlich.

- Interessant für die Vorbereitung eigener Radfahr-Aktivitäten dürften die Internetseiten **www.dalmatia.hr** (dort: „Fahrradweg, Mountainbike"), **www.fahrradreisen.de/laender/kro.htm** (kleine Datenbank mit Beschreibungen und Verknüpfung zu den jeweiligen Anbietern) sowie **www.frosch-sportreisen.de, www.inselhuepfen.de** oder **http://radreisen-weltweit.de/dalmatien.htm** sein, alle drei Spezialveranstalter für kombinierte Boots-/Radtouren in Dalmatien mit Wochenpreisen ab 650 Euro (Ü/Boot, VP, geführte Radtouren).

Leihräder

Leihräder sind **nicht so oft** erhältlich, wie man es vielleicht erwartet; in Kroatien nimmt allerdings die Zahl der Verleihstellen durch den Ausbau der ausgewiesenen Radwege permanent zu (siehe Ortsbeschreibungen).

Süddalmatien eignet sich wunderbar
für einen Strandurlaub

057sd08 Foto: wl

Reiseveranstalter

Viele Anbieter

Alle namhaften Pauschalreise-Anbieter haben Kroatien fest in ihrem Programm, auch kleinere Busunternehmer bieten in den Tageszeitungen Wochenreisen für das gesetztere Publikum an. Der **ADAC** hat Mitgliederreisen für Segler und Mitsegler zu Dalmatien anzubieten (Informationen in allen ADAC-Geschäftsstellen), und als einer der echten Kroatienspezialisten ist **Riva-Tours** (s.u.) hervorzuheben, der nicht nur komplette Flug- und Busreisen, Segeltörns oder auch Hotels/Apartments bei eigener Anreise organisiert, sondern auch interessante Aktivprogramme wie Inselhüpfen für Radler oder Kanutouren im Angebot hat (300 Seiten starker Katalog). Ein anderer Spezialanbieter für Pauschalreisen nach ganz Kroatien ist Misir-Sonnenlandreisen (s.u.).

- **Riva-Tours,** Neuhauser Str. 27, 80331 München, Tel. 089-2311000, Fax 23110022, info@idriva.de.
- **Misir-Sonnenlandreisen,** Viehofer Str. 23, 45127 Essen, Tel. 0201-439370, Fax 238863, info@misir.de.

- Auch bei den einschlägigen, weltweit operierenden Reiseveranstaltern sollte man durchaus einmal die Angebote prüfen; so bietet beispielsweise TUI (www.tui.com/de) die einwöchige Flugreise auf die Insel Krk inklusive Hotelunterkunft derzeit ab 187 Euro pro Person an.

Reisezeit

Mit der Empfehlung einer idealen Reisezeit ist es immer so eine Sache: Der eine mag es lieber hektisch und mit Trubel, der andere liebt die aufblühende Natur im Frühling, und wieder andere sind auf Schulferien angewiesen und haben nur begrenzt die Wahl eines „idealen" Zeitraums ...

Touristiksaison

Offiziell wird die Touristiksaison wie folgt gegliedert (kleine Abweichungen sind je nach Wochenbeginn möglich):

- **27.03.–22.05.: E**
- **22.05.–26.06.: D**
- **26.06.–10.07.: C**
- **10.07.–24.07.: B**
- **24.07.–21.08.: A**
- **21.08.–28.08.: B**
- **28.08.–04.09.: C**
- **04.09.–11.09.: D**
- **11.09.–30.01.: E**

Nach diesem Schema berechnen Hotels, Vermieter von Ferienwohnungen und Zimmervermittler die Unterkunftspreise, werden Öffnungszeiten für Museen und Sehenswürdigkeiten, aber auch Preise für Campingplätze abgestimmt.

Die **Kernbereiche A und B** – also Mitte Juli bis Ende August – sind die absolute **Hauptsaison,** in der am meisten los ist und natürlich auch Engpässe im Unterkunftsbereich oder eine „Massenabfertigung" in den Gaststätten vorkommen können.

Die **Vorsaison** hat den Vorteil, dass man sich gemeinhin in Gastronomie/Hotellerie Mühe gibt und die Touristen umwirbt, während in der **Nachsaison** eine gewisse Müdigkeit unverkennbar ist.

Von **Ende Mai bis Anfang September** sind die Sonnentage deutlich in der Überzahl, die Wassertemperaturen laden zum Baden ein.

Außerhalb der Saisonzeiten wird man Mühe haben, etwas anderes als eine Hotelunterkunft zu finden, auch viele Gaststätten stellen von Oktober bis April den Herd ab.

3 goldene Kroatien-Regeln

- **1. Reise Mitte September nach Kroatien** – Unterkünfte sind dann schon 50 % billiger als noch drei Wochen zuvor!
- **2. Meide An- und Heimfahrt am Wochenende** wie der Teufel das Weihwasser!
- **3. Wähle eine Insel als Haupturlaubsziel** – je südlicher, desto besser!

Sicherheit

Sicheres Reiseland

Kroatien ist ein sicheres Reiseland. Taschendiebstähle, Touristennepp und Ähnliches mehr sind (noch?) die Ausnahme. Man kann sich in jeder Hinsicht **unbeschwert im Lande bewegen,** es drohen keine nächtlichen Überfälle, Gepäckschlitzer und motorisierte Handtaschenräuber. Eine kleine Ausnahme bildet die istrische Westküste, wo die Nähe zu Italien den einen oder anderen „Gastarbeiter“ anzieht.

Insbesondere dem teilweise immer noch verbreiteten Vorurteil, Kroatien sei Krisengebiet, muss deutlich widersprochen werden! Es besteht schon lange kein Grund mehr für irgendwelche Ängste dieser Art!

Buchtipps:
- Matthias Faermann, **Schutz vor Gewalt und Kriminalität unterwegs**
- Birgit Adam, **Als Frau allein unterwegs**
- Harald A. Friedl, **Respektvoll reisen**

(alle Bände Reise Know-How Praxis)

Sport und Aktivitäten

Kroatien bietet eine **recht breite Vielfalt** an unterschiedlichen Betätigungsmöglichkeiten im Bereich Freizeit und Sport, was im Folgenden näher ausgeführt wird.

Spitzensport

Zunächst eine Anmerkung zum Leistungssport in Kroatien, der doch im Vergleich zur geringen Bevölkerungszahl des Landes etliche beachtliche Erfolge vorweisen kann. Die junge Demokratie hat nicht nur **zahlreiche Spitzensportler** hervorgebracht (*G. Ivanišević*/Tennis, die vierfache Goldmedaillen-Gewinnerin im Skisport *Janica Kostelić* oder den zweifachen Europameister und dreifache Vizeweltmeister im Tischtennis *Zoran Primorac*), sondern auch in den klassischen **Mannschaftssportarten** sind kroatische Nationalmannschaften in der Weltelite zu finden. Die Fußballer rangieren in der offiziellen Weltrangliste auf Platz 7 (1998 WM-Dritter), ebenso die Hallenhandballer (Vizeweltmeister 1995 und 2005). Und nicht zu vergessen im Trainerbereich *Otto* „maximale" *Barić,* der 2004 als Fussballnationalcoach gesagt haben soll, Kroatien dürfe getrost gegen jede Nation verlieren – außer gegen Serbien ...!

Strandfreuden

Das Baden im Meer ist für viele die Erholung und der Urlaubsspaß schlechthin. Es gibt in Kroatien kaum private oder gesperrte Küstenabschnitte, und selbst in kleinen und mittelgroßen Städten

Buchtipps:

Zu sportlichen Betätigungen und aktiver Freizeitgestaltung bietet Reise Know-How eine Reihe von Praxis-Ratgebern an, z.B.:
- Gunter Schramm, **Trekking-Handbuch**
- Klaus Becker, **Tauchen in warmen Gewässern**
- Wilfried Krusekopf, **Küstensegeln**

bieten sich immer wieder kleine Buchten und Felsstrände zum Sprung ins kühle Nass an. Sandstrände sind sehr selten: So, wie sich die Berge kahl und steil erheben, so fällt die Küste ebenso kahl und steil ins Meer ab. Die **Felsstrände** sind zwar nicht sonderlich bequem (zum Sonnenbaden), verleihen jedoch der kroatischen Adria mit ihren spektakulären Felsbuchten und Berglandschaften jene klare und ungetrübte Brillanz, die jeden Besucher verzaubert und fasziniert.

Neben den meisten Hotels und Campingplätzen gibt es **Sportplätze** für Tennis (sogar ATP-Turniere in Umag), Korbball, Beachvolleyball usw. Man kann praktisch überall **Boote** sowie **Angel- und Tauchausrüstungen mieten,** auch **Tauch- und Segelkurse** werden organisiert. Auf den Flüssen Dobra und Cetina wird **Rafting** angeboten; **Kajak- und Kanufahrten** auf Wildflüssen werden auf Kupa, Korana, Cetina und Una organisiert.

Hier ein kleiner Überblick über die **Preise** des vor Ort üblichen Strandlebens, die sich als Richtwerte zur Orientierung verstehen:

- **Katamaran:** Verleih 150 K/Stunde, 2-Tageskurs 600 K, 5-Tageskurs 1200 K
- **Fahrrad:** 20 K/Stunde, 80–100 K/Tag
- **Moped:** 450 K/Tag
- **Scooter:** ca. 300 K/Tag
- **Motorboot:** 700–1000 K/Tag
- **Jetski:** 150 K/15 Min.
- **Wasserski:** ab 100 K/Runde
- **Ruderboot:** 20–30 K/Stunde
- **Tretboot:** 40 K/Std.
- **Hüpfburg/Trampolin:** 15 K/5 Min.
- **Sonnenschirm:** ca. 25 K/Tag

FKK

Spezialisierte FKK-Campingplätze mit langer Tradition stehen reihenweise zur Verfügung, teilweise mit Mietbungalows. Neben den meisten Hotelstränden und Campingplätzen gibt es auch gesonderte **FKK-Strände** – diese Bereiche sind stets gut beschildert. Kroatien als eines der ältesten FKK-Paradiese Europas gilt auf diesem Sektor ungebrochen als eines der beliebtesten Urlaubsziele überhaupt.

Segeln

Kroatien ist ein sehr beliebtes Revier von Hobby- und Freizeitkapitänen, insbesondere Seglern. Es stehen landesweit über vierzig eingerichtete **Marinas** mit etwa 12.300 Anlegeplätzen im Meer und ca. 4200 Landliegeplätzen zur Verfügung. Größere Marinas bieten technischen Service, Kräne, Tankstellen, Geschäfte und Gaststätten. In den meisten Marinas kann man Jachten mieten, auch Segelkurse werden organisiert.

Zum Thema **Jachtcharter** informieren folgende Verbände/Clubs:

- **Deutscher Segler-Verband (DSV),** Kreuzer-Abteilung, Tel. 089-586282.
- **Zentrale des Adriatic Croatic International Club (ACI),** HR-51410 Opatija, Maršala Tita 151, Tel. 051-271288, Fax 271824, www.aci-club.hr. In den **Charterbasen** Vodice (Norddalmatien, 43°45,2′ Nord, 015°47,0′ Ost, Tel. 022-443086, Fax 442470, m.vodice@aci-club.hr, VHF-Kanal 17) und Trogir (Mitteldalmatien, 43°30,8′ Nord, 016°15,2′ Ost, Tel. 021-881544, Fax 881258, m.trogir@aci-club.hr) wurde eine eigene **Charterflotte** des ACI aufgestellt, bestehend aus Elan-333-, Elan-36-, 40er- und 45er-Schiffen. Im ACI sind mittlerweile 21 Marinas in Kroatien zusammengefasst, auch Einweg-Charter (auch von einer der anderen Marinas) ist möglich. Je nach Boot liegt der reine Charterpreis pro Woche zwischen 1150 und 3500 Euro (Hauptsaison, in der Nebensaison bis zu 50 % Nachlass).
- Daneben bieten einige **Privatfirmen** Bootscharter an, u.a. **Orvas,** Šibenska 37, Tel./Fax 021-569836, www.orvas-st.com, in Split, oder **Marina Charter,** ACI Marina Trogir, 21220 Trogir (Kontaktnummer s.o.), die hauptsächlich Bavaria 36 zu vergleichbaren Preisen im Angebot haben.

- **Törns:** Mitgliederreisen aller Art im **Motorsegler „MSY Adria“** ab 870 Euro; ADAC Mitgliederreisen, Pf 190101, 80601 München, Tel. 089-76762552, Fax 7439153.

- **Messe-Schnäppchen:** Segelfreunde wissen natürlich, dass auf der jährlichen Messe BOOT in Düsseldorf (Ende Januar) praktisch alle wichtigen Törnanbieter vertreten sind und teilweise zu Schnäppchen- bzw. Messepreisen um Kunden werben. Auch für Überführungstörns, Pauschaltouren und Komplettcharters hat sich die BOOT als optimale Plattform etabliert.

Wichtige Hinweise für Freizeitkapitäne:

- Es ist verboten, sich mit Motor- und Gleitbooten der Küste näher als 300 m zu nähern! Strengste Vorsicht ist wegen der Badenden geboten, bei Nichteinhaltung dieser Anordnung können fatale Unfälle passieren!
- Vor Verlassen des Hafens den **Wetterbericht** (s.u.) einholen; beim Verlassen des Hafens ist eine Abmeldung erforderlich. Wenn der Bericht ungünstig ist, sollten Sie nicht losfahren!
- Unternehmen Sie keine Fahrt ohne entsprechenden **Anker** und eine Ankerleine von mindestens 50 m Länge.
- Für alle Motor- sowie sonstigen Boote über 3 m Länge (Segel- oder Ruderboote) muss beim Hafenamt eine **Fahrtgenehmigung** beantragt werden. Die Anmeldung ist bei jedem Einlaufen eines Bootes in den Hafen bzw. bei Anreise über das Festland erforderlich; die erteilte Genehmigung gilt für ein Jahr. Vorzulegen sind Funkerlaubnis, Führerschein und Bootspapiere. Bei Anreise zur See erfolgt die Anmeldung in einem der ganzjährig geöffneten Hafenorte: Umag, Poreč, Rovinj, Pula, Raša-Bršica (südlich von Labin), Rijeka, Mali Lošinj, Senj, Maslenica, Zadar, Šibenik, Split, Ploče, Metković, Korčula und Dubrovnik.
- **Segelwetter** Kroatien (24-Stunden-Dienst) unter: Rijeka Radio auf Kanal 4, 16, 24, 20; Split Radio auf Kanal 7, 16, 21, 23, 28; Dubrovnik Radio auf Kanal 7, 16, 24. Die drei Küstenfunkstellen strahlen täglich Seewetterberichte in kroatischer und englischer Sprache aus: **Rijeka Radio** (UKW-Kanal 24) um 6.35, 15.35 und 20.35 Uhr, **Split Radio** (UKW-Kanal 21, 07, und 28) um 6.45, 13.45, und 20.45 Uhr) und **Dubrovnik Radio** (UKW-Kanal 07 und 04) um 7.25, 14.20 und 22.20 Uhr. Zwischen Mai und Oktober sendet Rijeka Radio außerdem auf Kanal 69 nonstop Wettermeldungen, auch auf Deutsch.

Bootsausflüge

Den Löwenanteil organisierter Bootstouren – abgesehen von reinen Ausflügen, die in den Touristenagenturen angeboten werden – stellen Touren ins Nationalparkgebiet der **Kornaten** (Kornati National Park, Betina 2, Tel. 00385-22-435740, Fax 435058, www.kornati.hr). Der Preis liegt bei ca. 220 K inkl. Essen (zzgl. Parkeintritt). Aktuelle, von der Parkverwaltung lizensierte **Agenturen** für die Kornaten sind:

- **Betina, Morska lastavica,** Tel. 022-436550, morska-lastavica@globalnet.hr.
- **Biograd, Sangulin Tours,** Tel. 098-299659, sangulin-tours@sangulin.hr.

- **Murter, Aquakornat,** Tel. 022-434151, aquarius-murter @si.t-com.hr, und **Coronata,** Tel. 022-435089, www.coronata.hr.
- **Sibenik, NIK,** Tel. 022-338550, www.nik.hr.
- **Vodice, Lirica Tours,** Tel. 022-443018, www.lirica-tours.hr.

Windsurfen

Das Windsurfen findet in Dalmatien nicht den Anklang, den man vielleicht erwartet; daraus resultiert ein allgemeines Manko an Verleihstellen. Von den großen Hotels abgesehen gibt es für Individualreisende vor allem ein Zentrum des Windsurfens, und das ist **Viganj** auf der **Halbinsel Pelješac** (Süddalmatien). Hier bläst der Westwind günstig in den natürlichen Kanal zwischen der Halbinsel Pelješac und der Insel Korčula. Über mehrere Kilometer erstreckt sich auf der Südseite der Halbinsel der Strand mit mehreren Campingplätzen, auf denen auch organisierte Surfschulen/Verleihstellen ihre Dienste anbieten. Die bekanntesten Plätze sind das **Autocamp Anthony Boy** (ADAC-Partner), Tel./Fax 020-719077, autopleter@autopleter.hr, sowie das **Camp Liberan,** Tel. 020-719164, Fax 719015.

kro_049 Foto: wl

Tauchen Tauchen mit ABC-Ausrüstung (Brille, Schnorchel, Flossen) ist ohne Genehmigung erlaubt, für das **Gerätetauchen** ist eine **Genehmigung** erforderlich, die unter Vorlage von Pass und Brevet bei den Hafenmeistereien, über eine Tauchschule oder bei den Touristenagenturen (nicht bei allen!) problemlos ausgestellt wird. Das ein Jahr gültige Permit kostet 100 K, sofern man seine Tauchgänge über eine ortsansässige Basis arrangiert (diese organisiert dann die Genehmigung). Wer selbstständig tauchen möchte, wird mittlerweile mit stolzen 2400 K zur Kasse gebeten.

Wer sich diesen Betrag leisten will, für den ist es nicht erforderlich, die Tauchgänge über eine Tauchbasis zu arrangieren. **Selbsttaucher** haben an den meisten Basen die Möglichkeit der Flaschenfüllung (rund 30 K); zur eigenen Sicherheit ist der Taucher jedoch verpflichtet, bei jedem Tauchgang eine auf der Wasseroberfläche schwimmende Boje mit sich zu ziehen. Theoretisch kann ganzjährig von Sonnenauf- bis Sonnenuntergang selbstständig getaucht werden, für Nachttauchgänge sollte eine Tauchschule eingeschaltet werden. Filmen und Fotografieren unter Wasser ist erlaubt, strengstens untersagt – und für echte Taucher selbstverständlich – ist es, irgendetwas vom Meeresboden zu entfernen; insbesondere das Sammeln von Steinbohrermuscheln *(Lithophaga)* und Seedatteln u.Ä. ist verboten; generell ist auch das Tauchen in Häfen und auf den Schifffahrtswegen strengstens verboten.

Richtpreise für Tauchgänge und Equipment:
- **Flaschenfüllung:** 5–7 Euro
- **Weste, Automat:** je 5 Euro
- **6er-Tauchpaket:** 150 Euro (eigene Ausrüstung, nur Blei und Flasche); 200 Euro (volle Leihausrüstung)
- **10er-Tauchpaket:** 250 Euro (300 Euro bei Leihausrüstung)

- **Bootsausfahrten** werden meist gesondert berechnet (3 Euro pro Tauchgang), ebenso Nichttaucher auf dem Boot (15–18 Euro)
- **Grundkurs** (Anfängertauchschein inkl. Leihausrüstung): ca. 300 Euro

- Weitergehende **Infos** erteilt der **Kroatische Tauchverband,** Dalmatinska 12, **Zagreb,** Tel. 00385-14848765, Fax 14849119, www.diving-hrs.hr.
- **Dekokammern** befinden sich in **Pula** (Istrien), P. Togliattija 47, 52100 Pula, Tel. 052-24572, Fax 217877, mobil 098-255945, und in **Split** (Dalmatien), Domovinskog rata 1, 21000 Split, Tel. 021-343980, Fax 361355, mobil 099-475095.

Sehr beliebt sind **Pauschalarrangements** für Segler oder Taucher, die in Fachzeitschriften („Tauchen") oder auf der Internationalen Bootsmesse BOOT in Düsseldorf alljährlich angeboten werden. Bei eigener Anreise kostet beispielsweise eine Woche mit Übernachtung und Frühstück inkl. Non-Limit-Tauchen rund 220 Euro.

Die wichtigsten deutsch-kroatischen/deutschsprachigen Basen werden in den Ortsbeschreibungen - soweit möglich mit E-Mail - gesondert aufgeführt, da diese oftmals auch gute Unterkunft preiswert arrangieren oder auch selbst anbieten (bevorzugt für Taucher; siehe auch Pauschalangebote in einschlägigen Fachzeitschriften wie „Unterwasser" oder „Tauchen").

Angeln/Fischen

Außer zum Angeln am Ufer benötigt man eine **Bewilligung der zuständigen Gemeinde.** Beim lizenzfreien Küstenangeln ist ein Fang von bis zu 5 kg täglich erlaubt. In Häfen und Naturschutzparks ist der Fischfang verboten, dies gilt auch für Muscheln und Krebse.

Fischfanggebiete sind die Gewässer rund um die Küste und die Inseln, wobei hauptsächlich Tintenfisch, Makrele, Goldbrasse, Brauner Serran, Thunfisch, Drachenkopf, Meeräsche, Aal, Zahnbrasse, Gelbstriemen, große Geisbrasse, schwarzer Schattenfisch, Muräne, Sackbrasse, Seebarbe und Rotbrasse gefangen werden.

Die Fremdenverkehrsämter geben alljährlich die **Gratisbroschüre „Sportfischerei"** heraus, ferner kann man sich an die Tourismusbüros vor Ort oder den „Zentralverband für Unterwasseraktivitäten und Sportfischerei am Meer" wenden (51000 Rijeka, M. Gupca 2, Tel. 051-25255).

Wandern

Die meisten Kroatien-Urlauber suchen die Erholung an den Stränden und in den Küstenorten, doch seien wir ehrlich: Nach ein oder gar zwei Wochen des reinen Müßigganges reizt es gewiss, wieder einmal etwas anderes zu sehen und vielleicht einsame Gegenden des Hinterlandes kennen zu lernen. Das Velebit-Gebirge, die Nationalparks Paklenica und Biokovo oder auch die unvergleichlichen Plitwitzer Seen drängen sich für ausgedehnte Spaziergänge und Wanderungen geradezu auf. An den Küsten laden teilweise kilometerlange befestigte Spazierwege an malerischen, einsamen Felsbuchten zu ausgedehnten Fußmärschen ein.

In Dalmatien erhebt sich das **Velebit-Gebirge** unmittelbar an der Küste ziemlich steil – die Wanderungen können vor allem in den Sommermonaten Juli und August extrem schweißtreibend sein. Man sorge daher stets neben vernünftigem Schuhwerk auch für ausreichend Getränke.

Sportklettern, vor allem im Nationalpark Paklenica (Norddalmatien), ist mittlerweile recht beliebt. Auskünfte erteilen die Fremdenverkehrsämter.

Reiten

Insbesondere **auf einigen Inseln** bestehen Möglichkeiten zu Ausritten und Reitkursen; in den Ortsbeschreibungen wird gesondert darauf hingewiesen.

Wintersport

Kroatien verfügt über drei Skizentren mit mehreren Drahtseilbahnen und eingerichteten Skipässen: **Medvednica** bei Zagreb, **Platak** bei Rijeka und **Bjelolašica** bei Ogulin. Eigentliches Wintersportzentrum des ehemaligen Jugoslawien war allerdings Sarajevo (heute Bosnien-Herzegowina). Die Wintersportregionen sind auch von Süddalmatien relativ zügig erreichbar; weitergehende Infos bieten im Bedarfsfall die Tourismusbehörden.

Kanu/ Kajak

Kajak- und Kanufahrten werden in Kroatien auf den **Flüssen Kupa, Korana, Cetina und Una** organisiert, wobei die Cetina die besten Möglichkeiten bietet. Über die unten genannten Agenturen besteht auch die Möglichkeit, eine Raftingtour in Dalmatien z.B. mit einem Urlaub in Istrien zu verbinden.

Agenturen/Touren:

- Im **Raum Omiš** arrangiert die Agentur **Active Holidays** neben Rafting auf der Cetina auch Freeclimbing-Kurse, Windsurfen, Tauchen, Unterkunft, Pkw-Vermietung und Ausflüge; Knežova Kačića, Tel./Fax 021-863015, www.activeholidays-croatia.com.
- In **Stanići** bietet die Agentur **Emsa** Riverrafting (neben Freeclimbing, Wandern, Tauchen, Unterkunft, Fischen etc.) zu vergleichsweise günstigen Preisen an; Tel. 021-879047, Fax 897011, www.emsatours.hr.
- Im nahe gelegenen Ortsteil **Nemira** wende man sich an die sehr zuverlässige Agentur **Adria Tours;** Duže Zavlje II/2, Tel./Fax 021-734577, www.adria-tours.hr/.
- Besonderer Beliebtheit erfreute sich in der vergangenen Saison die berühmte „Kombi-Abenteuertour" der bekannten Firma **Atlas** in **Split,** die ab ca. 900 Euro pro Person gebucht werden kann; Tel. 021-343055, Fax 362012, www.atlas-croatia.com.

Sprache

Kroatisch

Kroatisch ist **seit der Unabhängigkeit die allgemeine offizielle Landessprache,** nur für Istrien gilt die Besonderheit, dass die Region historisch bedingt offiziell zweisprachig (Kroatisch und Italienisch) ist.

Eine Sonderform im kroatischen Sprachgebiet bildete das vermutlich seit Ende des 19. Jh. ausgestorbene **Dalmatische,** eine vom Venezianischen geprägte romanische Sprache. Das Verbreitungsgebiet lag etwa im heutigen Dalmatien und kann-

069sd08 Foto: wl

te sogar mundartliche Tendenzen, wie etwa das **Ragusische,** eine in Ragusa (Dubrovnik) in Stadtparlament und Handel gesprochene Unterform des Dalmatischen. Am längsten hielt sich das Dalmatische auf der Insel Krk.

Im Gebirgsland des nordöstlichen Istrien wird in einigen wenigen Ortschaften das so genannte **„Istrorumänische"** gesprochen, im Süden (Raum Rovinj/Pula) zudem **„Istrioto"** (Istroromano), eine unmittelbar auf das so genannte Vulgärlatein der dort ansässigen Römer zurückgehende Sprache. Beide Idiome sind sehr seltene, eigenständige Sprachen, keine Dialekte.

Süd-slawische Sprache

Das Kroatische als nationale Landessprache Kroatiens gehört ebenso wie das Slowenische oder auch das Serbische zu den südslawischen Sprachen. Im Unterschied etwa zum Bulgarischen

Die Cetina-Schlucht – auf dem Fluss werden Kajak- und Kanufahrten unternommen

oder Serbischen wird in Kroatien allerdings unsere **lateinische Schrift** verwendet, sodass dem Besucher die Orientierung anhand von Straßenschildern oder Hotelnamen einfacher fällt als in Sprachgebieten mit kyrillischer Schrift.

Aussprache

Bei der Aussprache des Kroatischen gibt es folgende **Besonderheiten:**

- **c** wie ts
- **č** wie tsch
- **ć** wie tj
- **s** wie ss
- **š** wie sch
- **ž** wie sh in „Gelee"
- **z** wie s in „Suppe"
- **e** wie ä
- **dj** wie j in „James"
- **h** wie ch in „ach"
- **v** wie w
- **r** wie är (Krk = Kärk, Hrvata = Härvata)

Sprachführer

Obgleich man in Dalmatien neben italienisch auch sehr gut englisch und deutsch versteht, kann ein kleiner Wortschatz der Landessprache in entlegenen Gebieten oder kleinen Orten doch sehr hilfreich sein. Wer sich einige Kroatischkenntnisse für den Urlaub aneignen möchte, sei auf den Kauderwelsch-Band **„Kroatisch – Wort für Wort"** verwiesen, der im REISE KNOW-HOW Verlag erschienen ist. Hier werden sehr anschaulich die Grundlagen der Alltagskommunikation erläutert, ohne dass man sich mit unnötiger Theorie und Grammatik herumplagen muss. Ein Aussprache-Trainer auf Audio-CD ist ebenfalls erhältlich.

Buchtipps:
- Volker Heinrich, **Kommunikation von unterwegs**
- Volker Heinrich, **Handy global**

(beide Bände REISE KNOW-HOW Praxis)

Telefonieren

Festnetz

Von den meisten öffentlichen Telefonen kann direkt **nach Mitteleuropa** gewählt werden: Auslandsvorwahl eingeben (Deutschland 0049, Österreich 0043, Schweiz 0041), Ortskennzahl ohne „0" sowie die Rufnummer des Teilnehmers. **Telefonkarten** sind an Kiosken und in Postämtern erhältlich.

Die **Auslandsvorwahl** nach **Kroatien** lautet **00385,** dann ist ebenfalls die Ortsvorwahl (ohne „0") sowie die Teilnehmernummer zu wählen. Innerhalb Kroatiens wird die „0" (z.B. 01 für Zagreb, 051 für die Kvarner Bucht einschließlich Pag) mitgewählt.

Handy

Mobiltelefone **funktionieren gut.** Die Kosten ändern sich gerade im Mobiltelefonbereich permanent, ein grober Anhaltspunkt für ein Handy-Gespräch sind 3–4 Euro für ca. fünf Minuten. Am preiswertesten ist es, wenn man bei seinem Provider nachfragt oder auf der Website nachschaut, welcher der kroatischen Roamingpartner VIP oder T-Mobile in Kroatien am preiswertesten ist, und diesen per **manueller Netzauswahl** bei den Telefonaten voreinstellt.

Nicht zu vergessen sind die **passiven Kosten,** wenn man von zu Hause angerufen wird. Ein Anrufer in Ihrem Heimatland zahlt nur die Gebühr ins inländische Mobilnetz, die Rufweiterleitung nach Kroatien findet man später auf der eigenen Handyrechnung wieder.

Extrem ärgerlich sind diese Kosten vor allem, wenn man nur vergessen hat, die **Rufumleitung auf die Mailbox** zu deaktivieren. Wenn man dann nicht zu erreichen oder es besetzt ist, schlägt sich die Rufumleitung nach Kroatien und dann zurück ins Heimatland doppelt auf Ihrer Rechnung nieder (bzw. bei Prepaid-Verträgen ist das Guthaben schneller verbraucht als erwartet).

Wesentlich preiswerter ist von vornherein die Beschränkung auf das Versenden von **SMS.** Der Empfang von SMS ist in der Regel kostenfrei, der von **Bildern per MMS** nicht nur relativ teuer, sondern je nach Roaming-Partner auch gar nicht möglich. Die **Einwahl ins Internet** über das Mobiltelefon, um Daten auf das Notebook zu laden, ist noch kostspieliger – da ist ein Gang ins nächste Internet-Café weitaus günstiger.

Falls das Mobiltelefon **SIM-lock-frei** ist (keine Sperrung anderer Provider vorhanden ist) und man viele Telefonate innerhalb Kroatiens führen möchte, kann man sich eine örtliche **Prepaid-SIM-Karte** besorgen (siehe auch www.vipnet.hr und www.t-mobile.hr).

- Zu wichtigen **Notrufnummern** siehe „Notfälle“.
- **HAK** (kroatischer Automobilclub) für Straßeninformationen: Tel. 01-4640800.
- **Touristische Infos:** Tel. 0800-200-200 (gebührenfrei).
- **Inlandsauskunft:** Tel. 988.

Trinkgeld

Gängige Praxis

Es ist üblich, Rechnungsbeträge in der **Gastronomie** aufzurunden und etwa **Hotelpersonal** (Zimmermädchen) eine Aufmerksamkeit von ca. 50 K pro Woche zukommen zu lassen. Dies gilt auch für **Ferienwohnungen,** wenn allgemeine Dienste (Zimmerreinigung, Handtuchwechsel usw.) mit einiger Regelmäßigkeit vorgenommen werden. Dabei sollte man die ersten ein bis zwei Tage abwarten und je nach Service dann das Trinkgeld vergeben, um das Personal frühzeitig besonders zu motivieren.

„Bakschischgelder“ – wie in anderen Ländern auf dem Balkan teilweise üblich – sind in Kroatien **nicht erforderlich,** also auch nicht für Parkplätze, Auskünfte oder etwa zur Erlangung besonders guter Zimmer.

Uhrzeit

MEZ

In Kroatien gilt wie bei uns die **Mitteleuropäische Zeit** (MEZ) und vom letzten Märzwochenende bis Ende Oktober die **Sommerzeit** (MEZ + 1 Std.).

Unterkunft

Organisiert oder erst vor Ort

Die Unterkunft ist in unmittelbarem Zusammenspiel mit dem Urlaubsort sicherlich das A und O für einen gelungenen Aufenthalt. Grundsätzlich gibt es, von den persönlichen Umständen abhängend, zwei unterschiedliche Vorgehensweisen: Entweder organisiert man vorab eine Unterkunft (Pauschalreise, Unterkunft per Internet buchen usw.), oder man reist zum bevorzugten Zielort und sucht dort auf eigene Faust etwas Passendes.

Kroatien ist prinzipiell ein „El Dorado" für Glücksritter, die sich treiben lassen und **unorganisiert** reisen und ohne Vorabbuchung ein Zimmer oder ein Apartment vor Ort suchen möchten. Dies ist mit oder ohne Hilfestellung vor Ort möglich, zwei Kleinigkeiten sind aber auch dann zu beachten: Zum einen kommt es im August (Sommerferien in den großen touristischen Herkunftsländern) zu Engpässen, außerhalb des „Bettenwechsels" am Samstag muss man schon Glück haben, um etwas Passendes zu finden; und zweitens sollte man auch einen guten Standort für Ausflüge in andere Gebiete Dalmatiens wählen. Natürlich hat jeder seine eigenen Vorstellungen, allgemein aber empfehlen sich im Rahmen eines drei-

Buchtipps:
- Hartmut Schäfer, **All inclusive?**
- Erich Witschi, **Unterkunft und Mietwagen clever buchen**

(beide Bände REISE KNOW-HOW Praxis)

wöchigen Urlaubs durchaus mehrere Domizile, etwa eine Woche auf einer Insel im Norden, eine Woche auf dem Festland bei Trogir/Split und eine weitere Woche auf einer Insel vor Split.

Kategorisierung in Kroatien

Bei **Hotels und Apartments/Bungalows** sowie **Privatunterkünften** wird in Kroatien nach den **Klassen A bis D oder 1 bis 4** unterschieden, manchmal gibt es zusätzlich „L" für Luxus. Grundsätzlich gilt: Wer eine Hotelunterkunft für den Urlaub sucht, fährt mit einer Pauschalreise in aller Regel weit günstiger als bei Eigeninitiative und Selbstbuchung (vorab oder vor Ort), da die Reiseveranstalter meist einen deutlich günstigeren Preis erzielen als der Einzelreisende. Im Winterhalbjahr sind Hotels oftmals die einzige durchgehend geöffnete Unterkunftsmöglichkeit.

Campingplätze

Für Campingplätze existieren unterschiedliche Kategorisierungen und Angaben über die Qualität, teilweise werden **Sternchen** (* bis ****), teilweise **Kategorien** benannt (Kat. I bis IV), wobei jeweils „1/I" die geringste und „4/IV" die höchste Komfortklasse bedeutet.

Insgesamt gibt es **über 300 registrierte Campingplätze,** etwa je zur Hälfte auf Istrien/Kvarner Bucht und Dalmatien verteilt. In Nordkroatien sind sie prinzipiell größer und besser organisiert (Tischtennis, Minimarkt, Busanbindung etc.), wohingegen viele dalmatischen Campingplätze – von ein paar größeren Plätzen abgesehen – als so genannte „Mini-Camps" lediglich einige Zelt- und Stellplätze mit „rustikaler Atmosphäre", oft ohne jegliche Infrastruktur, anbieten.

Wildes Campen ist in ganz Kroatien nicht nur generell **untersagt,** sondern erweist sich auch insbesondere entlang der dalmatischen Küste mit dem jäh aufsteigenden Bergland als ausgesprochen schwierig.

In der **Hochsaison** ist eine Woche die übliche **Mindestbelegzeit** auf Campingplätzen; darunter wird man oft erst gar nicht aufgenommen. Bei den Unterkünften wird für Kurzzeitbelegungen (bis drei Nächte) ein Zuschlag von 30 % erhoben.

Kategorisierung in diesem Buch

Um dem Leser eine einigermaßen vernünftige **Orientierung** zu ermöglichen, wird in den Ortsbeschreibungen in diesem Buch einheitlich **nach vier Klassen katalogisiert,** dargestellt durch ein bis vier hochgestellte Euro-Zeichen (€€€€). Diese Einteilung ist unabhängig davon, ob vor Ort „2", „**", „B" oder „II" verwendet wird. Die Kategorien sind der abgebildeten Tabelle zu entnehmen. Genannt sind die Höchstpreise während der Hauptsaison (Mitte Juli bis Ende August); außerhalb der A-Saison (siehe „Reisezeit") sinkt der Preis auf etwa zwei Drittel, in der Nebensaison teilweise bis auf ein Drittel! Viele Prospekte, Preistafeln usw. in Kroatien arbeiten auf Euro-Basis, die Abrechnung erfolgt jedoch bis zum EU-Beitritt (und der späteren Umstellung auf den Euro) in Kuna. Dabei akzeptieren manche Privatvermieter den Mietpreis gerne auch in Euro, da sie entweder als Gastarbei-

Kategorien in diesem Buch (Preise in Euro)

Kategorie	Hotel	Apartments/FeWo	Campingplatz
€	DZ Ü/F	2er 25–35	4 Pers./Zelt 15–20
	(kplt f. 2 Pers.)	4er 40–55	4 Pers./WoWa 20–25
	40–60	6er 30–45	4 Pers./WoMo 20–25
€€	60–80	2er 35–45	4 Pers./Zelt 20–25
		4er 60–80	4 Pers./WoWa 22–27
		6er 40–60	4 Pers./WoMo 24–29
€€€	80–140	2er 45–60	4 Pers./Zelt 25–30
		4er 80–105	4 Pers./WoWa 30–35
		6er 60–100	4 Pers./WoMo 30–35
€€€€	140–180	2er 60–70	4 Pers./Zelt 30–40
		4er 95–150	4 Pers./WoWa 35–50
		6er 100–180	4 Pers./WoMo 35–50
€€€€€	ab 180	wie **€€€€**	wie **€€€€**

Abkürzungen: DZ = Doppelzimmer; Ü/F = Übernachtung mit Frühstück; FeWo = Ferienwohnung; WoWa = Wohnwagen; WoMo = Wohnmobil; kplt = komplett, Pers. = Personen

ter im Winter in der Eurozone tätig sind oder dort Einkäufe tätigen und sich die Umtauschgebühren sparen möchten.

In der **Tabelle** auf der Seite zuvor sind für eine Kategorie jeweils die niedrigsten und höchsten ermittelten Preise in Euro angegeben, bei Wohnwagen und Wohnmobilen inkl. Strompreise, jeweils pro Tag. Bei den Camping-Kategorien handelt es sich um vereinheitlichte Richtwerte; für die individuelle Planung empfiehlt es sich, den kostenlosen Campingplatzkatalog der Fremdenverkehrsämter (siehe „Informationsstellen") anzufordern.

Buchung

Es ist zumindest außerhalb der Hochsaison **kein Problem,** ohne Vorabarrangement nach Kroatien zu kommen; entweder orientiert man sich an den allgegenwärtigen, oft mehrsprachigen Schilderwäldern („apartman" = Ferienwohnung, „sobe" = Zimmer), oder man wendet sich an eine der so genannten Touristenagenturen („Agencija"), die dem Suchenden eine Liste von Privatzimmern und Ferienwohnungen vorlegen – das ist etwa so kompliziert wie bei uns der Zeitungskauf am Kiosk.

076sd08 Foto: wl

Dann besichtigt man selbstständig das Objekt. Sollte das Zimmer zusagen, füllt man – wieder beim Agenten – die Unterlagen aus. Der Pass wird zur Registrierung einen Tag (bzw. bis zur Rechnungsbegleichung) hinterlegt. Somit ist gewährleistet, dass Privatzimmer auch ordnungsgemäß versteuert werden (bis zu 40 %!) und die **Kurtaxe** gezahlt wird (0,50–1,50 Euro/Tag). Der Kunde merkt von Kurtaxe und Vermittlungsprovision nichts, er zahlt einen Endbetrag.

Wer **direkt zu Vermietern** geht (manche freuen sich, können doch Steuer und Kurtaxe sowie Agenturenprovision gespart werden), darf nicht irritiert sein, wenn man gelegentlich trotz der Eigeninitiative an eine Agentur verwiesen wird: Es bestehen oft feste Verträge mit Agenturen, oder man will ehrlich Steuern zahlen.

Man kann also auf eigene Faust entweder vor Ort direkt zum Vermieter gehen oder sich an die örtliche **Touristinformation** oder eine der zahlreichen **Agenturen** wenden, von denen einige günstig gelegene jeweils beispielhaft in den Ortsbeschreibungen erwähnt werden.

Zunehmend bedeutsam werden auch **Internetkontakte,** die entweder über Agenturen (Vermittler) oder auch – allerdings noch nicht so häufig – direkt mit dem Vermieter geknüpft werden können. Dabei sind einige **Besonderheiten** zu beachten: Es gibt zwei verschiedene Agentursysteme, die einen arbeiten von D/A/CH aus, die anderen haben ihren Sitz in Kroatien. Eine Agentur in D/A/CH rechnet in Euro ab und fungiert quasi als „Reiseveranstalter" (mit Sicherungsschein usw.) – man hat also einen Ansprechpartner im Heimatland. Die Rechnung wird nicht nach Kroatien überwiesen (aus D/A/CH recht hohe Überweisungskosten in Nicht-EU-Länder), dafür sind die

„Zimmer frei"

Gesamtkosten höher als bei Agenturen in Kroatien. Letztere treten auch als Vermittler auf, fordern meist eine Anzahlung von etwa 20 %, der Rest ist dann direkt an den Besitzer der Unterkunft zu zahlen (bar bei der Ankunft). Dabei hat mancher Urlauber ein „flaues Gefühl", gibt es doch keinen Sicherungsschein, die Anzahlung ist nach Kroatien vorab zu überweisen, und man muss darauf vertrauen, dass die Unterkunft zum Zeitpunkt der Ankunft wie vereinbart auch tatsächlich frei ist. Klar ist aber auch, dass der Preis bei kroatischen Agenturen zum Teil erheblich günstiger ist als bei Agenturen „mit Sicherungsschein". Zumindest in der Hauptsaison kann man bei zeitgerechter Vorplanung in beiden Fällen sicher sein, ein „Wunschobjekt" anmieten zu können.

Agenturen

Hier eine kleine **Auswahl zuverlässiger Anbieter** (im Internet), wobei meist über die eingestellten Bilder, zum Teil auch über PDF-Prospekte ein recht guter Eindruck von den anzumietenden Objekten gewonnen werden kann.

- Auf der Seite **www.ferienwohnungen.net** findet man auch Privatanbieter, u.a. kann man hier „Robinsonurlaub auf den Kornaten" (auf einer einsamen Insel) buchen.
- **www.homeholidays.com** bietet sehr schöne, private und günstige Unterkünfte; der Kontakt wird direkt zum Vermieter hergestellt.
- Die Firma **Adrialin (www.kroatien-adrialin.de)** arbeitet im Unterkunftsbereich mit TÜV-Süd und rund 7500 Privatanbietern zusammen und bietet Unterkünfte vom Gästezimmer über familienfreundliche Ferienanlagen bis zur exklusiven Ferienvilla.
- **www.croliday.com** ist die Homepage der mit zahlreichen Häusern in ganz Kroatien zusammenarbeitenden deutsch-kroatischen Unterkunftsvermittlung **Croliday-Reisen,** Uhlandstraße 21, 71638 Ludwigsburg, Tel. 07141-970202, Fax 970203, croliday@kroatien-croliday.com.
- Schon seit vielen Jahren ist die **Agentur Koima** in Zagreb (Remetinečka 77, 10000 Zagreb, Tel. 00385-01-655667, Fax 6556888, www.apartmani-hrvatska.com) im Geschäft.
- In Salzburg, F. Hanusch Platz 1, Tel. 0043-512-2110400 (aus D/CH) bzw. kostenfrei in Österreich 0800-500802, info@terra.at, www.terra-reisen.com, bietet **Terra-Reisen** als einer der größten Autoreise-Veranstalter sehr interessante Angebote im Unterkunftsbereich, aber auch Flug etc.

- Keine Informations-, sondern eine reine Unterkunftsvermittlungsseite findet man unter **www.istrien.info/.** Man kann über die im Portal integrierte Suchmaschine, aber auch persönlich bei Herrn *Zlatko Dipalo* über Mail (service @istrien.info) oder Tel. 089-97893282 (München) buchen.
- Als weitere gute Seiten seien **www.jadro.de, www.adriatica.net** und **www.idriva.de** erwähnt.

Hinweis: Leider tummeln sich inzwischen auch schwarze Schafe vor allem in der Masse der Internetanbieter. So warnen Reisende ausdrücklich (siehe www.istrien.info/forum/thema10228-15.html) z.B. vor der Firma Kroatien Direkt GmbH, die bereits mehrfach zwar kassiert, dann aber beim Erscheinen der Buchenden vor Ort gar keine Unterkunft bereitgestellt haben soll. Hier soll zudem bereits vor der Reise (eigene Anreise, nur Unterkunftsbuchung) der gesamte Preis für die Unterkunft bezahlt worden sein, was in Kroatien unüblich ist und stets stutzig machen sollte! Üblich ist bei der reinen Unterkunftsbuchung lediglich eine Anzahlung nach der Buchung (meist 100 Euro) und Begleichung des Restbetrages bei der Schlüsselübernahme.

Jugendherbergen

Jugendherbergen gibt es in Kroatien derzeit lediglich in Pula, Punat/Krk, Zadar, Dubrovnik, Veli Lošinj, Zagreb und Rijeka. Ein internationaler Jugendherbergsausweis ist erforderlich, auch empfiehlt sich wegen der großen Nachfrage eine Vorabreservierung (zu den Preisen siehe Ortsbeschreibungen).

Weitere **Auskünfte** sowie **aktuelle Preislisten** können hier angefordert werden:

- **Deutsches Jugendherbergswerk,** Bismarckstr. 8, 32657 Detmold, Tel. 05231-74010, www.jugendherberge.de.
- **Österreichischer Jugendherbergsverband,** Schottenring 28, 1010 Wien, Tel. 01-5335353, www.oejhv.or.at.
- **Schweizer Jugendherbergen,** Schaffhauserstr. 14, 8042 Zürich, Tel. 044-3601414, www.youthhostel.ch.
- **Youth Hostel Association,** Savska Cesta 5, 41000 Zagreb, Tel. 01-4829294, www.hfhs.hr.

Verkehrsmittel

Bahn

Im Vergleich zum Bus bietet die Bahn in Kroatien eigentlich nur eine Alternative für Eisenbahnfans. Die **Verbindungen,** insbesondere im Süden, sind – bedingt durch die gebirgige und teils unzugängliche Landschaft – **außerordentlich beschränkt.** Bahnlinien führen von Slowenien nach Pula (Südspitze Istriens) oder über Karlovac nach Rijeka bzw. durch das Binnenland nach Dalmatien (Zadar, Šibenik und Split). In den Ortsbeschreibungen wird auf die jeweiligen Verbindungen hingewiesen. Je nach Route zahlt man in der 2. Klasse als Richtpreis etwa 1,20 K pro Kilometer.

Bus

Busse dürften für diejenigen, die nicht mit einem eigenen Fahrzeug unterwegs sind, das **Haupttransportmittel** sein; die Verbindungen zwischen den einzelnen Ortschaften sind sehr ordentlich und zudem ausgesprochen **preiswert:** Als Faustregel gilt, dass pro Kilometer 0,80 K zu entrichten sind – auch auf internationalen Routen, wenn die Tour in Kroatien beginnt. Preisbeispiele für nationale Strecken wären etwa Zadar–Split 95 K oder Dubrovnik – Split 100 K. Für Süddalmatien speziell gilt, dass Dubrovnik einziges großes Zentrum und somit auch Ausgangs- bzw. Endpunkt der meisten Linien ist.

Fähre

Zu den vielen interessanten und sehr beliebten Inseln verkehren ganzjährig **Autofähren,** zu kleineren Insel **Passagierfähren** (teilweise Privatanbieter, zu buchen direkt am Pier). Die meisten in den Karten verzeichneten „Fährorte" sind nur eine Anlegestelle mit einer kleinen Ticketbude. Selbstfahrer stellen sich einfach hinten an und kaufen während der Wartezeit das Fährticket; von den beiden Coupons wird einer bei der Einfahrt auf die Fähre abgegeben, die Kopie gilt als Beleg. Das Fährpersonal ist auch in Stressphasen sehr hilfsbereit und nett.

Wartezeiten kommen durchaus vor, auf die Frequenzen und Verbindungen der diversen Routen wird in den Ortsbeschreibungen eingegangen.

- **Infos:** Über die aktuellen Preise und Fährverbindungen zu den Inseln informieren www.jadrolinija.hr (Tel. Split 21-338333) und www.sem.hr (Tel. 21-589433).

Taxi

Einige wenige **Großstädte** verfügen über einen regulären, relativ teuren Taxi-Service; Einzelheiten und Richtpreise finden sich in den Ortsbeschreibungen.

Trampen

Ein Wort zum Thema Autostopp: Trampen ist **nicht sonderlich beliebt** in Kroatien, eigentlich sogar eher verpönt. Das heißt allerdings nicht, dass in Notfällen oder bei miserablem Wetter nicht geholfen würde. Im Sommer jedenfalls stehen die Chancen für Tramper eher schlecht, obgleich zu dieser Zeit mehr Touristen als Einheimische auf kroatischen Straßen fahren.

Versicherungen

Die **gesetzlichen Krankenkassen** von Deutschland, Österreich und der Schweiz garantieren eine Behandlung auch im akuten Krankheitsfall in Kroatien, wenn die medizinische Versorgung nicht bis nach der Rückkehr warten kann. Als Anspruchsnachweis benötigt man dafür einen speziellen **Auslandskrankenschein** von der gesetzlichen Krankenkasse (die Europäische Krankenversicherungskarte gilt nicht in Kroatien!).

Im Krankheitsfall besteht ein Anspruch auf ambulante oder stationäre Behandlung bei jedem zugelassenen Arzt und in staatlichen Krankenhäusern. Da jedoch die Leistungen nach den gesetzlichen Vorschriften im Ausland abgerechnet werden, muss man in der Regel zunächst die **Kosten der Behandlung** selbst tragen. Obwohl bestimmte Beträge von der Krankenkasse hinterher rückerstattet werden, kann doch ein Teil der finanziellen Belastung beim Patienten bleiben, also zu Kosten in kaum vorhersagbarem Umfang führen.

Reisekrankenversicherung

Aus diesem Grund ist zusätzlich der Abschluss einer privaten Auslandskrankenversicherung dringend empfohlen. Diese sind z.B. in Deutschland ab 5–10 Euro pro Jahr auch sehr günstig. Bei Abschluss der Versicherung – die es mit bis zu einem Jahr Gültigkeit gibt – sollte auf einige Punkte geachtet werden. Zunächst sollte ein **Vollschutz ohne Summenbeschränkung** bestehen, im Falle einer schweren Krankheit oder eines Unfalls sollte auch der **Rücktransport** übernommen werden. Wichtig ist, dass im Krankheitsfall der **Versicherungsschutz über die vorher festgelegte Zeit hinaus** automatisch verlängert wird, wenn die Rückreise nicht möglich ist.

Schweizer sollten bei ihrer Krankenversicherungsgesellschaft nachfragen, ob die Auslandsdeckung auch für Kroatien inbegriffen ist. Sofern man keine Auslandsdeckung hat, kann man sich kostenlos bei Soliswiss (Gutenbergstr. 6, CH-3011 Bern, Tel. 031-3810494, info@soliswiss.ch, www.soliswiss.ch) über mögliche Krankenversicherer informieren.

Zur **Erstattung der Kosten** benötigt man grundsätzlich ausführliche Quittungen (mit Datum, Namen, Bericht über Art und Umfang der Behandlung, Kosten der Behandlung und Medikamente).

Der Abschluss einer **Jahresversicherung** ist in der Regel kostengünstiger als mehrere Einzelversicherungen. Günstiger ist auch die Versicherung als Familie statt als Einzelpersonen. Hier sollte man nur die Definition von „Familie" genau prüfen.

Andere Versicherungen

Ist man mit einem Fahrzeug unterwegs, ist der **Europaschutzbrief** eines Automobilclubs eine Überlegung wert. Wird man erst in der Notsituation Mitglied, gilt diese Mitgliedschaft auch nur für das betreffende Land, und man ist in der Regel verpflichtet, fast einen Jahresbeitrag zu zahlen, obwohl die Mitgliedschaft nur einen Monat gültig ist.

Ob es sich lohnt, weitere Versicherungen abzuschließen wie eine Reiserücktritts-, Reisegepäck-, Reisehaftpflicht- oder Reiseunfallversicherung, ist individuell abzuklären. Gerade diese Versicherungen enthalten viele **Ausschlussklauseln,** sodass sie nicht immer Sinn machen.

Die **Reiserücktrittsversicherung** für 35–80 Euro lohnt sich nur für teure Reisen und für den Fall, dass man vor der Abreise einen schweren Unfall hat, schwer erkrankt, schwanger wird, gekündigt wird oder nach Arbeitslosigkeit einen neuen Arbeitsplatz bekommt, die Wohnung abgebrannt ist u.Ä. Nicht gelten hingegen: Terroranschlag, Streik, Naturkatastrophe etc.

Die **Reisegepäckversicherung** lohnt sich seltener, da z.B. bei Flugreisen verlorenes Gepäck oft nur nach Kilopreis und auch sonst nur der Zeitwert nach Vorlage der Rechnung ersetzt wird. Wurde eine Wertsache nicht im Safe aufbewahrt, gibt es bei Diebstahl auch keinen Ersatz. Kameraausrüstung und Laptop dürfen beim Flug nicht als Gepäck aufgegeben worden sein. Gepäck im unbeaufsichtigt abgestellten Fahrzeug ist ebenfalls nicht versichert. Die Liste der Ausschlussgründe ist endlos ... Überdies deckt häufig die Hausratsversicherung schon Einbruch, Raub und Beschädigung von Eigentum auch im Ausland. Für den Fall, dass etwas passiert ist, muss der Versicherung als Schadensnachweis ein Polizeiprotokoll vorgelegt werden.

Eine **Privathaftpflichtversicherung** hat man in der Regel schon. Hat man eine **Unfallversicherung,** sollte man prüfen, ob diese im Falle plötzlicher Arbeitsunfähigkeit aufgrund eines Unfalls im Urlaub zahlt. Auch durch manche (Gold-)**Kreditkarten** oder eine **Automobilclubmitgliedschaft** ist man für bestimmte Fälle schon versichert. Die Versicherung über die Kreditkarte gilt jedoch meist nur für den Karteninhaber!

084sd08 Foto: wl

Land und Leute

Überblick

Kroatien

Auf der Karte ähnelt das Territorium Kroatiens einem Bumerang, dessen Basis nach Nordwesten und dessen Spitzen nach Südosten zeigen. Diese recht eigentümliche Form erklärt sich aus der Geschichte bzw. der Zusammensetzung des ehemaligen Vielvölkerstaates Jugoslawien und seiner unterschiedlichen ethnischen Besiedlung. Im Norden **grenzt Kroatien** an Slowenien (gemeinsame Grenzlänge: 501 km), im Osten an Ungarn (329 km), Serbien (241 km) und Bosnien-Herzegowina (932 km), im Süden an die jugoslawische Teilrepublik Montenegro (25 km). Das Staatsgebiet umfasst ungefähr 56.700 km² und beinhaltet **1185 Inseln,** die größtenteils vor der dalmatischen Küste liegen, von denen allerdings nur 67 bewohnt sind. **Hauptstadt** der Republik Kroatien ist **Zagreb,** wo rund ein Sechstel der insgesamt rund 4,5 Millionen Bewohner des Landes lebt und arbeitet. Die **Bevölkerung** besteht zu 90 % aus Kroaten, 7 % sind Serben, 3 % Italiener, Ungarn, Slowaken, Slowenen, Deutsche und Bosnier.

Geografie

Geografisch unterteilt man Kroatien in das fruchtbare **Flachlandbassin von Sava und Drava** im Nordosten, ein **bergiges Karstland** im Norden und im Zentrum sowie die touristisch bedeutsame **mediterrane Küstenregion.**

Diese Küstenregion – und somit der untere „Bügel" des Bumerangs – gliedert sich historisch bedingt in **drei Regionen:** die Halbinsel Istrien, die sich anschließende Kvarner Bucht sowie, im Süden, Dalmatien. Die gesamte Küste misst eine Länge von 1780 km.

Dalmatien

Bild auf den Seiten zuvor: Die Wehrmauer von Ston

Das historische Dalmatien umfasst heute die vier Gespanschaften *(Županija)* **Zadar, Šibenik-Knin, Split-Dalmatien** und **Dubrovnik-Neretva** mit insgesamt 12.943 km² Landfläche und etwa 540.000 Einwohnern. Die in diesem Buch behandelten Gebiete umfassen die drei erstgenannten Gespanschaften (Bundesländer, Kantone) mit Ausnahme der Insel Hvar, die zwar zur Region Split-Dalmatien gehört, touristisch aber zu Süddalmatien.

Der Begriff Dalmatien geht auf den Volksstamm der **Delmaten,** eine Gruppierung der Illyrer (siehe Glossar) zurück, der diese Region im ersten Jahrhundert unserer Zeitrechnung besiedelte.

Die meisten **Städte und Gemeinden** liegen entlang der Küste sowie auf den Inseln, wohingegen das dalmatische Hinterland sehr dünn besiedelt blieb. Die **größten Städte** sind Split (190.000 Einwohner), Zadar (77.000), Šibenik (52.000), Sinj (25.000) und Solin (19.000).

Die große Bevölkerungsmehrheit besteht aus ethnischen Kroaten, bedeutendste Minderheiten sind die Serben (Raum Knin) und Italiener in und um Zadar.

Klima

Mittelmeerklima

Entlang der kroatischen Küste herrscht Mittelmeerklima mit **warmen, trockenen Sommern** und **milden Wintern,** wobei es innerhalb dieses langen Küstenabschnitts noch gewisse Unterschiede gibt (siehe Grafik). Der Grund dafür ist die jeweilige Lage zu den schützenden Bergketten des Festlands.

Als Faustregel kann festgehalten werden, dass es von **Mitte Juni bis Ende August kaum regnet** und die Tageshöchsttemperaturen mit schöner Regelmäßigkeit über die 30°C-Marke klettern, wobei die Temperaturen der dalmatinischen Gefilde meist noch um ein bis zwei Grad höher liegen als die auf der istrischen Halbinsel. Nicht zuletzt wegen des besonders milden Klimas konnte die Region Istrien eine traditionelle Vorreiterrolle im Tourismus einnehmen.

Zur Thematik vergleiche auch den Abschnitt **„Reisezeit“** im Kapitel „Reisetipps A–Z“.

Flora und Fauna

Pflanzenwelt

Jedes Fleckchen fruchtbarer Erde wird zum Anbau genutzt: Wein, Paprika, Oliven, Tomaten und andere **Obst- und Gemüsesorten** zählen zu den wichtigsten landesüblichen Agrarerzeugnissen, wobei freilich die Pflaume als Basis für den allgegenwärtigen, selbst gebrannten Sliwowitz (Pflaumenschnaps) nicht vergessen werden darf. Häufige Nutzpflanzen sind auch **Maulbeer-, Lorbeer-** und **Feigenbaum** sowie **Esskastanien** (Maroni).

Mittlere tägliche Maximum- und Minimumtemperaturen in °C

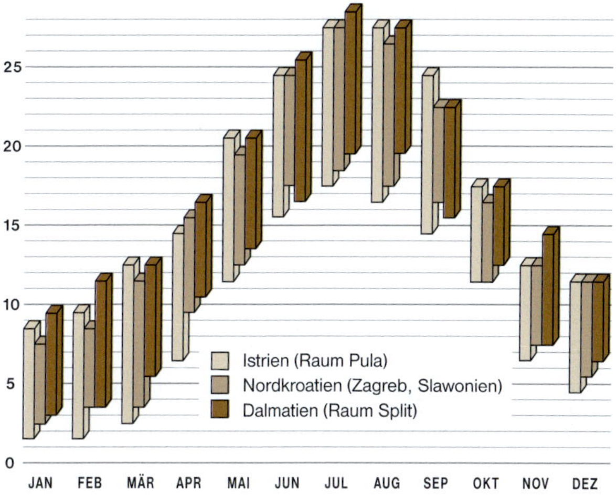

Wassertemperatur in °C

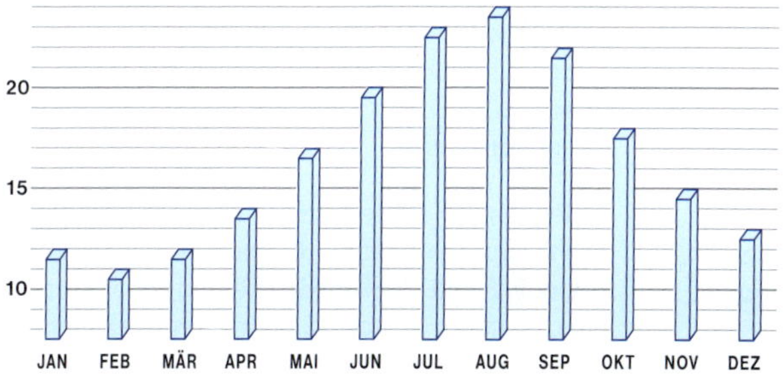

Mittlere Niederschlagsmenge pro Monat in mm

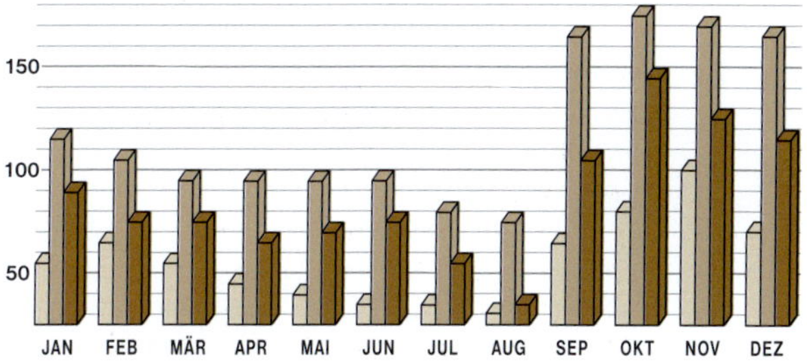

Ansonsten wächst auf dem steinigen Karstboden ein spärlicher, immergrüner **Buschwald** mit Rosmarin, Salbei und Thymian; sehr markant duftet auch das Maggikraut. An der istrischen Küste und auf den Inseln gedeiht der **Ölbaum,** sonst finden sich vorwiegend **Nadelhölzer** wie Zypressen, Kiefern und Pinien. Exotische Gewächse wie etwa Tamarisken, Akazien, Agaven und Palmen werden an einigen „Vorzeigepromenaden" gepflegt.

Säugetiere

Wo eine Kultivierung der Felslandschaften nicht möglich ist, dominieren Ziege und Schaf als pflegeleichte **Nutztiere.** Esel und Mulis dienen noch heute als Transportmittel auf den unwirtlichen Bergpfaden und Hängen. **Wild lebende Säugetiere** scheinen weit seltener vorzukommen als in nördlicheren Gefilden; gelegentlich hoppelt ein Hase durchs Hinterland, auch Rot- und Schwarzwild lebt im Landesinneren. Luchse und Bären haben im Kvarner Hochland zwischen den Nationalparks Plitvice und Risnjak eine Heimat gefunden. Mit etwas Glück kann man sogar **Steinadler** beobachten, auf den Kvarner Inseln auch **Weißkopf-** oder **Gänsegeier.**

Unterwasserfauna

Unter Wasser entdeckt der Taucher Nacktschnecken, Einsiedlerkrebse, Garnelen, Seeigel, Seespinnen, Sepia, Zackenbarsche und sogar Katzenhaie. Auch an Wracks und Grotten oder Höhlen mangelt es nicht. Bedingt durch den Felsboden ist die **Sicht sehr gut,** das **Wasser** fast überall **von hervorragender Qualität.** Umweltschäden sind in der kroatischen Adria glücklicherweise nicht vorhanden.

Die kroatische Flagge

Kroatiens fünf größte ...

Kroatiens fünf höchste Berge (in m):

Dinara	1830
Kamešnica	1810
Sveti Jure	1762
Vaganski Vrh	1757
Ozeblin	1657

Kroatiens fünf längste Flüsse (in km):

Sava	562
Drava	505
Kupa	296
Donau	188
Bosut	151

Kroatiens fünf größte Inseln (in km²):

Krk	410
Cres	406
Brač	395
Hvar	296
Pag	285

Kroatiens fünf größte Städte (Einwohner):

Zagreb	710.000
Split	190.000
Rijeka	168.000
Osijek	105.000
Zadar	77.000

Kroatiens fünf größte Nationalparks (in km²):

Kornati	234
Plitwitzer Seen	195
Krka-Fälle	110
Paklenica	102
Mljet	54

Geschichte Kroatiens

Überblick Die Entwicklung der einzelnen Regionen Kroatiens nahm – bedingt durch die Lage zwischen verschiedenen Machtregionen – einen sehr unterschiedlichen Verlauf. Daher wird in den Ortsbeschreibungen der jeweiligen Stadtgeschichte stärker Rechnung getragen, an dieser Stelle sei zunächst ein kurzer Gesamtüberblick zu Kroatien gegeben.

Jungsteinzeit **Besiedlung der Adriaküste** vor 10.000 Jahren, erste Haustiere und Kulturpflanzen.

ab 1000 v. Chr. **Illyrische Stämme** siedeln sich – von Nordeuropa kommend – in Istrien (Histrer) und Dalmatien (Dalmater und Liburner) an.

ab 400 v. Chr. Einwanderung von **Kelten** und Verschmelzung zu einer illyrisch-keltischen Mischbevölkerung. **Griechische Kolonialisten** gründen Handelsniederlassungen auf Korčula, Hvar und Vis sowie dem Festland zwischen Split und Dubrovnik.

200 v.–200 n. Chr. Die **Römer** erobern zunächst den illyrischen Siedlungsraum (Kaiser *Augustus* und *Tiberius*), Zentrum der neuen Kultur wird Pula.

3.–5. Jh. Der in Dalmatien geborene Kaiser *Diokletian* macht Split zu seinem Zentrum (Diokletians-Palast). Das **Christentum** verbreitet sich, erste christliche Basiliken entstehen.

um 620 Einwanderung der **Kroaten** aus der slawischen Urheimat, die in der südwestlichen Ukraine (Pripjat-Sümpfe) angenommen wird, unter dem Druck der Völkerwanderungen.

bis 825 Der kroatische Balkan steht unter **byzantinischer und fränkischer Oberhoheit.**

925 Unabhängiges Königreich unter König *Tomislav.*

1102 *Koloman von Ungarn* wird König von Kroatien: Beginn der **ungarischen Oberhoheit** (bis 1918).

1527 *Ferdinand I.* von Habsburg (der spätere römisch-deutsche Kaiser) wird König von Ungarn-Kroatien; die **Habsburger** behalten die Krone bis 1918. Kroaten und Deutsche haben bis 1806, Kroaten und Österreicher bis 1918 ein gemeinsames Staatsoberhaupt.

1573 Bauernaufstände.

1797 *Napoleon* erobert Dalmatien.

ab 1830 Nationale Wiedergeburt, insbesondere auf sprachlichem Gebiet.

1848 Krieg und Trennung von Ungarn.

1868 Kroatisch-ungarische Gleichberechtigung.

1.12.1918 Königreich der **Serben, Kroaten und Slowenen.**

1918 Nach dem Zusammenbruch der k.u.k. Doppelmonarchie Österreich-Ungarns am Ende des Ersten Weltkriegs fällt ganz **Istrien an Italien** (bis zum Jahr 1943).

10.6.1928 Kroatenführer *Stjepan Radič* (Gründer der Bauernpartei) wird im Parlament in Belgrad ermordet.

6.1.1929 **Königreich Jugoslawien.**

6.4.1941 Einmarsch der **deutschen Truppen** in Jugoslawien und Besetzung.

10.4.1941 Kroatischer, faschistischer Ustaša-Staat unter Führer *Ante Pavelič.*

17.4.1941 Bedingungslose Kapitulation Jugoslawiens.

29.11.1945 Sozialistische Föderative Republik Jugoslawien unter **Tito.**

28.6.1948 **Bruch mit Moskau** (Beginn des jugoslawischen „Sonderweges").

1970/71 **„Zagreber Frühling":** national-demokratische Massenbewegung unter Führung von Intellektuellen und Studenten zusammen mit der kroatischen Parteispitze, Niederschlagung durch die jugoslawische Regierung.

4.5.1980 Tod *Titos*.

8.4.1990 *Dr. Franjo Tudjman* wird Präsident des kroatischen Republik-Präsidiums.

Mai 1990 Die „Kroatisch Demokratische Gemeinschaft" (HDZ) gewinnt die absolute Mehrheit bei den ersten freien postkommunistischen Parlamentswahlen.

Aug. 1990 Aufruhr kroatischer Serben in Knin, Beginn des bewaffneten Konflikts.

17.3.1991 „Serbische Republik Krajina" erklärt sich für unabhängig.

25.6.1991 **Unabhängigkeitserklärung Kroatiens.**

3.8.1991 1. Briuni-Abkommen: dreimonatiges Moratorium der Unabhängigkeitserklärung.

ab Sept. 1991 **Krieg in Kroatien.**

7.10.1991 Serbische Bombardierung von Zagreb.

19.11.1991 Fall von Vukovar.

23.12.1991	**Anerkennung** durch Deutschland und die meisten anderen EU-Staaten mit Wirkung vom 15. Januar 1992.
19.1.1992	Aufnahme dipl. Beziehungen mit Deutschland.
Jan. 1992	Vance-Friedensplan.
12.2.1992	UNO-Truppen-Stationierung (UNPROFOR).
Frühjahr 1992	Serbische Belagerung und Beschuss Dubrovniks.
2.1.1993	Kroatischer Angriff im Hinterland von Zadar (Maslenica).
28.2.1993	Washingtoner Abkommen zur Gründung der **Bosnisch-Kroatischen Föderation** in Bosnien und Herzegowina (BiH).
April 1993	Ausbruch bewaffneter Konflikte zwischen Kroaten und Muslimen in Bosnien-Herzegowina.
Sept. 1993	Kroatische „Medak-Offensive" bei Gospič.
1.5.1995	Kroatische Rückeroberung des serbisch kontrollierten Westslawoniens („Aktion Blitz").
2.–3.5.1999	Raketenbeschuss Zagrebs durch Serbien.
4.–7.8.1995	Kroatische Rückeroberung der serbisch kontrollierten Krajina („Aktion Sturm").
12.11.1995	Vertrag von Erdut mit den Behörden der serbisch kontrollierten Gebiete in Ostslawonien, der Baranja und Westsyrmiens über Wiedereingliederung in Kroatien nach VN-Verwaltung (UNTAES).
14.12.1995	Kroatien unterzeichnet das Daytoner Friedensabkommen.

23.8.1996 Normalisierungsabkommen zwischen Kroatien und der **Bundesrepublik Jugoslawien.**

6.11.1996 Aufnahme Kroatiens in den **Europarat.**

15.1.1998 Ende des UNTAES-Mandats und vollständige Wiedereingliederung von Ostslawonien, Baranja und Westsyrmien in den kroatischen Staatsverband.

Nov. 99– Jan. 2000 Der schwer erkrankte Präsident *Tudjman* liegt im Sterben, seine Nachfolge ist offen, sein Tod beendet eine autokratische Ära.

Febr. 2000 **Stipe Mesić** wird am 7.2. zum neuen Präsidenten gewählt und am 18.2. offiziell in sein Amt eingeführt. Der Chef der HND verspricht eine Abkehr vom Einheitsstaat der bis dato vorherrschenden HDZ und der Tudjman-Verstrickungen.

13.7.2000 Die **Liberalisierungswelle** erreicht einen vorläufigen Höhepunkt mit der Entlassung des Tudjman-Getreuen *B. Tolič* als Chef der staatlichen Nachrichtenagentur HINA.

1.10.2000 *Mesić* kritisiert öffentlich kroatische Kriegsverbrechen der HVO (kroatische Armee) während des Balkankrieges und verspricht weiterhin gerichtliche Verfolgung, auch wenn es sich um Kroaten handele; mehrere rechtsnationalistische Generäle attackieren ihn in einem offenen Brief. *Mesić* setzt sich durch und schickt sie in den Ruhestand.

März 2001 Kroatien liefert den wegen Kriegsverbrechen angeklagten General *Norič* aus – Zehntausende protestieren in Split dagegen, ebenso viele in Pula dafür; die Regierung bleibt hart.

Ausstellungsstück im Archäologischen
Museum von Zadar (Norddalmatien)

25.6.2001 Zehnjähriges Unabhängigkeitsjubiläum. Präsident *Mesić* will seine Politik der inneren Liberalisierung und außenpolitischen **Westintegration** bei gleichzeitiger Aussöhnung mit den östlichen Nachbarn fortsetzen.

Juli 2002 Die Regierung *Račan* tritt zurück, 5-Parteienkoalition gescheitert. **Nationalkonservative** im Aufwind (rechtskonservative HDZ demoskopischen Umfragen zu Folge wieder stärkste Partei).

Sept. 2002 *Ivica Račan* wird von *Mesić* wieder zum Premier ernannt – er versucht nun ohne HSLS *(D. Budiša)* die **Europäisierung** (EU-Beitritt) umzusetzen und den Abbau der Arbeitslosigkeit (über 20 %!) voranzutreiben.

Jan. 2003 Der damalige EU-Erweiterungskommissar *Günther Verheugen* bezeichnet Kroatien und Bosnien-Herzegowina als aussichtsreiche Kandidaten für spätere Beitrittsrunden.

Febr. 2003 Erneut werden in der Landespresse amerikanische Pläne zur Modernisierung des traditionellen Diokletianspalastes (Split) heftig und kontrovers dis-

099nd08 Foto: fz

kutiert. Das marode Weltkulturerbe soll angeblich einem modernen Stadtzentrum weichen.

April 2003 Auf dem **Athener EU-Gipfel** (Beschluss der großen Osterweiterung für 2004) legt Kroatien sein offizielles **EU-Beitrittsgesuch** vor.

Herbst 2003 *Ivo Sanader* reformiert die bis dahin extrem rechtskonservative **HDZ** und kooperiert in offenen Fragen hinsichtlich EU und Auslieferung gesuchter Kriegsverbrecher. Die HDZ wird damit wieder „hoffähig".

Febr. 2004 Die HDZ gewinnt die **Parlamentswahlen** und bildet die neue Regierung, *Ivo Sanader* löst *Ivica Račan* als Premierminister ab.

Juni 2004 Kroatien wird **offizieller EU-Beitrittskandidat** (der Beitritt ist für das Jahr 2009 vorgesehen).

2005 *Stipe Mesić* wird in einer Stichwahl als Präsident wiedergewählt und führt Kroatien in die Verhandlungen mit der Europäischen Union.

2006 Kroatien wird offiziell von der UN-Sonderbeauftragten für die Verfolgung von Kriegsverbrechen, *Carla del Ponte,* für die gute Zusammenarbeit gelobt und in dieser Hinsicht als EU-reif beurteilt. Ähnlich zufrieden äußert sich im November 2006 der Vorsitzende der Deutsch-Kroatischen Parlamentariergruppe im Deutschen Bundestag, *Klaus-Peter Willsch:* „Der (jüngste) Bericht ist ein Beweis dafür, dass Kroatien auf einem sehr guten Weg in die EU ist. Im Vergleich zum Vorjahr sind im neuen Fortschrittsbericht nur noch wenige offene Fragen und Kritikpunkte."

2007 Von den vor dem Internationalen Gerichtshof anhängigen Klagen der Staaten Bosnien-Herzegowina und Kroatien gegen Serbien wegen Genozids während des Bürgerkrieges wird die bosnische

Klage abgewiesen; für Kroatien wird mit gleichem Ausgang gerechnet.

2008

Nach spannenden Parlamentswahlen (Nov. 2007) konnte sich die HDZ *Sanaders* trotz nennenswerter Stimmenverluste von 3 % knapp vor der wiedererstarkten SDP *Zoran Milanovićs* (plus ca. 10 %) als stärkste Partei behaupten. Die Regierungsbildung zog sich aufgrund der unklaren Mehrheitsverhältnisse bis Anfang 2008 hin. Premierminister *Sanader* will bis Ende 2008 die **EU-Beitrittsverhandlungen** abschließen und anschließend durch Referendum die kroatische Bevölkerung über den Beitritt entscheiden lassen.

Geschichte Dalmatiens

Antike

Im 6. und 5. vorchristlichen Jahrhundert siedelten diverse **illyrische Stämme** im heutigen dalmatischen Raum, hauptsächlich Liburner im Nordwesten und Delmaten im Südosten. **Griechische Kolonisten** gründeten außerdem Handelsniederlassungen auf Korcula, Hvar und Vis sowie auf dem Festland zwischen Split und Dubrovnik.

Im 2. Jahrhundert v. Chr. konnten die südlichen **Delmaten** die Unabhängigkeit vom illyrischen Reich erreichen und machten das heutige Tomislavlgrad zu ihrem Zentrum.

Nur wenige Jahre später (156 v. Chr.) wurden die Delmaten von den **Römern** unterworfen und tributpflichtig gemacht, um die Zeitenwende unter Kaiser *Augustus* dann als **Provinz Dalmatia** in das Römische Reich integriert. Nachdem Rom seinen Zenit bereits überschritten hatte, spielte Kaiser *Diokletian* (240–315) eine besondere Rolle, als er Split zum Zentrum seiner Macht erkor und dort den gleichnamigen Palast errichten ließ (siehe Exkurs im Kapitel zu Split).

Nach dem Ende des Weströmischen Reiches im 5. Jahrhundert fiel Dalmatien von 481 bis 535 in den Machtbereich der **Goten,** ehe der oströmische Kaiser *Justinian I.* das Gebiet an **Ostrom** (Byzanz) anschloss.

Mittelalter

Im Zuge der Völkerwanderung wurden weite Teile Südosteuropas von den **Slawen** besiedelt, wobei die Assimilation mit der Urbevölkerung weitgehend problemlos verlief. Eine Ausnahme waren die dalmatischen Stadtstaaten, allen voran Jadera (Zadar) und Ragusa (Dubrovnik), wo sich die romanischsprachige Bevölkerung „ghettoisierte" und sich auch die (heute ausgestorbene) dalmatische Sprache noch lange halten konnte. Formal hatte jedoch Byzanz (Ostrom) nach wie vor die Oberhoheit über Dalmatien inne.

In der Folgezeit entstanden zahlreiche einzelne **Fürstentümer,** wobei Nord- und Mitteldalmatien in den Bereich des Fürstentums und späteren Königreichs Kroatien fielen, in Süddalmatien dagegen die Fürstentümer Paganien (Neretva-Mündung), Travunien und Zahumlje eigenständig existierten. Eine kulturelle Unterscheidung zeigte sich auch in der frühen **Christianisierung** der Slawen in Dalmato-Kroatien, wohingegen die süddalmatischen Stämme ihren Volksreligionen wesentlich länger treu blieben. In Süddalmatien entstand sogar eine **„Piratenrepublik"** neretvanischer Piraten, denen 887 ein großer Sieg über die Seemacht Venedig gelang und die daraufhin über 100 Jahre lang Tribut von Venedig erhielen!

Politisch gewann **Venedig** mit dem Sieg über die neretvanischen Piraten 998 bei Makarska (Doge *Pietro II. Orseolo*) die nominelle Herrschaft über Dalmatien, de facto dehnte sich vom 9. bis ins 11. Jahrhundert jedoch der Einflussbereich der Kroaten aus, nachdem Fürst *Mislav* um 840 seinen Sitz nach Klis (nahe Split) verlegt hatte und immer mehr dalmatische Fürstentümer ihren Tribut an Kroatien entrichteten. Diese Entwicklung gipfelte in der **Vereinigung Dalmatiens mit Kroatien unter König Tomislav** (910–928) und der späteren ungarisch-kroatischen Doppelmonarchie (ab 1100), wobei Byzanz 1186 offiziell zugunsten Ungarn-Kroatiens auf Dalmatien verzichtete. Dabei fielen Nord- und Mitteldalmatien prinzipiell in den kroatischen, Süddalmatien eher in den serbischen Einflussbereich.

Der bosnische Ban **Stefan II. Kotromanic** eroberte nach einer Fehde um 1323 das Fürstentum Zahumlje, womit **Bosnien** mit dem heutigen Neum-Zipfel jene merkwürdige „Landunterbrechung" zwischen Mittel- und Süddalmatien schuf, die heute den Transit nach Dubrovnik über Bosnien-Herzegowina erforderlich macht. Für einige Zeit gelang es den Bosniern sogar, ihren Tributbereich auf die gesamte kroatische Adriaküste auszudehnen.

Das 14. Jahrhundert war von einer Art **„Bündnissuche"** geprägt, wobei die ländlichen Regionen eher zu Ungarn-Kroatien tendierten, die Küstenstädte dagegen zu Venedig als Seemacht. Im frühen 15. Jahrhundert waren Ungarn und Bosnien durch die vorrückenden Türken geschwächt, sodass zwischen 1420 und 1444 ganz Nord- und Mitteldalmatien unter venezianische Kontrolle geriet. Dubrovnik (Republik Ragusa, Süddalmatien) bewahrte dagegen seine Unabhängigkeit und suchte seinen Weg in einer neutralen Diplomatie auch den Türken gegenüber.

Neuzeit

Von 1453 (Konstantinopel) bis 1483 stießen die **Türken** bis in die Herzegowina vor und standen damit an den Grenzen des venezianischen Machtbereiches („Türkenkriege"). 1508 zogen sich zunächst Venedig, 1526 dann auch Ungarn aus Dalmatien zurück, sodass die Türken freie Hand hatten und bis zum Friedensvertrag von 1540 mit Ausnahme weniger bei Venedig verbleibender Küstenstädte ganz Nord- und Mitteldalmatien als türkische Provinz gewannen.

Die neutrale **Republik Ragusa (Dubrovnik)** dagegen entwickelte sich gleichzeitig zu einer der größten Seehandelsmächte des Mittelmeers (rund 300 Handelsschiffe) und erhielt sich eine unangetastete Autonomie.

Ab 1565 und der erfolglosen großen Belagerung von Malta verloren die Türken zunehmend ihre Dominanz (1571 Niederlage in der **Seeschlacht bei Lepanto** gegen eine alliierte abendländische Flotte). Es dauerte jedoch bis zum Frieden von Sremski-Karlovci (1699), ehe die Ostadria (ohne Ragusa) nominell an Venedig fiel.

Die Küstenstädte erfreuten sich zahlreicher Freiheiten, wurden jedoch von einem venezianischen Adeligen geführt; kroatischen Einflüssen wurde gegengesteuert (z.B. Eheverbot der Bürger Zadars mit Kroaten). Im Hinterland betrieben die Venezianer starken Raubbau durch **Abholzung** (Schiffs- und Stadtbau Venedig), was wesentlich zur heutigen Karstlandschaft beitrug. Dieser Kolonialismus führte zwangsläufig zu Konflikten und Aufständen, ohne dass dabei die venezianische Oberhoheit gebrochen werden konnte.

104nd08 Foto: fz

Im späten 18. Jahrhundert (napoleonische Ära) löste der Korse während seiner Feldzüge die Republiken Venedig und Ragusa auf, Dalmatien fiel kurzzeitig an **Frankreich,** nach dem Wiener Kongressfrieden (1815) schließlich komplett an **Österreich.** Bosnien verblieb beim Osmanischen Reich, sodass seine heutige Westgrenze und der „Neum-Zipfel" historisch manifestiert wurden.

Das 19. Jahrhundert war von **Zwistigkeiten** und Unzufriedenheiten der Slawen geprägt, da Dalmatien zu Österreich, Slawonien (der Norden Kroatiens) zu Ungarn geschlagen wurde. Bestrebungen Wiens, die kroatischen Landesteile gemeinsam mit Bosnien als südslawischen Reichsteil zu vereinen, wurden durch die Ermordung des Erzherzogs *Ferdinand* in Sarajevo (1914) und den Ausbruch des Ersten Weltkrieges vereitelt.

Nach dem Ersten Weltkrieg entstand 1919 das **Königreich der Serben, Kroaten und Slowenen,** welches in seinen Grenzen fast dem späteren Jugoslawien entsprach. Zadar und die Insel Lastovo blieben allerdings italienisch. Dalmatien war dabei zunächst in ein gemeinsames, ab 1920 dann in zwei Distrikte *(oblast)* mit den Provinzsitzen Split und Dubrovnik gegliedert, Zadar im Norden war italienisch und konnte keinen eigenen „oblast" bilden. Süddalmatien wurde später der Zeta-Banschaft (Zetska Banovina) unter serbischer Führung (Sitz Cetinje im heutigen Montenegro) zugeschlagen, was zu Spannungen zwischen Serben und Kroaten führte.

Im Zweiten Weltkrieg wurden weite Teile Mittel- und Süddalmatiens von Truppen der Achsenmächte besetzt, der Norden kam zum deutschen Marionettenstaat **„Unabhängiges Kroatien".** In den besetzten Landesteilen wurde eine drastische **Italianisierung** betrieben (italienische Zuwande-

Jäger in dalmatischer Tracht

Der „Kroatische Frühling"

Der kroatische PEN-Klub (Schriftstellerverband) um *Miroslaw Krleža* veröffentlichte **1967** eine Denkschrift zur kroatischen Schriftsprache, die ausgehend von Intellektuellen und Studentenvereinigungen zu einer kleinen kroatischen **Nationalbewegung** im Zeitalter der Volksaufstände in den Marionettenstaaten hinter dem „Eisernen Vorhang" („Prager Frühling", Ungarn) erwuchs. Während das Tito-Regime jeglichen Nationalismus als staatsgefährdend verbot, bestand diese Bewegung auf einer gewissen Eigenständigkeit innerhalb des Staates. Es ging dabei weniger um einen kroatischen Nationalismus, als vielmehr um **wirtschaftliche Gerechtigkeit** (rund 85 % der Einnahmen mussten an Belgrad abgetreten werden).

Die zunächst rein theoretische Auseinandersetzung begann **1971** zu eskalieren, als Studenten in Zagreb öffentlich demonstrierten und kroatische Sprachwissenschaftler eine rein kroatische Grammatik veröffentlichten.

Das Tito-Regime musste reagieren: Die Grammatik wurde verboten (da nicht „jugoslawisch", „serbokroatisch" oder „kroatoserbisch"), Studentenführer und viele Professoren von den Hochschulen ausgeschlossen, die Bewegung als „kroatischer Faschismus" verfolgt. **Folterungen, Inhaftierungen und politische Morde** an Exilkroaten durch den jugoslawischen Geheimdienst UDBA waren die Folge. Dennoch blieb die Auseinandersetzung im Vergleich zu anderen Staaten relativ gewaltfrei. 1974 wurde dann eine neue Verfassung verabschiedet, die den Teilrepubliken umfassende Autonomien einschließlich eines (1991 dann auch reichlich genutzten) Sezessionsrechtes einräumte – ein weit vorausschauender Triumph der Initiatoren des „Kroatischen Frühlings".

rung, Beamtenposten für Italiener, Ortsnamensgebung usw.), auf Rab und Molat Internierungslager eingerichtet. Zwangsläufig sympathisierte daher ein Großteil der kroatischen Bevölkerung mit **Titos Partisanen.** Nach Kriegsende wurde Dalmatien ohne die Bucht von Kotor (kam zu Montenegro) ein **eigenes Verwaltungsgebiet innerhalb Jugoslawiens,** bis 1954 verließen die meisten italienischstämmigen Bewohner ihre Heimat.

Der am dünnsten besiedelte Landesteil Kroatiens war und blieb auch in der Folgezeit wirtschaftlich im Landesdurchschnitt eher **unterentwickelt,** ein bescheidener Tourismus setzte in den 1960er Jahren ein. Auch Belgrad wollte eigentlich mit verbesserter Infrastruktur (Autobahn Zagreb –

Split) zu einer wirtschaftlichen Gesundung beitragen, der „Kroatische Frühling" (siehe Exkurs) ließ dann jedoch alle Planungen endgültig platzen.

Nach 1991 und dem **Zerfall Jugoslawiens** und dem darauf folgenden **Bürgerkrieg** kam der Tourismus in Dalmatien gänzlich zum Erliegen (ganz anders im nördlichen Istrien), Hotels wurden Flüchtlingslager, Dalmatien zum Frontgebiet. Nach dem **Friedensvertrag von Dayton** (1995) folgte dann eine rasante touristische Aufwärtsentwicklung in Kroatien, wobei auch die nun unter Leitung Zagrebs gebaute Autobahn Zagreb - Dubrovnik - das letzte Teilstück soll 2009 fertig sein - eine Schlüsselrolle spielte.

Staat und Politik

Das neue Kroatien

Parlamentarische Demokratie

Dem Modell moderner europäischer Staaten folgend, basiert die „Republika Hrvatska" (Republik Kroatien) gemäß der **Verfassung von 1990** auf einer demokratischen und sozialen Struktur. Die kroatische parlamentarische Demokratie - zumindest nach *Tuđman* nicht nur auf dem Papier existent - zeichnet sich demgemäß durch eine **Gewaltenteilung** in Legislative (Gesetzgebung), Judikative (Gerichtsbarkeit) und Exekutive (Vollzugsorgane) mit einem starken **Präsidenten (Stipe Mesić)** an der Spitze aus.

Das **kroatische Parlament** *(Sabor)* besteht aus zwei Kammern mit einer Komitatenkammer (63 Mitglieder, Vertreter der Regionen) sowie dem eigentlichen Abgeordnetenhaus mit 152 frei gewählten Parlamentariern. Als Besonderheiten sind zu erwähnen, dass der Staatspräsident ein lebenslanges Mitgliedschaftsrecht in der Komitatenkammer genießt und alle nationale Minderheiten Anspruch auf - je nach Wahlergebnis - mindestens einen Sitz im Abgeordnetenhaus haben.

Mesić-Administration

Die Mesić-Administration genießt im Westen einiges Ansehen und ist ernsthaft bemüht, den „Filz" der Tuđman-Ära zu beseitigen. Das gilt sowohl für Ex-Premier *Račan* als auch für den aktuellen HDZ-**Regierungschef Ivo Sanader,** der nicht nur die einstige Einheitspartei reformierte, sondern auch das brisante Thema der Kriegsverbrecherfragen energisch und im Sinne Den Haags (Internationales Strafgericht) anging.

Sanaders Ankündigung, alle Fälle illegaler Inanspruchnahme serbischen Eigentums regeln zu lassen, allen serbischen Flüchtlingen die Rückkehr zu ermöglichen und für deren zerstörtes Eigentum durch Entschädigungsleistungen durch den kroatischen Staat aufzukommen, sicherte ihm bereits 2004 die parlamentarische Mehrheit, und auch bei den **Parlamentswahlen** vom November **2007** blieb seine HDZ (61 Mandate) knapp vor der SDP *Zoran Milanovićs* (56 Sitze). *Sanader* musste allerdings eine höchst fragile Koalition mit mehreren kleinen Parteien eingehen (Parlamentsmehrheit = 76 Sitze), wobei die istrische Partei IDS nach ihrem Austritt aus der Koalition *Sanader* und die HDZ politisch toleriert. Die Regierungsneubildung zog sich aufgrund der schwierigen Mehrheitsverhältnisse bis Anfang 2008 hin. Interessante Randnotiz: Die tatsächlich stärkste Fraktion wurden die Nichtwähler, da die Wahlbeteiligung lediglich bei 62 % lag!

Unter dem Strich bemüht sich das neue Kroatien, Anschluss an die westlichen Nachbarn zu gewinnen und kurz- bis mittelfristig einen **Platz in der Europäischen Union** zu finden (seit 2004 offizieller EU-Beitrittskandidat). Ministerpräsident *Sanader* will die Beitrittsverhandlungen noch 2008 abschließen und anschließend ein Referendum zum Beitritt abhalten.

Als vor einem endgültigen EU-Beitritt noch **zu verbessernde Sachgebiete** gelten das **Justizwesen,** die **Verwaltung** und die **Bekämpfung der Korruption.** Allerdings ist durchaus eine positive

Entwicklung zu beobachten, belegt Kroatien im „Bertelsmann Transformationsindex", der den Stand der Umwandlung hin zur marktwirtschaftlichen Demokratie beschreibt, doch bereits den elften Rang, und beim Management-Index, der die Gestaltungsleistung zur marktwirtschaftlichen Demokratie misst, den zwölften. Kroatien ist damit noch vor Bulgarien und Rumänien platziert (deren EU-Beitritt bereits vollzogen ist), beim Management-Index steht das EU-Mitglied Polen sogar elf Plätze hinter Kroatien! Kroatien ist seit 1992 Mitglied der UN, der OSZE und des IWF.

Verwaltung

Gespanschaft

Die Republik Kroatien ist administrativ in 20 Gespanschaften (eine Gespanschaft entspricht etwa einem Kanton bzw. Bundesland) und die Stadt Zagreb gegliedert. Der Begriff Gespanschaft stammt **aus der k.u.k. Zeit,** als südosteuropäische Territorien in **„Banate"** gegliedert waren und der Ban (Herr) des Banates den Großgespan quasi als Gouverneur der Gespanschaft ernannte. Diese Gliederung wurde 1918 übernommen (Königreich der Serben und Kroaten), nach dem 2. Weltkrieg abgeschafft und im Jahr 1992 reaktiviert.

Staatssymbole

Flagge

Die kroatische Flagge setzt sich als Trikolore aus den waagerechten Balken **Rot-Weiß-Blau** zusammen und entstand in dieser Form 1848 im Geiste der europäischen Revolutionen. Zur Unterscheidung etwa von der niederländischen Staatsflagge wird die kroatische mittig ergänzt durch das **Staatswappen,** ein rot-weißes Schachbrett mit 25 Feldern, dessen Ursprung auf die ersten kroatischen Könige (Funde aus dem 11. Jh.) zurückgeht und als „typisch kroatisch" gilt. Oberhalb des Schachbretts befindet sich eine Krone, die sich

kro_089 Foto: wl

aus den fünf ältesten kroatischen Wappen (Kroatisches Königreich, Istrien, Dalmatien, Slawonien und Republik Dubrovnik) zusammensetzt.

Nationalhymne

Der Text der kroatischen Nationalhymne **„Lijepa Naša"** (Unsere schöne Heimat), 1835 von *A. Mihanović* geschrieben, wurde 1974 offiziell genehmigt und dient seither als ein alle Kroaten einigendes Band. Die Musik dazu schrieb der Serbe *Josip Runjanin* (1821–1878), was von kroatischer Seite oft unerwähnt bleibt.

Wirtschaft

Erfolgreicher Übergang zur Marktwirtschaft

Die gesamtwirtschaftliche Lage seit der Unabhängigkeit stellt sich mit einem **Pro-Kopf-Bruttoinlandsprodukt** (BIP) von rund **8000 Euro** im 5-Jahresdurchschnitt (2002–2006) um rund 20 % besser dar als in anderen Ländern der Region (Bulgarien, Rumänien), deren EU-Beitritt bereits vollzogen wurde.

Das alte königliche Wappen (links) auf dem Dach der Markuskirche in Zagreb

Das unter *Tito* wohlhabende Jugoslawien zeigte sich **nach zehnjähriger HDZ-Regentschaft und Balkankrieg zunächst wirtschaftlich zerrüttet.** Mit den Kriegswirren 1995 brach die EU alle Verhandlungen ab, auch Kredite des Internationalen Währungsfonds wurden eingefroren, ausländische Investoren zogen sich zurück. Hyperinflation (1500 %) und Massenarbeitslosigkeit (in einzelnen Regionen bis zu 40 %) waren die Folge, auch der Tourismus brach zusammen. Neben einer künstlichen Überbewertung des Kuna sorgte ein immenses Handelsdefizit – die Importe betrugen fast das Doppelte der Exporte – für Stabilitätsprobleme.

Die EU-nahen Folgeregierungen unter Präsident *Mesić* und den Premiers *Sanader* und *Račan* schafften unerwartet rasch eine deutliche **Trendwende:** Das Wachstum, die wichtigste Kennzahl einer Volkswirtschaft, stieg von 2002 bis 2006 im 5-Jahresdurchschnitt jährlich um knapp 4 % an. Deutliche Fortschritte wurden auch in den Bereichen Inflationsbekämpfung (durchschnittlich gut 2 %) und Eindämmung der Arbeitslosigkeit (ca. 3,5 %) erzielt. Nicht zuletzt aufgrund dieser Entwicklung erklärte Brüssel Kroatien zum offiziellen EU-Beitrittskandidaten. Schon heute wickelt Kroatien 55 % seines Außenhandels mit EU-Staaten ab, dabei etwa zu einem Viertel mit der Bundesrepublik Deutschland.

Schwerindustrie, Handel, Landwirtschaft und Fischerei sind die wichtigsten Säulen der nationalen Wirtschaft, auch der **Tourismus** (22 % BIP-Anteil) ist wichtig (siehe unten).

Wichtigste **Exportgüter** Kroatiens sind Maschinen, Kleidung, Kleingeräte und petrochemische Produkte; **importiert** werden hauptsächlich Fahrzeuge, Transportausrüstungen und Industriemaschinen. Zentren der Schwerindustrie (Schiff-, Maschinen-, Bergbau, Petrochemie) sind Rijeka, Zadar, Šibenik und Split, während Istrien und Slawonien als **Agrarhochburgen** (nur gut 15 % des kroatischen Landes sind für intensive landwirtschaftliche Nutzung geeignet) das Land mit Obst, Gemüse, Wein, Oliven und Getreide versorgen. **Fischfang,** meist nur noch im Nebenerwerb, wird auf den Inseln und in vielen Küstenorten Kroatiens betrieben.

Wirtschaftliche Eckdaten Kroatiens

	2004	2005	2006	2007
BIP (Wachstum)	3,9	3,8	4,0	4,0
Inflation in %	1,9	2,0	2,5	2,1
Arbeitslosigkeit in %	3,6	3,7	3,5	3,5

Tourismus

Nach Jahren der Skepsis und der irrigen Ansicht, Kroatien sei ein Teil Jugoslawiens und daher ob des Balkankrieges sowie wegen des Kosovo-Konfliktes ein unsicheres Reiseland, erfreut sich die Tourismusbranche wieder einer kontinuierlich **steigenden Tendenz.** Während das „alte" Kroatien der 1980er Jahre 60 Millionen Besucher jährlich verbuchen konnte, brach der Tourismus Anfang der 1990er Jahre (Balkankrieg) fast völlig ein und lag 1995 gerade noch bei knapp 13 Millionen Übernachtungen (fast ausschließlich in Istrien). Seither verbucht die Branche satte Zuwachsraten, die mittlerweile jährlich zwischen 5 und 10 % betragen und letztlich zu ca. 80 Millionen Übernachtungen führten. Von den heute jährlich **rund 20 Millionen Kroatien-Urlaubern** kommen die meisten Auslandsgäste aus Italien (ca. 2.500.000), Deutschland (ca. 2.200.000), Tschechien und Slowenien (je ca. 750.000). Nach der friedlichen Entwicklung in Serbien-Montenegro zeichnet sich eine weitere Entspannung zwischen den beiden früheren Erzrivalen Serbien und Kroatien ab, sodass der „Balkan-Effekt" keine negativen Auswirkungen mehr auf den Tourismus in Kroatien hat.

In der touristischen Hochsaison kann
es auf den Fähren eng werden ...

Der natürlichen Schönheit des Landes taten alle politischen und kriegerischen Wirren sowieso keinen Abbruch, sodass heute absehbar ist, dass Kroatien schon bald wieder eines der beliebtesten europäischen Urlaubsziele sein wird.

Die **Verteilung der Besucherströme** unterliegt bislang einem markanten **Nord-Süd-Gefälle,** der kroatische Küstenstreifen zieht dabei die große Mehrheit der Urlauber an: Rund 50 % reisen nach Istrien, 25 % zur Kvarner Bucht, 20 % entfallen auf die dalmatinische Küste, Nordkroatien und das Binnenland teilen sich 5 %, Letzteres ist meist nur Transitstation.

Gesamtwirtschaftlich ist der Tourismus aus Kroatien nicht mehr wegzudenken, werden doch heute rund ein Viertel aller nationalen wirtschaftlichen Leistungen in diesem Sektor erzielt. Dies bringt natürlich eine gewisse Abhängigkeit mit sich, über die man sich in Zagreb im Klaren ist. Langfristig will man – allerdings sehr vorsichtig und allmählich – mehr das gehobenere Preis-Leistungssegment entwickeln, ohne dabei das Image des Camper- und FKK-Paradieses zu opfern.

111sd08 Foto: wl

Verkehr und Umwelt

Intakte Natur

Man weiß in Zagreb, dass nur eine heile Umwelt auf Dauer den Anspruch an stetig steigende Besucherzahlen flankieren kann. Gleichzeitig steht auch fest, dass westliche Besucher gestiegene Ansprüche an Infrastruktur, Unterkunft und allgemeine Qualität des Urlaubszieles (von der Eiscreme über den Straßenzustand bis hin zum Unterhaltungsangebot) stellen. Und erstaunlicherweise scheint die Quadratur des Kreises zu gelingen: Wegen der recht **geringen Industrie- und Fahrzeugdichte** bleibt die Umwelt nahezu intakt, was sich vor allem auf die Luft- und Wasserqualität positiv auswirkt.

Verkehr

Bei der Verkehrsinfrastuktur wirkt sich der Bau der **Autobahn nach Dubrovnik** (2007 bereits bis Höhe Makarska freigegeben) positiv aus, sind doch die einzelnen Landesteile bezüglich der Fahrtzeit deutlich zusammengerückt und werden die über die alte Landstraße verbundenen Küstenstädte spürbar entlastet; Ähnliches gilt in Istrien seit der Fertigstellung des so genannten „Istrischen Y“.

Veraltete Technik

Probleme bereiten allenfalls veraltete **Chemiewerke.** Aufgrund fehlender finanzieller Möglichkeiten wurden sehr strenge gesetzliche Auflagen bei Neuinvestitionen und Neugründungen festgeschrieben, um zumindest keine neuen Sünden zu schaffen. Es bedarf dennoch westlicher Unterstützung, um eine technische „Entgiftung“ der altjugoslawischen Kraftwerke und Chemieanlagen zu ermöglichen.

Wasser und Luft sind sauber

Der Tourist wird hiervon allerdings wenig bemerken, sicht- und spürbar sind saubere Luft und exzellente Wasserqualität. **Messstationen** an der gesamten kroatischen Adriaküste kontrollieren dies permanent und bezeugen lastenfreien Badespaß allerorten!

Waldbrände

Ein weiteres Problem sind gelegentliche Waldbrände, welche die ohnehin karge Vegetation im Süden des Landes teilweise erheblich beeinträchtigen. Schuld sind dabei weniger lange Trockenphasen, sondern oftmals unsachgemäßer Umgang mit Feuermitteln seitens achtloser Touristen, aber auch Einheimischer. Die großen südosteuropäischen Waldbrände **im Sommer 2007** richteten in Kroatien glücklicherweise relativ geringe Schäden an.

119is08 Foto: wl

Mentalität und Brauchtum

Freundlich und hilfsbereit

Allgemein sind die Kroaten sehr freundlich und hilfsbereit, dabei aber weit weniger aufdringlich, als man dies aus anderen Ländern der Region gewohnt ist – aber Achtung: Allein reisende Frauen werden durchaus angesprochen, allerdings stets im höflichen Rahmen. Die Kroaten geben sich im Großen und Ganzen sehr **deutschfreundlich,** zeigte sich Deutschland doch als (im Westen umstrittener!) Vorreiter bei der Anerkennung des unabhängigen Kroatien.

Sehr wichtig ist es, die **Privatsphäre** zu respektieren, bei aller Freundlichkeit bleibt man Fremden gegenüber immer etwas reserviert. Dies ändert sich schlagartig, wenn man etwa privat unterkommt und Kontakt zum Vermieter hat – sehr schnell sind freundschaftliche Bande geknüpft, wozu auch der dann reichlich fließende hausgebrannte Sliwowitz oder ein Krug Wein aus eigener Herstellung beitragen.

Sonst trifft man sich zu einem **Plausch vor der Tür,** spaziert die Promenaden entlang, beobachtet die lokale Fußballmannschaft beim Training oder spielt eine Partie **Boccia,** ein im westlichen Mittelmeerraum verbreiteter Freizeitspaß. Sonntags treffen sich die Männer nach dem Kirchgang zum Frühschoppen in einer Bar, die Frauen zum Schwatz auf den Straßen, oder es werden vor den Türen Spitzendecken und Wolljacken gehäkelt.

Das Wichtigste aber ist, dass der Besucher den **Stolz der Kroaten** auf ihre junge Republik und die wirtschaftlichen Leistungen würdigt und nicht durch abwertende Bemerkungen über Land, Leute und Eigenheiten verletzend wirkt.

Politik ist Männersache in Kroatien, **Frauen** lösen sich erst ganz allmählich aus der traditionellen Rolle als Hausfrau und Mutter. Immerhin sind per

Szene aus den Sommerspielen in Dubrovnik

Gesetz die Löhne und Gehälter zwischen den Geschlechtern angenähert worden, und eine moderne Sozialgesetzgebung ermöglicht durch Erziehungsurlaub die Berufstätigkeit auch als Mutter.

Der familiäre Zusammenhalt ist nach wie vor sehr groß und bildet die Grundlage der **sozialen Gemeinschaft,** aber auch Vetternwirtschaft und Schwarzarbeit sind - von obersten Führungsetagen bis zum kleinen Mann - weit verbreitet, teilweise aus schnöder Gewinnsucht, teils aber auch aufgrund sozialer Nöte.

Wie anderswo auch blüht in Kroatien der Irrglaube, man könne mit Lotto und Fußballtoto sein bescheidenes Einkommen aufbessern - die **Wettkioske** scheinen allgegenwärtig zu sein.

kro_081 Foto: wl

Typisch südländisch und angesichts der im Sommer teils unerträglichen Hitze auch verständlich ist die **lange Mittagspause,** die meist von 12–15 Uhr dauert. Zu dieser Zeit scheinen die Dörfer und Altstadtgassen wie ausgestorben; in den Städten herrscht dagegen reger Dauerbetrieb.

Bildung und Soziales

Schulpflicht

In der Republik Kroatien besteht eine allgemeine Schulpflicht von **neun Schuljahren** ab dem fünften oder sechsten Lebensjahr. Mit Erlangen der Hochschulreife kann an den nationalen Universitäten oder im Ausland ein Studium aufgenommen werden.

Fremdsprachen

Die wichtigsten Fremdsprachen sind **Italienisch, Deutsch und Englisch,** wobei kaum regionale Unterschiede bestehen – als Tourist denkt man bald, jeder Kroate beherrsche fließend vier Sprachen. Dabei leisten gerade in Istrien die offizielle Zweisprachigkeit (Kroatisch und Italienisch) sowie

026is Foto: wl

die hohen Besucherströme aus dem deutschsprachigen Raum einigen Vorschub.

Allerdings: So positiv diese Beurteilung bei den Dienstleistungen erscheint, im Bereich der Facharbeiter äußern sich viele westliche Wirtschaftsberater äußerst skeptisch, dass das Bildungssystem in Kroatien den Anforderungen des künftigen Marktes genügen kann.

Sozialgesetze

Die Sozialgesetzgebung gilt im Vergleich zu Westeuropa noch als **entwicklungsbedürftig** (Rente unter dem Existenzminimum, unzureichender Krankenversicherungsschutz usw.) und wird stetig weiter ausgebaut und verbessert.

Einkommen

Die Einkommensverhältnisse haben sich in den Jahren nach dem Krieg **permanent verbessert,** nicht zuletzt auch durch den Tourismus. Was verdienen die Leute im Durchschnitt? Verglichen mit anderen Ländern des Balkans beachtlich viel! Statistisch verdienen Geschäftsführer nach einer Studie der bekannten Unternehmensberatung Kienbaum in Kroatien etwa 6500 Euro monatlich, Facharbeiter knapp 1000 Euro im Monat, dem Durchschnittskroaten stehen etwa 850 Euro Monatslohn (jeweils brutto) zur Verfügung. Allerdings sind mehrere Einkommensscheren zu beobachten: Zum einen sind die Durchschnittseinkommen in Gebieten, die im Tourismus verwurzelt sind, spürbar höher als andernorts, zum zweiten litt die Region Istrien am wenigsten unter dem Bürgerkrieg, was zu einem nachhaltigen Vorsprung gegenüber anderen Landesteilen führte.

Gehäkelte Spitzendeckchen sind ein beliebtes Mitbringsel – und sichern damit das Einkommen

Die bedeutendsten Mönchsorden in Europa

In der Geschichte Kroatiens spielten vielfach verschiedene Mönchsorden bei Klostergründungen und Kirchenbauten eine wichtige Rolle, einige der wichtigsten seien hier kurz vorgestellt.

- **Dominikaner** (in Frankreich Jakobiner): 1215 von *Dominikus* in Toulouse gegründeter katholischer Orden mit weißem Gewand und weißer Kapuze; erster mittelalterlicher Bettelorden, einflussreich, da 1232 mit der Leitung der Inquisition beauftragt. Inhaltlich wissenschaftlich ausgerichtet, haben bedeutende Gelehrte und Prediger hervorgebracht (u.a. *Albertus Magnus, Thomas von Aquin*).
- **Franziskaner:** Berufen sich auf Gründervater *Franz von Assisi* als katholischer Orden der Minderen Brüder, die nach der 1223 von Papst *Honorius III.* bestätigten Bettelorden-Regel des *Franz von Assisi* leben (braune Kutte mit weißem Gurtstrick, oft Sandalen). Theologisch betonen sie die Nächstenliebe als Weg zu Gott. Dispute bzgl. der Ordensregel führten zu zahlreichen Untergruppierungen und Abspaltungen, u.a. der Spiritualen (wörtliche Regelbefolgung), Konventualen (Angleichung an alte Orden) und Kapuziner, die besonders in der Zeit der Gegenreformation als wortgewaltige (Straf-)Prediger wirkten.
- **Augustiner:** Zusammenfassende Bezeichnung für zahlreiche katholische Ordensgemeinschaften, die nach der auf Schriften des heiligen *Augustinus* beruhenden Augustinus-Regel leben.
- **Jesuiten:** Katholischer Regularklerikerorden, 1534 von *Ignatius von Loyola* gegründet und 1540 durch Papst *Paul III.* bestätigt. Hauptziel des

Religion

Katholisch

Die überwiegende Mehrheit der Kroaten gehört traditionell der römisch-katholischen Kirche (über 80 %, in Istrien gut 90 %) an, daneben existieren serbisch-orthodoxe, moslemische und protestantische Minderheiten im Lande. Die Kirche spielt eine **bedeutende Rolle** im Leben der Kroaten, wenngleich nicht so dominant wie etwa in Italien (gesellschaftlich) oder Polen (politisch). Der katholische Glaube dient vor allem als einigendes Band der „Kroaten" und Abgrenzung zu den orthodoxen (Serbien-Montenegro) und moslemischen (Bosnien-Herzegowina) Nachbarn und somit auch als Legitimation der Westintegration.

Ordens ist die Ausbreitung, Festigung und Verteidigung des katholischen Glaubens durch Mission, Predigt, Seelsorge, Unterricht, wissenschaftliche Arbeit und geistliche Übungen (Exerzitien). War in der frühen Neuzeit wesentliches Element der überseeischen Missionierungen. Die Jesuiten leben in offenen Häusern und Kollegien und tragen keine Ordenskleidung.

- **Zisterzienser/Bernhardiner:** Benediktinischer Reformorden aus dem 11. Jh.; der Ordensname leitet sich von dem 1098 durch *Robert von Molesme* gegründeten Kloster Citeaux ab. Nach der päpstlichen Bestätigung der Ordensverfassung „Charta caritatis" 1119 breitete sich der neue Orden insbesondere unter *Bernhard von Clairvaux* (daher Bernhardiner) aus und gewann Einfluss in ganz Europa. Durch die praktizierte Verbindung von geistlichem Leben und praktischer Arbeit, besonders die Einrichtung von landwirtschaftlichen (Muster-)Betrieben, wurden die Zisterzienserklöster zu wesentlichen Trägern der deutschen Ostsiedlungen im 12. und 13. Jh.
- **Karmeliter:** Katholischer Orden basierend auf einer von Kreuzfahrern im 12. Jh. gegründeten Einsiedlerkolonie auf dem Karmel (Nordisrael), 1226 päpstlich bestätigt, Ausbreitung über Zypern und Sizilien nach Europa. Einige Zweige leben streng asketisch-meditativ und setzen sich primär seelsorgerisch ein.
- **Trappisten:** Aus der Reform-Zisterzienserbewegung 1664 hervorgegangener Orden insbesondere mit strenger Beachtung des absoluten Schweigegelübdes.
- **Johanniter, Templer, Deutschherren:** Militärische Rittermönchsorden, gegründet während der Kreuzzüge zum Schutz der Pilgerwege ins Heilige Land.

Daneben spielten in der kroatischen Geschichte auch diverse **Orden** eine gewisse Rolle (siehe Exkurs oben), deren bauliche Monumente von einstiger reger Missionstätigkeit zeugen.

Kunst und Kultur

Traditionelle Künste und Folklore

Häkeln und Stricken

Zu den interessanten kunsthandwerklichen Besonderheiten Kroatiens gehört das Häkeln von Zierdeckchen und das Stricken von Pullovern und Jacken, eine noch heute insbesondere von **älte-**

ren Frauen vor der Haustür oder im Hinterhof ausgeübte Volkskunst.

Tänze

Einige Bekanntheit erlangten mehr im Süden auch die mit Begeisterung gepflegten Tänze, die teilweise auf Fastnachtsbräuche und zum Teil auf eine Tradition seit den Türkenkriegen zurückgehen. Bekannteste Bräuche sind in diesem Kontext das Verbrennen einer in türkische Gewänder gehüllten Puppe zu Fasching **(Mesopust)**, der **Moreška-Tanz,** ein Schwerttanz aus Süddalmatien, und die **Kumpanija,** ein musikalisch begleitetes Kampfstück. Obwohl die Türken auf kroatischem Boden kaum Relikte hinterließen, so wurden doch Speis' und Trank und auch die Volksmusik erheblich von ihnen beeinflusst, wenn auch nicht so stark wie im weit muslimischer geprägten Bosnien-Herzegowina. Die bedeutendsten **Musikinstrumente** sind Dudelsack (nur in Istrien), *Tamburica* (eine Art Balalaika), *Kavala* (Langflöte) und *Sopila,* eine in der Kvarner Bucht verbreitete Oboenart.

Volkstrachten

Volkstrachten sind **selten** geworden und werden in der modernen Gesellschaft verdrängt. Nur gelegentlich, etwa zu Feiertagen oder bei Festspielen, vornehmlich in touristischen Hochburgen, werden noch Trachten getragen, die sich an ländlicher Kleidung früherer Jahrhunderte orientieren. Es dominieren die Farben Rot, Weiß und Schwarz.

Architektur und Kunst

Griechen

Die im 5. Jh. nach Süddalmatien und auf einige Inseln vorrückende griechische Kultur hinterließ bemerkenswerte Spuren, die besonders wegen ihres Realismus bestechen. Ein bekanntes Beispiel ist das Kairos-Relief in Trogir (Dalmatien).

Römer

Mit der römischen Kolonisation folgte für den gesamten Küstenraum eine **architektonische und kulturelle Blüte** durch die Errichtung von Tempeln und Theatern, Aquädukten und Thermen sowie den Bau von Kanalisationssystemen. Damit wurde ein für die damalige Zeit modernes Stadtbild geprägt, welches sich noch heute sehr gut in Poreč oder Pula (Amphitheater) sowie in Zadar studieren lässt.

Byzanz

Nach dem Untergang Westroms folgten Rückeroberungsversuche byzantinischer Kaiser von Konstantinopel aus bis nach Norditalien, wodurch die christianisierte Bevölkerung als neues Gebetshaus die **Basilika** mit Intarsien aus Perlmutt und Marmor, Mosaiken und steinernen Baldachinen am Hauptaltar erhielt. Das Prunkstück schlechthin aus dieser Zeit, die **Eufrasius-Basilika,** kann in Poreč (Istrien) bewundert werden.

Slawen

Byzantinisch beeinflusst, aber in vollkommen eigenständiger, frühromanischer Bauart, errichteten die eindringenden Slawen vom 7. bis 11. Jh. vor allem zylindrisch geformte, sehr **massiv wirkende Kirchen mit Kuppeldach** in den unterschiedlichsten Größen – so etwa die kleinste Kuppelkirche der Welt in Nin oder die berühmte Donat-Kirche in Zadar (Norddalmatien).

Romanik

In den bereits existierenden Städten entlang der gesamten Küste hielt die Epoche der Romanik vom 11. bis ins 13. Jh. Einzug. **Monumentale Kirchenbauten** (Bischofskirchen) entstanden in Dubrovnik, Trogir, Zadar (alle Dalmatien), in Senj sowie auf Rab und Krk. Daneben erfuhr auch der **Profanbau** einen bedeutsamen Aufschwung, grob gehauene Steinblöcke lösten Holz und Fachwerk als Baumaterialien ab. In diesen trutzigen Wohnhäusern (erhalten noch in Split, Trogir und z.T. in Poreč) waren ebenerdig Stallungen, im Obergeschoss Wohnräume untergebracht.

Gotik

Während der kroatischen Gotik (13.–15. Jh.) prallten zwei unterschiedliche Strömungen aufeinander: Durch den blühenden Seehandel waren Fürsten und Kaufleute wohlhabend geworden und versuchten, diesen Wohlstand in einer großartigen Stadtarchitektur zu zeigen und – nicht zu vergessen – vor Eindringlingen zu verteidigen. So entstanden die typischen **mittelalterlichen Stadtanlagen** mit gewundenen Gassen, herrlichen Bürgerhäusern und wehrhaften, die gesamte Stadt umgebenden Stadtmauern und Verteidigungsanlagen. Beste Beispiele hierfür finden sich in Dubrovnik und Trogir (Dalmatien), auf Rab und in Motovun (Kvarner Inseln). Die Geistlichkeit präsentierte sich in dieser Phase in Form bescheidener, so genannter **Bettelorden** (Franziskaner, Dominikaner). Sie bauten ihre Gotteshäuser ebenso schlicht wie sie lebten. Beispiele für diese einschiffigen, **schmucklosen Kirchen** sind Sv Franje in Pula und Sv Dominik in Dubrovnik.

Renaissance

Vorhandene Bauwerke wurden während der Renaissance (15./16. Jh.) **erneuert und erweitert,** das Stadtbild der führenden Handelsmetropolen wurde zum Muster für die Stadtplanung mit Loggien, Stadtplätzen, Rathäusern und Rektorenpalästen. Gute Beispiele sind etwa das Rathaus in Pula oder der Rektorenpalast in Dubrovnik (Dalmatien): Säulengang außen am Erdgeschoss, zwei- oder dreiteilige, verschnörkelte Fenster im ersten Stock und fast quadratische, kleinere Fenster im zweiten Obergeschoss. Fast alle bestehenden Kirchen wurden innen umgestaltet und verziert. Die Stadtmauern wurden wegen der vorrückenden Türken stärker befestigt. Als Paradebeispiel für den Festungsbau sei Karlovac mit seiner typischen Sternform genannt.

Prachtvolles Bürgerhaus aus dem ausgehenden 19. Jahrhundert

Barock

Den Barock des 17./18. Jh. muss man für Kroatien insofern als zweigleisig betrachten, als die Kvarner Bucht – und hier insbesondere Rijeka – zunehmend unter österreichischen Einfluss fiel (Beispiel: Veitskirche in Rijeka) und mit einigen Neuerungen aufwartete, während der Süden (Republik Ragusa, Dalmatien) im Zuge des türkischen Rückzugs und eigenen Machtverlusts eher eine Flaute erlebte. Die wichtigsten Küstenstädte verlegten sich auf das Minimum, nämlich den **Erhalt der Stadtmauern.** Lediglich in Dubrovnik wurden nach dem verheerenden Erdbeben von 1667 von vorwiegend italienischen Architekten unter Beteiligung örtlicher Baumeister barocke Neubauten geschaffen (Kathedrale).

Klassizismus

Das 19. und frühe 20. Jh. – die Phase des Klassizismus – brachte der Kvarner Bucht, vor allem Rijeka und Pula als durch Bahnlinien erschlossenen Häfen Österreichs, **neue Verwaltungsgebäude und Schauspielhäuser,** aber auch **erste Hotels.** Beispiele hierfür lassen sich gerade zwischen Rijeka

028is Foto: wl

und Pula zuhauf entdecken, etwa das Theater und das Jadrolinija-Gebäude in Rijeka oder die verspielten Villenbauten in Opatija, die teilweise in den Jugendstil fallen. Der Bahnanschluss brachte auch den dalmatinischen Städten Split und Zadar neuen Aufschwung und damit klassizistische Neubauten. Im Hinterland entstanden unzählige österreichische **Festungs-** (z.B. Varaždin, Karlovac) und **Repräsentationsbauten** (z.B. Našice), die man auf den diversen Transitrouten besuchen kann.

Gegenwart

Es ist nur natürlich, dass diese Vielfalt an kulturellen Einflüssen nicht nur ihre Spuren hinterließ, sondern auch Kunst und Kultur der Gegenwart nachhaltig beeinflusst. Im Straßenbild der Städte wird man auf viele kleine Ateliers und Kunstwerkstätten wie z.B. Filigranjuweliere, aber auch Straßenmaler und -musikanten treffen, die den klassischen Vorbildern nacheifern bzw. unter deren Einfluss hervorragende Eigenkreationen hervorbringen. Bekannte Vertreter der gegenwärtigen Kulturszene sind der faszinierende **Maler I. Antolčić** (Lošinj), der beliebte, klassizistisch geprägte **Bildhauer I. Meštrovič** (Split) und der **Regisseur P. Prpovič** mit seinem ungebrochen aktuellen Kinofilm „Tito i Ja" (Tito und ich), der die Erinnerungen eines kleinen Jungen an die Ära *Titos,* der in Kroatien geradezu heroisch verehrt wird, filmisch aufarbeitet.

Musik

Auf nationaler Ebene

Auch in der modernen Musik sind einige kroatische Künstler zumindest auf nationaler Ebene erfolgreich. Bekannteste Rock-Punkband ist **„Hladno Pivo"** (Kaltes Bier) um den charismatischen Leadsänger *Mile* mit immerhin 60.000 verkauften Alben und ihrem bekanntesten Hit „Nije sve tako sivo" (Es ist nicht alles grau).

Ziemlich bekannt ist **Marko Perković** (Kampfname „Thompson"). Der Neofaschist gilt aufgrund seiner Leidenschaft für das kroatische Ustaša-Regime und seiner Haltung im Bürgerkrieg – er betrachtet den bosnischen Kanton Neretva um Mostar als national-kroatisch – als höchst umstrittene Persönlichkeit im eigenen Lande. Augenfällig ist allerdings der Zulauf *Perkovićs,* der in Split vor 40.000 und in Frankfurt/M. 2007 vor 13.000 (!) Zuhörern auftrat. *Perković* ist Miteigentümer des „Narodni Radio" (etwa: Völkischer Sender) und verwendet Teile seiner Einkünfte zur Verteidigung mutmaßlicher kroatischer Kriegsverbrecher in Den Haag.

Im deutschsprachigen Raum könnte zumindest bei Insidern der Name **Sandra Nasić** vertraut klingen. Die Deutsch-Kroatin (geboren in Göttingen) war von 1994 bis 2005 Sängerin der deutschen Rock-Band **„Guano Apes",** 2001 erhielt *Nasić* die „Eins-Live-Krone" als beste Sängerin.

Besonders im Süden Kroatiens kennt man die Popsängerin **Danijela Martinović,** deren Album „I po svijetlu i po mraku" (Im Hellen wie im Dunklen) zu den meistverkauften des Landes gehört. Das umtriebige Multitalent *Martinović* spielt außerdem eine Hauptrolle in der TV-Soap „Cimer fraj" (TV Nova), brachte ein Parfüm, ein Kinderbuch und eine eigene Modekollektion heraus. Noch eine kleine pikante Note: *Martinović* war heimlich mit *M. Perković* (s.o.) verheiratet, ließ sich aber 2006 scheiden. Vor und nach (und vermutlich auch während) dieser Ehe lebte sie mit dem Sänger *P. Grašo* zusammen.

Sehr bekannt ist auch **Oliver Dragojević** (geboren 1946, Absolvent der Musikschule Split), der nicht weniger als 49 Alben herausgebracht hat und u.a. 21 Mal (!) mit dem wichtigsten, alljährlich vergebenen kroatischen Musikpreis „Porin" ausgezeichnet wurde.

126sd08 Foto: wl

Die Riviera von Makarska

Überblick

Süd-dalmatien

Bild auf den Seiten zuvor: Biokovo-Massiv

Von Brela bis zur kroatisch-montenegrinischen Grenze erstreckt sich der schmale Saum des süddalmatischen Küstenlandes mit einer ebenso faszinierenden wie abwechslungsreichen Szenerie. Da wäre zunächst von Brela bis Gradac die **Riviera von Makarska,** ein Urlaubs- und Badezentrum mit allen touristischen Annehmlichkeiten,

das den Zentren Istriens oder der Kvarner Bucht in nichts nachsteht. Dann folgt das fruchtbare **Neretva-Delta** mit dem wichtigen Nachschubhafen **Ploče.** Anschließend geht es durch bosnisches Territorium (Neum-Zipfel) zu dem vom kroatischen Festland getrennten Landstrich um die schönste kroatische Stadt: **Dubrovnik.**

Es wird oft gefragt, ob denn eine Reise in den äußersten Süden Dalmatiens und nach Dubrovnik

sicher sei in Anbetracht der Tatsache, dass man doch ein Stückchen durch Bosnien reisen müsse, und außerdem Montenegro nur wenige Kilometer entfernt sei. Beide Einwände können beiseite gelegt werden, denn schon im Jahr 2000 hatte die damalige „jugoslawische" Regierung große Schritte in Richtung Versöhnung mit dem Westen unternommen, und auch in Bosnien hat sich die Lage längst so weit stabilisiert, dass definitiv **keine Gefahr** bei einem Transit durch Neum oder einem Tagesausflug weder ins bosnische Mostar noch an die montenegrinische Boka Kotorska besteht.

Brela und Baška Voda

Schöne Strände

Von Norden kommend, durchfährt der Reisende zunächst die Orte Brela und Baška Voda. Das kleine Brela bietet einen angenehmen Strand und mehrere Hotels und hat sich in den vergangenen Jahren durch die alljährlich im August stattfindenden Kulturfeste und **„Fischerabende"** (15.–20.8.) einen Namen gemacht. Camper orientieren sich an diesem Abschnitt der Makarska-Riviera eher nach Baška Voda, wo weitläufige Strandabschnitte locken.

Infos, Agenturen

- Informationen erteilt in Brela das **Büro der Touristischen Gemeinschaft,** Obala Kneza Domagoja, Tel. 021-618337, Fax 618434, www.makarska.rivijera.hr.
- In Baška Voda erhält man Informationen beim **Tourismusbüro** in der Obala Sv Nikole 71, Tel./Fax 021-620713, oder bei einer der zahlreichen **Agenturen,** die auch Privatzimmer vermitteln, u.a.:
- **Adria,** Tel./Fax 021-620704, as-adria@vip.hr.
- **Duga,** Tel./Fax 021-620207, duga-bv@st.htnet.hr.
- **Pluto,** Tel./Fax 021-621435, ivana.topic@st.htnet.hr.
- In Brela bei **Bonavia,** Tel. 021-619019, Fax 678151, bonavia@st.htnet.hr.

Unterkunft

- Die günstigste Möglichkeit bietet die **Hotelsiedlung Alem,** Baško Polje, Tel. 021-612088, Fax 611538, hotel.alem@club-adriatic.hr, wo das DZ je nach Saison für 30–70 Euro inkl. Frühstück zu haben ist.

- In der Mittelklasse angesiedelt ist das €€€**Hotel Hrvatska,** Sikavice 2, Tel. 021-611302, Fax 620841, hotel.hrvatska @club-adriatic.hr; DZ 55–75 Euro.
- Am oberen Preissegment rangiert das **Hotel Milenj,** Šetalište Krešimira IV 5, Tel. 021-620644, Fax 620399, www.hotel-milenij.com, wo bis zu 160 Euro für ein 4er-Apartment fällig werden.

Camping

- €€**AC Baško Polje,** Tel./Fax 021-612329, Baška Voda.
- 3 km nördlich empfiehlt sich das sehr schöne, saubere €**AC Sirena** mit schattigen Plätzen, Minimarkt und glasklarem Wasser am schönen Strand.

Aktivitäten

- **Tauchen: Aquanaut,** B. Krašica 50, Tel. 021-618664, www.acca-nautika.com, sowie das **Dive Center Medici** 200 m nördlich von Baška Voda.

Makarska

Zentrum der Makarska-Riviera

Das Zentrum der Makarska-Riviera bilden der Ort Makarska sowie die sich südlich anschließenden Orte Tučepi und Podgora. Es gibt viele wunderhübsch und **malerisch gelegene Badeorte** in Kroatien, doch nur wenige lassen sich mit Makarska (13.500 Einwohner) vergleichen. Dies ist si-

Die neretvanischen Piraten

Was die Uškoken für Senj (Kvarner Bucht) waren, das waren die Piraten des Neretva-Deltas für die Region Makarska - Omiš. Die Piraten plünderten jedoch weniger das Umland - schließlich war man auf die Hilfe der Bevölkerung angewiesen -, sondern widersetzten sich jeglicher Autorität, insbesondere den verhassten Venezianern. Auf dem **Höhepunkt ihrer Macht vom 9. bis 12. Jahrhundert** (887 Sieg der „Nerentani" über die venezianische Flotte bei Makarska) erbeuteten die Neretva-Piraten so viele venezianische Schiffe, dass sich die Dogen sogar gezwungen sahen, den Piraten Tributzahlungen zu leisten, um für ihre Schiffe im Gegenzug freie Fahrt durch die südliche Adria gewährt zu bekommen. Nicht zuletzt durch dieses „Vorbild" widerstanden die Städte Süddalmatiens den venezianischen Übernahmeambitionen am längsten.

cherlich auch auf die atemberaubende Hintergrundszenerie des **Biokovo-Massivs** zurückzuführen, das sich unmittelbar hinter dem schmalen Küstenstreifen der Makarska-Riviera auf bis zu 1700 Höhenmeter erhebt und dem Betrachter, der sich im flachen Adriawasser tummelt, nicht nur ein einmaliges Panorama bietet, sondern ihm auch in Erinnerung ruft, wie klein der Mensch doch im Angesicht der Großartigkeit der Natur ist.

Touristisch ist Makarska für **Wassersportler,** aber auch für **Wanderer** ein lohnenswertes Ziel, die Infrastruktur lässt nichts zu wünschen übrig.

Geschichte

Bistum

Besiedelt seit dem 4. Jahrhundert n. Chr. und als Bistum vom 6. Jahrhundert an belegt, fielen die Siedlungen um die heutige Bucht von Makarska wechselnden Herrschaftsverhältnissen bosnischer, kroatisch-ungarischer und venezianischer Regenten zum Opfer. Im 14. und 15. Jahrhundert war Makarska **Verwaltungssitz der Osmanen** (Türken), es wurde zur bedeutenden türkischen Handels- und Seefahrtsdrehscheibe zwischen Konstantinopel und der nördlichen Adria ausgebaut und mit Wehranlagen umgeben.

Erst im späten 17. Jahrhundert fiel Makarska an **Venedig.** Dass die Süddalmatier weit mehr Widerstand zu leisten vermochten als ihre Brüder in nördlicheren Gefilden, mussten auch die nachfolgenden **Habsburger** erkennen, als Makarska am 24.10.1865 Wahlen für eine innere Autonomie durchsetzte (noch heute Feiertag der Stadt Makarska). Während die österreichischen Herrscher (1797–1918) versuchten, die Stadt zu „italisieren“, entwickelte sich tatsächlich aber ein kroatischer Nationalismus – das Kroatische wurde kurzerhand

Makarska – Badespaß vor der Kulisse der Biokovo-Berge

zur Amtssprache erklärt. Ab 1918 jugoslawisch, blieb Makarska während der Weltkriege und auch im Bürgerkrieg relativ unversehrt. Größeren Schaden erlitt die Stadt durch ein schweres **Erdbeben** im Jahr **1962.**

Sehenswertes

Uferpromenade

Die palmenumsäumte Uferpromenade erstreckt sich **vom Osejava-Park bis zur Halbinsel Sv Petar;** hier laden Kioske, Eisdielen, Restaurants und zahllose Cafés zum Verweilen ein, oder es locken die Bänke am Kai, den ein- und ausfahrenden Booten in der Bucht zuzuschauen.

032da Foto: wl

Trg Kačićeva

Unmittelbar hinter der Uferpromenade erstreckt sich die nette **Altstadt** mit zahllosen kleinen Geschäften und Straßenhändlern in den Gassen, in denen es nach Gegrilltem duftet und abends das Leben pulsiert. Zentraler Platz ist der Trg Kačićeva mit dem Denkmal des Nationaldichters **Andrija Kačić** (1704–1760). *Kačić* gilt als der Poet des armen Mannes, er vermittelte in seinem Hauptwerk „Erzählungen des slawischen Volkes" historische Begebenheiten der dalmatischen und südslawischen Geschichte in einprägsamen und einfachen dichterischen Formen und trug damit zum dalmatischen Nationalbewusstsein bei.

Sv Marko

Dominiert wird der Trg Kačićeva von der sich malerisch von den dahinter aufragenden Bergen abhebenden Pfarrkirche Sv Marko, die dem Schutzpatron gewidmet ist. Das relativ **schmucklose Gotteshaus** entstand im Jahr 1776 und enthält eine interessante Ikonensammlung.

Palazzo Ivaniševića

Wendet man sich vor der Kirche nach rechts, trifft man nach wenigen Metern auf den barocken einstigen **Herrenpalast** der Händlerfamilie *Ivanišević* mit einem eigenen Zugang zur See. Der berühmteste Spross der Familie ist Tennisfreunden aus aller Welt wohl bekannt: *Goran Ivanišević*.

Städtisches Museum

Westlich der Pfarrkirche liegt im ehemaligen barocken **Palazzo Tonolli** das kleine Städtische Museum mit Exponaten zur mittelalterlichen und jüngeren Stadtgeschichte.

- **Städtisches Museum,** Obala Tomislava 17, Mo bis Sa 9–12 und 18–22 Uhr, Eintritt: 10 K.

Franziskanerkonvent

Eine besondere Sehenswürdigkeit liegt am südlichen Rand der Altstadt, der Franziskanerkonvent. Auf den Ruinen einer Benediktinerabtei aus dem 6. Jahrhundert errichteten Franziskanermönche um 1400 ein Kloster. Seine heutige Form erhielt es

033da Foto: wl

– vom barocken Campanile aus dem 18. Jahrhundert abgesehen – um 1614. Die Franziskaner sammelten in den Klostermauern etliche **wertvolle Gemälde** sowie eine umfangreiche **Bibliothek.**

Muschelmuseum

Auf dem Klosterareal dürfte für Taucher und Muschelliebhaber das **Malakologische Museum** mit Muscheln aus aller Welt von Interesse sein. Die Exponate sind mehrsprachig beschriftet.

● **Malakološki Muzej,** tgl. 10–12 und 17–19 Uhr, Sonn- und Feiertage nur 10–12 Uhr, Eintritt: 10 K, Kinder 6 K.

Halbinsel Sv Petar

Zwischen dem langen Sandstrand und der Uferpromenade liegt die kleine bewaldete Halbinsel Sv Petar mit der gleichnamigen **Waldkapelle.** Das Wäldchen ist von **Spazierwegen** durchzogen; an der Nordseite beim Leuchtturm kann man gut und sandfrei im klaren Wasser **schnorcheln.** Auf der Südseite liegt die beliebte **Disco Grotta** mit einem kleinen Biergarten vor einer Höhle.

Kastell auf der Halbinsel Sv Petar

🏨	1	Hotel &		11	Burger-Imbiss
⚠		AC Riviera	🏨	12	Hotel Biokova
🏨	2	Hotel Biokovka	✉		Post
🏨	3	Hotel Dalmacija		13	Stadtmuseum
🏨	4	Hotel Park		14	Sv Marko
🏨	5	Hotel Meteor		15	Susvid
	6	Mondo		16	Franziskanerkloster &
	7	Jahrmarkt & Buden			Muschelmuseum
	8	Kapelle Sv Petar		17	Krankenhaus
	9	Disco Grotta,		18	Busbahnhof &
		Biergarten			Taxistand
•	10	Fähre nach Brač		19	Konoba Adria &
		(Sumratin)	🏨		Pension Ante Katić

Botanischer Garten 4 km außerhalb von Makarska in Richtung **Gornji Tučepi** kommt linker Hand die Zufahrt zum botanischen Höhengarten. Hier sind die Pflanzen des vegetationsarmen Biokovo-Gebirges zu sehen.

Wanderungen

Osejava Rat Wer ein wenig zu Fuß auf Erkundungstour gehen möchte, sollte das **lang gezogene Waldgebiet** Osejava Rat am südlichen Ende der Bucht von Makarska aufsuchen. Ein wunderschöner Spazierweg führt die Treppen hinauf, an der Parkbank rechts vorbei und dann zunächst immer rechts oberhalb der Küste entlang. Nach etwa 15 Minuten erfolgt eine Gabelung: Geradeaus geht es sanft hinab zu der **FKK-Badebucht Nugal,** scharf links und kurz darauf gleich wieder rechts geht es weiter Richtung Tučepi. Man folgt diesem Weg bis zu einer Sackgasse mit Ruine und Aussichtspunkt (man kann hier zur FKK-Bucht hinuntersehen, es gibt aber keinen Weg von hier hinunter). Kurz vor diesem toten Ende führt links (kleines Schild beachten) ein Pfad steil (!) abwärts auf einen Weg (Zaun). Hier links und sogleich wieder rechts (Trampelpfad) gehen und dem unscheinbaren Pfad bis zur Öffnung des Waldes folgen. Von hier sind es noch wenige Minuten auf schwer erkennbarem Pfad bis zum **Strandende von Tučepi;** die gesamte Strecke nimmt etwa 75 Minuten (einfach) in Anspruch.

034da Foto: wl

Biokovo-Park

Wer ausgedehntere Spaziergänge und Wanderungen bevorzugt, kann direkt von Makarska aus (Wanderkarten bei der Touristeninfo und bei Zeitschriftenhändlern) über den 1421 m hohen **Vošac** (Schutzhütte) zum **Sv Jure,** dem mit 1762 m höchsten Berg des Biokovo-Parks, wandern. Alternativ (einfacher) kann man bis Gornji Tučepi (897 m) fahren und von dort auf dem (Pkwmautpflichtigen) Versorgungssträßchen 15 km (einfach!) zur Kapelle Sv Jure hinaufmarschieren/-fahren. Im Parkgebiet sind weitere kürzere Wanderungen möglich; die Touristeninformation sollte über den aktuellen Wegestand und Wetterverhältnisse befragt werden.

- Professionell veranstaltet der **Bergsteigerverein Makarska,** Tel. 021-616455, organisierte Touren.

Transport und Verkehr

Bus

Der Busbahnhof liegt zentral in der Hauptstraße A. Starčevića (Tel. 021-612333) und bietet u.a. von 5–21 Uhr alle 30 Minuten Anbindung von/nach **Split,** von 7.45–18.40 Uhr 10x tgl. von/nach **Dubrovnik, Zadar** 5x tgl., **Zagreb** 6x tgl.

Fähre

Nach **Sumartin** auf der Insel Brač tgl. um 9, 12.30 und 18.30 Uhr (So 19.30 Uhr) für ca. 25 Euro (Pkw mit 2 Personen), Anfang Juni bis Ende Sept.

Auto

Am einfachsten folgt man der **Beschilderung „Centar“,** fährt die ganze Promenade entlang und parkt auf dem großen Schotterparkplatz am Osevaja Rat. Es gibt weitere kleinere **Parkplätze** an der Promenade und in den Seitenstraßen.

Taxi

Taxis **am Busbahnhof,** Tel. 021-611366.

Küstenpanorama auf der Wanderung von Makarska nach Tučepi

Touristische Infrastruktur

Infos

•**Touristeninformation Makarska,** Obala Kralja Tomislava, Tel. 021-616288, Fax 612002, www.makarska.hr, Mo bis Sa 8–21 Uhr, So 8–13 Uhr.

Agenturen

An der **Promenade K. Tomislava** bieten ein halbes Dutzend Büros ihre Dienste an, u.a.:
•**Biokovo Active,** Tel. 021-679655, Fax 679657, www.biokovo.net, geführte Mountainbiketouren und Wanderungen.
•**Kompas,** Tel. 021-615411, Fax 615522, kompas@kompas.htnet.hr.
•Die Agentur **Atlas** liegt am Kačićev Trg 9, Tel. 021-617038, Fax 616343, atl.makarska@atlas.hr.

Unterkunft

•Sehr empfehlenswert für Individualtouristen ist die €**Pension Ante Katić,** Moližanskih Hrvata 36 (gelbes Bierschild), Tel. 021-612267, konoba.adria@gmail.com, mit schönen, ruhigen Zimmern und Terrassenrestaurant.
•Neben dem €€**Hotel Dalmacija** (mit Tauchbasis, Tel. 021-615777, Fax 612211) wurde jüngst das kleine und familiäre **Hotel Bonaca,** Tel. 021-615574, Fax 616441, hotel-bonaca@inet.hr, DZ ab 54 Euro, eröffnet.
•Unmittelbar an der Promenade empfiehlt sich das alte, aber feine €€€**Hotel Biokovo,** Tel. 021-615244, Fax 615088, www.hotelbiokovo.hr, mit sehr ordentlichem Frühstücksbüfett.
•Das €€€**Hotel Meteor,** Tel. 021-602600, Fax 611419, liegt direkt am Sandstrand, unmittelbar in der Nachbarschaft folgt das etwas günstigere €€**Hotel Park,** Tel. 021-615523, Fax 615211.
•Ein wenig abseits vom Trubel, aber in guter Gehnähe zum Zentrum, folgen noch das €€**Hotel Biokovka,** Tel. 021-602200, Fax 602287, biokovka@st.t-com.hr, sowie am nördlichen Ortsende das €€**Hotel Riviera,** Tel. 021-616000, Fax 611028.

Camping

•Am westlichen Ortsrand findet man das **Camp Riviera,** Put Cvitacke bb, Tel. 091-5001533, Fax 628014, mirela.delic@st.htnet.hr.

Essen & Trinken

•Warme Snacks bietet der **Burger-Imbiss** in der Kralja Zvonimira/Ecke Obala Tomislava.
•In der Altstadt liegen etliche gute Restaurants, z.B. die **Pizzeria** an der Uferpromenade (am Altstadtzugang) mit sehr günstigen, wagenradgroßen Pizzen.
•Ruhig und deftig geht es in der **Konoba Adria** zu, Moližanskih Hrvata 36, Tel. 021-612267, mit guten Grillplatten und Hauswein.

- Neben der Kirche Sv Marko liegen gleich mehrere Lokale; das **Susvid** mit Meeresfrüchten und Grillplatten und nettem Ambiente empfiehlt sich besonders.
- Gute dalmatische Küche wird auch im **Mondo,** Obala Tomislava 21, serviert.

Aktivitäten

- **Baden:** Der lang gezogene **Sandstrand** mit Wasserrutsche ist eine der Hauptattraktionen der Stadt (auch Tretbootverleih usw.). Aber auch bei **Sv Petar** am Leuchtturm oder in der **FKK-Bucht Nugal** (s.o.) gibt es ausgezeichnete Bademöglichkeiten.
- **Tennis** wird im Areal des Riviera-Sporthotels gespielt.
- **Tauchen: More-Sub,** K. Kreš 43, am Hotel Dalmacija, Tel. 021-691727, milan.runtic@st.t-com.hr, bietet Land- und Bootstauchgänge in der näheren Umgebung an.
- Vor der Halbinsel Sv Petar, zwischen Uferpromenade und Sandstrand, findet täglich (nachmittags und abends) eine Art größerer **Jahrmarkt** mit Souvenirbuden, Imbissständen, Spielen und kleinen Fahrgeschäften statt.
- Das örtliche **Kino,** Obala Tomislava 8, zeigt vorwiegend heimische Produktionen.
- Abends bietet sich ein Streifzug entlang der Promenade und durch die Altstadtgassen mit ihren Bars an. **Nachtschwärmer** finden Disco-Unterhaltung in der Grotta, wunderhübsch in einer Grotte unter Sv Petar gelegen, im Gaudeamus, Dom Pavlinovića 1, und im Kuk, Prvomaiska.

Sonstiges

- Selbstversorger finden mehrere **Supermärkte** an der Uferpromenade oder holen sich frisches Obst und Gemüse auf dem **Markt** oberhalb der Kirche Sv Marko.
- **Bank:** Splitska Banka, Obala K. Tomislava 15 (Mo bis Fr 7.30–12.30 und 14–19.30 Uhr), mehrere Geldautomaten an der Promenade.
- **Post:** neben dem Biokovo-Hotel, 7–22 Uhr.
- **Krankenhaus:** Ul. Alkarska/Ecke Don M. Pavlinovića, Tel. 021-612033.
- **Apotheke:** Trg Kačićeva 10, Tel. 021-611277.
- **Polizei:** Kralja Krešimira 4, Tel. 021-611666.
- **Autovermietung:** Adria Plus, Tel. 021-602631, und Croatiatours, Tel. 021-602685, beide am Hotel Meteor, P. Krešimira IV.
- **Marina und Hafenmeisterei:** Jachtmarina Bura, Tel. 021-616323; Hafenmeisterei, Tel. 021-611455.

Tučepi

Mondäner Küstenort

Unmittelbar hinter Makarska folgt nach etwa 4 km in südlicher Richtung, für Wanderer auch zu Fuß gut erreichbar, der recht mondän und neu wirkende Küstenort Tučepi, der sich mit seinem **Jachthafen** und den **Sporthotels** zu einem etwas gehobeneren Reiseziel der Makarska-Riviera gemausert hat. **Wanderungen** sind bis hinauf nach Gornje Tučepi in weniger als 1 Stunde möglich.

Infos, Agenturen

- Auskünfte erteilt die **Touristeninformation Tučepi,** Kraj 46, Tel. 021-623100.

Die örtlichen **Agenturen vermitteln Privatunterkunft und Ausflüge** nach Brač, Hvar, Korčula, Dubrovnik, Međugorje und Split, u.a.:

- **Marivaturist,** Kraj 45, Tel./Fax 021-623 300.
- **Dormana,** Kraj 123, Tel. 021-623600, Fax 623601.

Unterkunft

Wer etwas Einfaches sucht, wird auf die Agenturen angewiesen sein, denn die Hotels in Tučepi bewegen sich mehr im gehobenen Bereich.

- Toll ist das neue €€€€**Hotel Laurentum,** Kraj 45, Tel. 021-605900, Fax 605902, marketing@hotellaurentum.com, das über alle Annehmlichkeiten verfügt.
- Das traditionelle €€€**Hotel Neptun,** Slatina 4, Tel. 021-605500, Fax 605700, hoteli@tucepi.com, bietet diverse All-inclusive-Pakete.
- Richtung Makarska – dort, wo der Fußweg am Ufer entlang beginnt – liegen die älteren **Hotels** €€**Jadran,** Tel. 021-601707, Fax 601709, und €€€**Kaštelet,** Tel. 021-601202, Fax 601204, hoteli@tucepi.com.
- In der **Vila Afrodita,** Dračevice, Tel. 021-604500, Fax 601507, hoteli@tucepi.com, zahlt man im 4er-Apartment zwischen 50 und 130 Euro je nach Saison.

Essen & Trinken

- An der Promenade liegen die **Weinstube Postup,** die **Pizzerien Gajeta** und **Vapor** sowie die empfehlenswerten **Restaurants Lanterna,** Tel. 021-623234, **Riva,** Tel. 021-623184, und **Barba,** Tel. 021-623340.

Sonstiges

- An der kleinen Uferpromenade Kraj zwischen dem Kiesstrand unterhalb der Hotels und dem Jachthafen findet man auch wichtige Einrichtungen wie **Bank** und **Post.**

Podgora

Preiswerte Hotels

Die nächste nennenswerte Siedlung an der Makarska-Riviera ist Podgora, zu erkennen an dem seltsamen, sichelförmigen, **überdimensionalen Betondenkmal** auf einem Hügel. Podgora war einst ein kleines Fischerdorf, um welches herum mehrere preiswerte Hotelanlagen entstanden sind, was zu einer recht weiten Zersiedelung führte. Wie überall in Süddalmatien ist das Wasser hier beinahe „überirdisch" klar.

Agenturen

- Die örtlichen Agenturen – alle an der Promenade Branimirova Obala – **Punta Tours,** Tel./Fax 021-625404, Fax 625592, punta@puntatours.com, und **Marivaturist,** Tel. 021-625199, Fax 625022, www.marivaturist.hr, organisieren **Ausflüge** und vermitteln **Privatzimmer.**

Unterkunft

Für das Gebotene sind die Hotels in Podgora relativ preiswert.

- Im €**Mediteran,** Tel. 021-625155, Fax 625009, www.hotelipodgora.com, kostet ein DZ je nach Saison 40–60 Euro.
- Das €€**Aurora,** Tel. 021-625766, Fax 625 322, www.misir.de, hat zudem Luxuriöses zu bieten wie Sauna, Hallenbad und Pool.

Camping

- 6 km südlich hinter der nächsten Bucht (Živogošće) liegt das große €€**AC Dole,** Tel. 021-628749, Fax 628750, autocamp-dole@st.t-com.hr; ohne Schatten, aber mit Minigolf, Surf-, Tennis- und Segelmöglichkeiten.

Aktivitäten

- **Tauchen: Birgmeier Sub,** Tel./Fax 021-625610, birgmaiersub@hotmail.com; das Unternehmen betreibt auch eine Agentur, Tel. 021-625199.

Drvenik

Fährhafen

Das Örtchen Drvenik (nicht zu verwechseln mit den gleichnamigen Inseln bei Trogir!) ist in zweierlei Hinsicht von Interesse: Zum einen liegen zwei **gute Campingplätze** in der Nähe, zum anderen legen in Drvenik die Fähren nach Sućurađ/Sućuraj auf Hvar, nach Korčula sowie nach Trpanj auf der Halbinsel Pelješac ab.

Transport & Verkehr

Fähren von/nach **Pelješac** 2x tgl. für etwa 20 Euro, von/nach **Korčula** 1x tgl. (an Wochenenden 3x) für ca. 30 Euro (beide nur im Hochsommer) und von/nach Sućurađ auf Hvar um 0.40, 9, 10.30, 13, 17.15 und 19 Uhr für ca. 17 Euro (Preise jeweils Pkw inkl. 2 Personen).

Unterkunft, Camping

- Im Ort gibt es das günstige €€**Hotel Quercus** (= lat. Eiche), Donja Vala 66, Tel. 021-628007, Fax 628009.
- €€**AC Dalmacija,** Drvenik-Zaostrog (3 km südlich), Tel. 021-621011, Fax 679158.
- €€**AC Uvala Borova,** Zaostrog Podaca (3 km weiter), Tel. 021-629033.

Sonstiges

- Der Ort besitzt einen kleinen **Kiesstrand,** einen **Supermarkt,** und einige **Gaststätten** finden sich am Hafenbecken.

Gradac

Volksfeste

Mit **einem der längsten Strände** endet in Gradac die Riviera von Makarska und geht ziemlich unvermittelt in das Neretva-Delta über. Gradac ist übrigens die heimliche „Hauptstadt der Volksfeste“: Am 27. Juli und am 2., 3. und 16. August werden allein vier Kirchenheiligen-Feste begangen; Auskunft erteilt die Touristeninformation.

Infos

- **Touristeninformation Gradac,** Radića 5, Tel./Fax 021-697511, www.tzo-gradac.com.

Unterkunft, Camping

- Unterkunft bieten die €€**Apartments Labineca,** Tel. 020-601555, Fax 601663, hoteli-jadran@st.htnet.hr, 4er-Apartment 135 Euro, und das €€**Hotel Laguna,** Tel. 021-601222, Fax 601268, hoteli-jadran@st.htnet.hr.
- 7 km außerhalb liegt der Campingplatz €€**AC Baćinska Jezera,** Tel. 021-679133, Fax 679152, zwischen Gradac und Ploče hübsch am See Baćinsko Jezero.

Aktivitäten

- **Tauchen: Basis Felun,** Tel. 020-697370, felun@diving.hr.

Ploče

Neretva-Delta

Inmitten des fruchtbaren Neretva-Deltas, das so gar nicht in das karge Dalmatien zu passen scheint, liegt die Hafenstadt Ploče, mit rund 7000 Einwohnern größter Ort zwischen Makarska und Dubrovnik. Die Hauptbedeutung von Ploče liegt heute in seiner Funktion als **Umschlaghafen** vor allem für den Nachschub der internationalen Schutztruppen von Mostar. Auch für Bosnien-Herzegowina ist Ploče sehr wichtig, da auf der bosnischen Eisenbahnlinie von Sarajevo wichtige Exportrohstoffe wie Erz und Bauxit zum Hafen von Ploče transportiert werden. Bosnien verfügt zwar in Neum über einen eigenen Zugang zum Meer, der Hafen ist aber nicht nutzbar. Daher wurde in einem Abkommen vereinbart, dass die Kroaten (und Touristen!) ungehindert den **Neum-Zipfel** im Transit zur und von der Exklave Dubrovnik befahren dürfen, im Gegenzug darf Bosnien-Herzegowina den Hafen Ploče ungehindert nutzen.

Touristisch war Ploče kurzzeitig von Bedeutung, als bei der Sperrung des bosnischen Neum-Zipfels die kürzeste Zufahrtsmöglichkeit zur **Dubrovnik-Exklave** über Ploče und die Halbinsel Pelješac führte. Wer dem Frieden nicht traut, wählt auch heute noch den Umweg über die ohnehin lohnenswerte Route per Fähre via Trpanj auf Pelješac.

Transport & Verkehr

Fähren: 7.30, 10.15, 14.15 und 19.30 Uhr nach **Trpanj** auf der Halbinsel Pelješac für ca. 20 Euro (Pkw mit 2 Personen); Auskünfte im Büro von Jadrolinija am Hafen unter Tel. 020-679321.

Bus: von/nach **Dubrovnik** (7x tgl.) und **Split** (9–11x tgl.).

Sonstiges

- Auskünfte und Zimmervermittlung bieten das **Turist Biro** beim Hafen, Tel. 020-679510, und die **Agentur Delta,** Ul. K. Tomislava 21, Tel. 020-679933, Fax 679863. Eine eigene Homepage unter www.ploce.hr ist in Vorbereitung.
- Einziges Hotel ist derzeit das €€**Hotel Ploče** gegenüber vom Hafen, Tel. 020-601111.

146sd08 Foto: wl

Insel Hvar

Allgemeines

Die meistbesuchte Insel

Hvar (296 km², 11.300 Einwohner) wird von allen süddalmatischen Inseln am häufigsten besucht, und es ist gar nicht so einfach, die Gründe dafür zu finden. So können die Städte in ihrem Erscheinungsbild mit denen der südlichen Nachbarinsel Korčula nicht mithalten, und auch die Strände und Bademöglichkeiten - von vorgelagerten Inselchen abgesehen - nehmen sich eher bescheiden aus; es mangelt gar an landschaftlichen Höhepunkten wie etwa auf Mljet. Dennoch ist Hvar die touristischste aller süddalmatischen Inseln. Es mag an der interessanten Vegetation liegen, die aus Zypressen, Palmen, Feigen, Oliven, Wein und Zitrusfrüchten besteht, vor allem aber an dem Ruf Hvars als **„Kräuterinsel"**, da Unmengen von Salbei und Rosmarin und besonders Lavendel auf der Insel wachsen und das Wohlgefühl der Besucher vielleicht durch den Duft und den netten Anblick steigern. **Weinbau, Olivenölgewinnung und Viehzucht** sind, vom Tourismus abgesehen, die Haupterwerbszweige auf Hvar. Der **Lammbraten** *(jagnjeće)* ist eine traditionelle Spezialität, daneben

Bild auf den Seiten zuvor: Hvar-Stadt

sind **Sardinen** (bzw. Sardellen) überall auf der Insel ein kulinarischer Genuss.

Geschichte Ab dem vierten vorchristlichen Jahrhundert fiel Hvar in das Gebiet der **griechischen Kolonisation** und blieb von den Römern mehr oder minder verschont. Mit der Völkerwanderung im 7. Jahrhundert kamen die Slawen, ungarisch-kroatische Fürsten wechselten sich mit dem nominell dominierenden Byzanz ab. In der langen Zeit von 1420–1797 **venezianisch,** verfiel Hvar beinahe in einen Dornröschenschlaf und blieb von europäischen „Ränkespielen" unbehelligt. Nach dem Zweiten Weltkrieg begann der rasante Aufstieg des Fremdenverkehrs, der im **Bürgerkrieg** (1991–1995) vollständig einbrach und sich nur allmählich wieder erholt. Noch ist die Insel Hvar nicht überlaufen, doch in wenigen Jahren dürften die Touristenströme wieder das (hohe) Vorkriegsniveau erreicht haben.

Transport & Verkehr Nach Hvar bestehen mehrere **Fähranbindungen,** wobei reine Personenfähren **Split** mit Jelsa und Hvar-Stadt verbinden, Fahrzeugfähren dagegen

von Split nach Stari Grad und von **Drvenik** nach Sućuraj fahren. Die Autofähre von Split nach Stari Grad im Westen der Insel legt 3 km westlich außerhalb der Stadt an. Es besteht eine **Pendelbusverbindung** in zeitlicher Abstimmung mit den Fähren.

Stari Grad

Haupthafen

Die meisten Reisenden kommen über Split nach Hvar, der erste Eindruck ist daher meist der Haupthafen von Stari Grad. Die einstige griechische **Siedlung Faros** ist für ihren angenehmen Altstadtkern mit der mittelalterlichen Piazza Skor und der **Residenz Trvdalj** am Trg Tvardoj bekannt. Die Re-

Übersicht Fährverbindungen nach Hvar zur Hauptsaison

	Hafen	Fährart	Abfahrt/ Frequenz	Preis p.P.	PKW[1]
von Split	Jelsa	KAT	16:00	3,10	
	Hvar	KAT	11:30 und 15:00	3,10	
	Stari Grad	Trajekt	01:30, 05:00, 08:30, 11:00, 14:30, 17:00 und 20:30	5,20	35,50
von Drvenik	Sućuraj	Trajekt	07:30 - 22:30 10 x tgl. ab Drvenik	1,65	12,00

Trajekt = KFZ-Fähre, KB = Klasični Brod (bis 7,5 t),
KAT = Katamaran (Personenbeförderung)
[1]PKW-Preis beinhaltet den Fahrer,
alle Preise in Euro (Hauptsaison, sonst -25%)

151sd08 Foto: wl

sidenz war einst der Landsitz des bekannten kroatischen Oden- und Elegiendichters und Philosophen *Petar Hektorović* (1487–1572). Das atriumähnlich angelegte Areal umgibt einen von Meerwasser gespeisten Fischteich und beinhaltet eine kleine Kollektion von Alltagsgegenständen des Dichters.

- **Residenz Trvdalj,** geöffnet tgl. 10–12 und 18–20 Uhr, Eintritt: 8 K.

Transport & Verkehr

Am Stadtkai besteht eine **Bootstaxi-Verbindung** zu nahe gelegenen **FKK-Badebuchten.**

4x tgl. verbindet ein **Bus** Stari Grad mit **Hvar-Stadt.**

Infos

- Die **Touristeninformation am Kai,** Tel. 021-765763, www.star-grad-faros.hr, hilft bei der Unterkunftssuche (sehr preiswerte Ferienwohnungen und Zimmer), verkauft Fährtickets usw.

Unterkunft, Camping

- Zwei Erwachsene mit Kind kommen gut in den €**Helios-Studios,** Tel. 021-765555, Fax 765128, hoteli-helios@st.htnet.hr, zu max. 38 Euro unter. Helios bietet auch Hotel-DZ für max. 68 Euro. Alternativ sind auch die sehr schönen €€**Bungalows Trim** (Tel./Fax/Mail identisch) zu empfehlen, wo 4 Personen 88 Euro zahlen.
- €€**AC Jurjevac,** Tel. 021-765843, Fax 765128, der Campingplatz hat nur vom 1.6. bis 30.9. geöffnet!

Essen & Trinken

- Empfehlenswerte Lokale sind das **Kod Barba Luka** am Kai (Fischspezialitäten) und das **Feral** an der Pfarrkirche.
- Der Steinbau des **Eremitaž,** 1487 direkt am Ufer von *N. Berbeta* als Mönchsklause errichtet, gilt heute als Geheimtipp der Gastronomie auf Hvar bei überraschend günstigen Preisen. Spezialitäten sind dalmatisches Brodetto (Fisch mit Polenta) oder Gregada, eine Art Fleischeintopf mit Kartoffeln und Zwiebeln. Geöffnet Mitte April bis Mitte Oktober tgl. 12–15 und 19–24 Uhr, Obala hrvatskih branitelja, Tel. 021-765056.

Vrboska

Wehrkirche

In einer **geschützten Bucht** im Nordwesten liegt die stille und **friedliche 500-Seelen-Gemeinde** Vrboska, bekannt für ihre seltsam anmutende Wehrkirche oberhalb des Ortskerns. Das festungsähnliche Kirchlein entstand während der Türkenkriege des 16. Jahrhunderts, als die Kirchen oft die letzte Zufluchtsmöglichkeit der Menschen in unbefestigten Ortschaften waren. Nur wenige Wehrkirchen sind so gut erhalten wie die in Vrboska. Im Ort sind ferner die **Pfarrkirche Sv Lauro** (16. Jahrhundert) und das kleine **Fischereimuseum** sehenswert. Möglichkeiten zum Baden bestehen nur im Campbercich sowie auf der **FKK-Badeinsel Zečevo** (Bootstaxi ab Kai).

- **Fischereimuseum,** geöffnet tgl. 9–12 und 18–21 Uhr, Eintritt: 10 K.

Infos

- Auskünfte und Vermittlung von Unterkünften beim **Turist Biro,** Tel./Fax 021-774137, www.tz-vrboska.hr, geöffnet 8–13 Uhr, im Sommer bis 21 Uhr.

Sonstiges

- Unterkunft im €€€**Sporthotel Adriatic,** Tel. 021-774039, Fax 774068, rezervations@vrboska-hotel.com, sowie im €€**FKK-Camp Nudist,** Tel. 021-774034, Fax 774184.
- Abendliche Unterhaltung bieten die **Disco-Bar** im Ort sowie die **Restaurant-Bar der ACI-Marina Vrboska,** Tel. 021-774018, Fax 774144.
- **Busverbindung von/nach Jelsa** etwa alle 2 Stunden.

Jelsa

Vielseitig

Das durch einen malerischen Küstenspazierweg mit Vrboska verbundene Städtchen Jelsa (1800 Einwohner) ist eine **Hochburg der Campingfreunde;** auch die Hotels sind günstiger als andernorts auf Hvar. Jelsa scheint die „Boomtown" der Insel zu sein; es ist Ausgangspunkt für (organisierte) **Inselwanderungen** (z.B. Humac-Hirtensiedlung, jungsteinzeitliche Grabčeva-Höhle oder griechischer Stützpunkt Tor) sowie für **Bootsausflüge** zu den vorgelagerten Badeinseln, allen voran die FKK-Insel Zečevo (Taxiboot am Kai). Auch die **Buchten** beiderseits von Jelsa bieten sehr angenehme Bademöglichkeiten.

Infos, Agenturen

- **Touristeninformation am Hafen,** Tel./Fax 021-761017, www.tzjelsa.hr, geöffnet 7.30–22 Uhr, im Winter 8–12 und 18–21 Uhr.
- **Agenturen** sind u.a. **Atlas,** Tel./Fax 021-761605, und **Globus,** Tel. 021-761955, Fax 774151, globustravel@globustours.hr, die ruhige und günstige Zimmer anbieten.

Unterkunft

- Ein günstiges Hotel in Gehnähe ist das €€**Hotel Jadran,** Tel. 021-761026, Fax 761810, www.hoteli-jelsa.hr.
- Zu empfehlen ist auch die **Apartmentanlage Pinus,** Tel. 021-761128, Fax 761810, wo allerdings das 4er-Apartment im Juli/August 90 Euro kostet – sonst sind es nur 35 Euro!
- Eine empfehlenswerte Alternative ist sicherlich eine der €€**Ferienwohnungen/Haus Kir** mit nur 4 Einheiten für jeweils 4–5 Personen, ausgestattet jeweils mit 2 Schlafzimmern und geräumiger Wohnküche; ruhige Lage direkt am Meer, 77–108 Euro/Tag je nach Saison und Wohnung. Buchung bei: Familie *Klingenberg,* Am Ölberg 9, 55459 Grolsheim, Tel. 06727-892477, www.privaturlaub-kroatien.de.
- Der Ort **Zavala** auf der Südseite, 5 km südlich von Jelsa, wird allenfalls gut informierten Weinkennern etwas sagen. Reisende finden hier das direkt am Meer, inmitten von Kiefern- und Olivenhainen gelegene und sehr familiäre €€**Hotel Skalinada** (12 DZ, 2 Apartments). Die Unterkünfte sind einfach, aber gemütlich und verfügen über Balkon bzw. Terrasse mit Blick auf die Inseln Šcedro und Korčula. Im Terrassenrestaurant mit Brotbackofen werden eigene Weine kredenzt und vorzügliche Fischgerichte serviert. HP zwischen 38 und 44 Euro p.P., es werden auch nahe gelegene Ferienhäuser (120 Euro/4 Pers.) vermietet. *S. & T. Anticevic,* Tel. 021-767019, Fax 718044, skalinada@inet.hr.

Camping

- In Ortsnähe (1–1½ km) liegen die beiden Campingplätze €**AC Mina,** Tel./Fax 021-761122, und €**AC Grebišće,** Tel. 021-761191, Fax 761994.

Aktivitäten

- Mehrere **Verleihstellen für Boote, Räder, Mopeds** usw. liegen am Kai.
- **Tauchen:** Das **Dive Center Hvar,** Tel./Fax 021-261288, erkundet die 30 schönsten Tauchgründe von Hvar mit einem 12-Meter-Kunststoffboot (März bis November). Ferner gibt es das **Omfala Dive-Centar** im Hotel Jadran, Tel. 021-761822.

Hvar-Stadt

Festung Španjola

Das hübsche und sehr lohnenswerte Städtchen Hvar (4100 Einwohner) erstreckt sich entlang einer **breiten Uferpromenade** unterhalb eines Hügels, auf welchem die bombastisch wirkende Festung Španjola („Spanische Festung") thront. Sie wurde um 1560 von venezianischen Festungsarchitekten unter Mitwirkung spanischer Spezialisten erbaut – daher der Name. Der Aufstieg (Treppe am Café Marim auf dem Trg Sv Stjepana hinauf) lohnt vor allem wegen des **großartigen Panoramablicks** über die Stadt und die vorgelagerten **Inseln Pakleni Otoci** (Hölleninseln), die besonders von Anhängern der Freikörperkultur als Badeinseln aufgesucht werden (Bootstaxi ab der Uferpromenade, teilweise Restaurants auf den Inselchen). Weitere **Bademöglichkeiten** bestehen in den Nachbarbuchten Richtung Hotel Dalmacija/Casino (zu Fuß) oder in Strandbuchten, die mit Bootstaxi angefahren werden können.

- **Festung Španjola,** geöffnet Sommer 8–1 Uhr, Winter 9–18 Uhr, Eintritt: 12 K.

Im Zentrum der Altstadt von Hvar

Samostan Benediktinski

Beim Aufstieg zur Festung passiert man die **Benediktinerabtei** (Samostan Benediktinski) mit einer sehenswerten **Kunstgalerie.**

- **Galerie,** geöffnet Winter 9–11 und 16–19 Uhr, Sommer 10–12 und 17–19 Uhr, Eintritt: 10 K.

Altstadt

Vom Busbahnhof (hier Internetcafé und Reisebüro, Tel. 021-741888) geht man über den Marktplatz und hinunter zum **Trg Sv Stjepana,** dem zentralen Platz und eigentlichen Altstadtzentrum. Am Trg Sv Stjepana steht der alte **Stadtbrunnen** von 1520, der unter anderem den ehemaligen Rektoren- und Fürstensitz mit seinem markanten Uhrturm (16. Jahrhundert) mit Wasser versorgte. Heute befindet sich hier das **Hotel Palace,** welches die vorgebaute einstige Stadtloggia (15. Jahrhundert) stilvoll in sein Ambiente einbezieht.

An der Nordseite des Platzes wurde um 1571 die **Kathedrale Sv Stjepan** errichtet. Die Bauar-

035da Foto: fz

beiten an der dreischiffigen Basilika dauerten bis ins 18. Jahrhundert hinein. Besonders augenfällig ist der angesetzte Campanile von 1574 mit barocken Durchbrüchen, deren Anzahl pro Stockwerk um jeweils einen zunimmt. Der daneben stehende **Bischofspalast** beherbergt ein kleines **Sakralmuseum** (10–12 und 17–19 Uhr).

Gegenüber der Stadtloggia (Hotel Arcade) liegt das ehemalige **Arsenal,** in welchem zu venezianischen Zeiten die Kriegsgaleeren Waffen, Pulver und Munition aufnahmen. Im Obergeschoss wurde 1612 das **Stadttheater** unter Fürst *Semitecolo* eingerichtet, das eines der ersten kleinstädtischen Theater Europas war.

• **Arsenal,** geöffnet Sommer 10–13 und 17–23 Uhr, sonst nur vormittags; Eintritt: 12 K.

kro_405 Foto: wl

Franziskanerkloster

Außerhalb des unmittelbaren Stadtkerns auf der Landzunge südlich des Arsenals ist noch das Franziskanerkloster aus dem 16. Jahrhundert sehenswert mit wertvollen Gemälden und Folianten in der **Klosterbibliothek.**

- **Franziskanerkloster,** geöffnet Sommer 10–12 und 17–19 Uhr, So 10–12 und 16–17 Uhr, Eintritt: 15 K.

Die **gesamte Altstadt** ist übrigens **autofrei,** die Belieferung der Geschäfte erfolgt mittels kleiner Elektrokarren.

Transport & Verkehr

Vom Busbahnhof vor der Altstadt fahren 4–6x tgl. **Busse nach Jelsa, Stari Grad und Sućuraj.**

Unter Tel. 021-741373 können **Wassertaxis nach Vis, Brač, Split** usw. bestellt werden.

Infos, Agenturen

- **Touristeninformation,** Trg Sv Stjepana 16, Tel./Fax 021-741059, www.tzhvar.hr, tgl. 9–12 und 17–20 Uhr.
- **Agentur Turist Biro** am Arsenal, Tel. 021-741607.
- An der Promenade liegen die **Agenturen Atlas,** Tel. 021-741911, Fax 741422, atlas-hvar@st.htnet.hr, **Mengola,** Tel./Fax 021-742099, mengola-hvar@st.htnet.hr, sowie **Pelegrini-Tours,** Tel. 021-742743, Fax 742250, kuzma.novak@st.htnet.hr; sie bieten Unterkunft und Fahrzeuge, aber auch Ausflüge aller Art (z.B. nach Komiža 150 K, Bol 150 K, Korčula 350 K, Mljet 400 K, Mostar 410 K, Rafting (Cetina) 450 K, Fischpicknick 150 K, Dubrovnik 350 K, Krka-Fälle 400 K.)

Unterkunft

- In Zentrumsnähe befindet sich das €€€**Hotel Adriana Spa** (Adriatic), 2007 wiedereröffnet, Tel. 021-750750, Fax 750751, reservation@suncanihvar.com. Kein Schnäppchen, aber ein guter Orientierungspunkt.
- Zentral unterhalb der Festung bietet das stilvolle und direkt am Meer gelegene €€€**Hotel Palace** 73 schöne Zimmer mit Sat-TV, ein kleines Meerwasser-Hallenbad, Sauna, Massage, sowie wöchentliche Tanzdarbietungen. Das Palace war einst ein venezianischer Palazzo, sein Interieur (Renaissance-Loggia) zeugt noch heute davon. Großes

Die Promenade von Hvar, im Hintergrund die Festung Španjola

Terrassenrestaurant mit sehr schönem Blick auf den Naturhafen von Hvar. Das Ambiente hat seinen Preis: 74 Euro p.P. (Ü/F im DZ). Trg Sv. Stjepana bb, Tel. 021-741906, Fax 742420, reservation@suncanihvar.com.

● Alternativ bietet sich das renovierte und nur 50 m vom Ufer entfernte €€€**Hotel Pharia** als sehr familiäres Kleinhotel mit 10 komplett neu möblierten DZ sowie 11 Apartments an, alle mit Balkon, Sat-TV, AC und Internetanschluss. Wer Seeblick bucht, kann die spektakuläre Aussicht auf die Hölleninseln genießen. DZ ab 39 Euro, Apartments ab 59 Euro; Majerovica bb, Tel. 021-778080, Fax 778081, pharia@orvas.t-com.hr.

● Günstiger kommt man im älteren €€**Hotel Delfin** unter, Tel. 021-741168, Fax 741595, gleiche E-Mail.

● In den umliegenden Buchten ist von allen Hotelneubauten das 2007 komplett renovierte €€€**Hotel Amfora** zu nennen, Tel. 021-750300, Fax 750301, www.suncanihvar.com – außer im Juli und August kann man hier angenehmen Komfort ab etwa 75 Euro/DZ in Anspruch nehmen.

● Gute €€**Apartments** werden zentral in der Ulica P. Hektorovića (Festungsgasse), Tel. 021-741068, angeboten.

Essen & Trinken

Im Zentrum lebt jedes zweite Haus vom Fremdenverkehr; Eisdielen, Cafés und Restaurants liegen aufgereiht wie Perlen an der Kette rund um das Hafenbecken und den Zentralplatz Trg Sv Stjepana (sehr viel Massenabfertigung!).

● Qualitativ empfehlen sich hier das **Fast Food Rocco** (gegenüber der Hauptkirche) für Kleinigkeiten oder die **Pizzeria Kogo** für ein leichtes Mahl.

● Von der Treppe zur Festung in Hvar-Stadt gleich die erste unscheinbare Gasse rechts hinein, erobert das **Restaurant Zlatna Školjka** („Goldene Muschel") die Herzen der Reisenden mit Lammspezialitäten sowie Muscheln und Meeresfrüchten in angenehmem Ambiente. Geöffnet tgl. 12–15 und 19–24 Uhr (nach Bedarf auch länger), Januar bis März geschlossen, Ul. Petra Hektorovica 8, Tel. (mobil) 098-168797.

● Wer gerne direkt an der Promenade speisen möchte, dem sei das **Restaurant Gariful** empfohlen, das zu seiner Außenterrasse kürzlich auch eine neue Dachterrasse eröffnete. Neben Fisch und Meeresfrüchten munden hier Spezialitäten wie gegrillte Scampi oder das gefüllte Steak Zagreb besonders gut. Obala bb, Tel. 021-742999.

● Das **Restaurant Bounty** glänzt weder durch auffällige Äußerlichkeiten oder besondere Innenausstattung, sondern bietet ausgezeichnete dalmatische Hausmannskost. Vorspeisen wie dalmatischer Schinken, panierter Schafskäse sind hier ebenso zu finden wie Leckereien à la Hummer vom Rost. Gutes Preis-Leistungsverhältnis. Fabrika bb., Tel. 021-742565.

Aktivitäten

- **Tauchen: Jurgovan Dive-Center,** Tel. 021-742490, www.diving.hr/dda/index.asp, **Marinesa,** Hotel Bodul, Tel. 021-741792, sowie die neue österreichische **Tauchbasis von Wolfgang Nowak und Mario Zimmer** in Kalober, Tel. in Kroatien: 915-179967, in Österreich: 0043-664-2207215, www.wolfs-divecenter.com.
- Das Angebot an **Mopeds und Booten** ist mehr als ausreichend, sie können quasi an jeder Ecke ausgeliehen werden (z.B. neben der Hauptkirche, Tel. 091-5517848, oder bei Luka Rent, Tel. 021-742946), ebenso stehen Bootsverleih, Jetski-, Fahrrad- und Scootervermietung zur Verfügung.

Sonstiges

- Für **Geldwechsel** sind Splitska und Privredna Banka zuständig, die **Post** ist täglich von 7–21 Uhr geöffnet.
- Am Trg Sv Stjepana liegen eine gut sortierte **Apotheke** sowie eine **Erste-Hilfe-Station,** Tel. 021-741111, zwischen Kod Kapitana und Hotel Delfin an der Promenade.
- **ACI Marina Palmižana,** Tel. 021-741603.
- **Hafenmeisterei,** Tel. 021-741795.
- **Geldautomaten und Minimärkte** am Trg Sv Stjepana.

Sućurađ (auch: Sućuraj)

Am östlichen Inselende

Das Dörfchen am östlichen Inselende dient vorwiegend als **bequemer Übersetzpunkt vom und zum Festland** (Drvenik, siehe auch eingangs des Kapitels). **Bademöglichkeiten** bestehen zwischen dem Camp und dem Leuchtturm und sind über einen befestigten Fußweg zu erreichen.

Camping

- Für Campingfreunde sei auf das sehr schön gelegene €**AC Mlaska,** Tel./Fax 021-773371, mit Restaurant und Minimarkt, gemischtem Sand-Kiesstrand und Bootsanlegestelle hingewiesen (3 km außerhalb).

Sonstiges

- Ansonsten bietet Sućurađ eine **Touristeninformation,** Tel. 021-773203, Fax 773401, einen **Minimarkt,** eine **Post,** eine **Bank** und **gute Lokale** an der Promenade.

160sd08 Foto: wl

Halbinsel Pelješac und Inseln Korčula, Mljet und Lastovo

Halbinsel Pelješac

Zweitgrößte Halbinsel Kroatiens

Nach Istrien ist Pelješac mit einer Fläche von rund **350 km²** die zweitgrößte Halbinsel Kroatiens. Sie erstreckt sich auf einer Länge von rund 70 km und einer Breite von nur etwa 6 km vor Ploče. Eine gewisse Pikanterie ergibt sich aus der Tatsache, dass Pelješac nur im süddalmatischen Gebiet von Dubrovnik, also südlich des bosnischen Neum-Zipfels, ans Festland angebunden ist.

Hohe, **macchiabewachsene Berge** (Sv Ilija, 960 m) und **üppige Täler** mit Oliven und Feigen, aber auch **Waldstücke** mit Eichen, Buchen, Pinien und Zypressen, vor allem aber der allgegenwärtige **Wein** kennzeichnen das ebenso abwechslungsreiche wie interessante Landschaftsbild. Die Pelješac-Weine (Kaštelet, Dingač) sind recht bekannt. Fischfang und Muschelzucht sind bedeutende Erwerbszweige der 8150 Bewohner. Wichtigste Orte sind Ston an der Nahtstelle zum Festland sowie der **Hauptort Orebić,** der auch als Transithafen zur unmittelbar südwestlich gelegenen Insel Korčula dient.

Geschichte

Zunächst römisch besiedelt und nach dem Fall Westroms byzantinisch, siedelten ab dem 9. Jahrhundert die ersten Slawen auf der Halbinsel. Die **Republik Ragusa** (heutiges Dubrovnik) kaufte um 1330 die Halbinsel zu ihrem Territorium hinzu, Ston als Schnittstelle wurde für die Marine ausgebaut. Mit dem Fall der Republik verlagerten sich die Interessen hin zum touristischen Transitpunkt Orebić, der sich unter österreichischer, entscheidend aber erst unter kroatischer Ägide zum wichtigsten Ort mauserte.

Bild auf den Seiten zuvor: Badebucht bei Dingać

Transport & Verkehr

Trpanj ist der **Fährhafen** zum Festland nach **Ploče** (5x tgl., ca. 25 Euro) und **Drvenik** (2x tgl., ca. 20 Euro; jeweils für Pkw mit 2 Personen). In Trstenik 2x tgl. von/nach Mljet.

Orebić dient als **zentraler Transitpunkt** für Reisen von und nach Dominče bei **Korčula** auf der gleichnamigen Insel mit 12–16 Verbindungen tgl. für rund 12 Euro (Pkw mit 2 Personen in der Hauptsaison). Schnellboote fahren zudem Split/Dubrovnik an.

Ston, Trpanj und Orebić sind durch eine 2–3x tgl. verkehrende **Buslinie** untereinander und mit Dubrovnik verbunden.

Pkw-Fähre nach Mljet: Die derzeit einzige ganzjährige Verbindung von/nach Mljet besteht 2x tgl. von Prapratno (bei Ston) nach Sobra (Pkw und 2 Personen rund 200 K). Das Fährschiff verlässt Prapratno um 6.30 und 20.30 Uhr, Abfahrt in Sobra (Mljet) ist um 5.30 und 18 Uhr.

Die **private Pkw-Fähre „Polače"** fährt im Sommer von Trstenik (Pelješac, 8.30 und 18.30 Uhr) von/nach Polače (Mljet, 6.30 und 16.30 Uhr). Diese Linie war schon mehrfach von der Einstellung bedroht (aktuelle Infos unter www.peljesactravel.com), läuft aber derzeit und ermöglicht sogar eine Tagestour direkt zu den Seen von Mljet.

Ston

Veliki Ston und Mali Ston

Die Ortsteile Veliki Ston (590 Einwohner) und Mali Ston (200 Einwohner) bilden den **Übergang vom Festland zur Halbinsel.** Sie wurden im 14. Jahrhundert unter der Herrschaft der Republik Ragusa stark befestigt – eine **kilometerlange Wehrmauer** mit Kastellen und Wachttürmen zeugt noch heute davon. Weltbekannt wurde Ston 1996, als ein verheerendes Erdbeben über die Hälfte der Gebäude zerstörte.

Sehenswert im kleinen Ortszentrum von **Veliki Ston** sind die Festung Veliki Kaštio am Ortseingang, die benachbarte Kathedrale Sv Vlaho sowie der Rektorenpalast und der ehemalige Sitz des Erzbischofs am Hauptplatz.

Mali Ston, geschützt durch den dazwischen liegenden Hügel, hat weit weniger unter den Folgen

des Erdbebens zu leiden. Die Ruinen der Festungen Koruna und Podzvizdi oberhalb der Landbrücke strahlen einen erhabenen und romantischen Charme aus.

Infos

- Im einstigen Rektorenpalast auf dem Dorfplatz von Veliki Ston befindet sich eine **Touristeninformation,** Tel./Fax 020-754306, www.tzo-ston.hr, mit Zimmervermittlung und Auskünften (an der Hauptstraße).

Camping

- €€**AC Prapratno,** Tel. 020-754000, Fax 413922.
- Das kleine Doppelcamp €**Vrela-Zakono** im Ortsteil Brijesta (www.brijesta.com/html/car-camp1. html) wurde von Lesern gelobt.

Sonstiges

- Direkt im Zentrum findet sich eine brauchbare touristische Infrastruktur: eine **Post,** die **Dubrovačka Banka,** eine **Wechselstube** und das kleine €€**Hotel Ston,** Tel. 020-754701, Fax 754001.

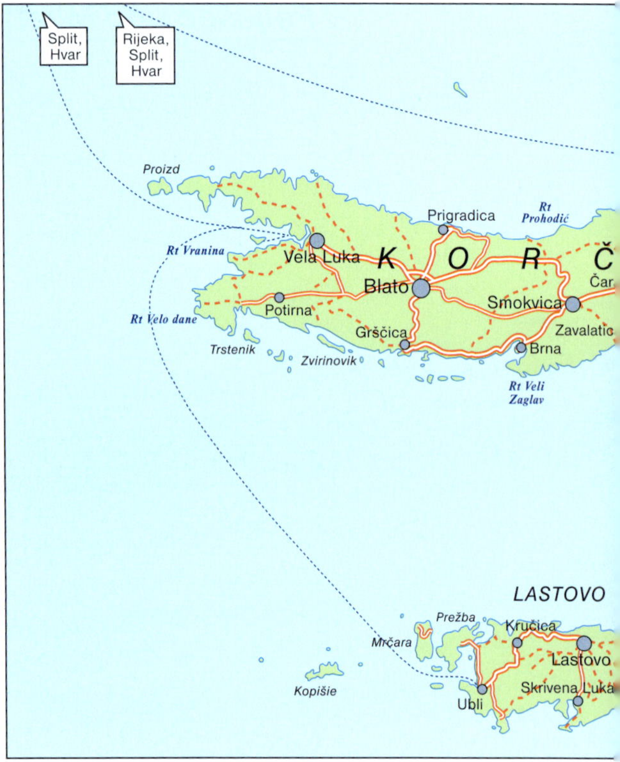

Trstenik

Ruhige Badebuchten

Der Raum Trstenik/Žuljana an der Südküste bietet etliche ruhige Badebuchten und eine Hand voll Campingplätze sowie die Cafés Z1 und Z2 und die Konoba Maris.

Die Zukunft der **Fährlinie Trstenik – Polače** (s.o.) stand bei Drucklegung nicht fest; gerade für Reisende im westlichen Pelješac war sie bislang hervorragend für Tagestouren zum Nationalpark Mljet geeignet (Infos: www.peljesactravel.com).

Camping, Sonstiges

- Am beliebtesten ist der Campingplatz €€**AC Dubrava-Putniković,** Tel. 020-756200 und 754320; vier Minicamps rundum.
- Im Ort stehen ein **Minimarkt** sowie eine **Post** zur Verfügung.

Aktivitäten

- **Tauchen: Tauchbasis Dragan und Willi,** Tel. 020-756108 oder 756149 (Kontaktadresse in Deutschland: *Willi Thelen,* Nideggener Str. 95, 53881 Euskirchen, Tel. 02251-5316). Im 15-Meter-Tauchkutter werden sechs Wracks sowie Höhlen angefahren; gut erhaltene römische Amphorenfelder und reich bewachsene Steilwände runden das vielseitige Tauchangebot ab.

Potomje und Dingać

Weinbau

Weiter westwärts die Hauptstraße entlang, folgt das bedeutende Weinbaugebiet von Pelješac rund um Potomje. Im Ort gibt es eine Tankstelle sowie Bank, Post und Minimarkt. Direkt vor dem **Dingać-Tunnel** im Ort (kleine Schilder beachten) liegt linker Hand (Fässer) ein **Weingut,** wo unmittelbar vom Fass am Fußweg probiert und gezapft werden kann – das Entgelt wird in eine Box am Fußweg geworfen!

Hinter dem Tunnel liegt ein Kleinod: **Dingać-Borak** und **Dingać-Potoče.** Wer Ruhe und Gemütlichkeit sucht, ist hier genau richtig – „Action" sucht man vergebens! Einmal im Jahr jedoch, am ersten Samstag im August, wird im Rahmen eines Dorffestes kostenlos (!) Fisch gegrillt und Wein verkostet – jeder ist herzlich eingeladen! Ansonsten gibt es hier nur eine sehr gute Konoba sowie einen kleinen Verkaufsstand der Ladenbetreiberin von Potomje.

Potoče besteht aus etwa fünf Häusern am Meer, alle sind zu vermieten; Anfragen auf Englisch bei *Rina Tomelic,* I. Kukuljevića 14, 21000 Split, Tel. 021-567563, Tel. in Potoče 020-742410.

Trpanj

Hafen

Der Hafen von Pelješac für Ploče, eingebettet in die Hügellandschaft der Nordküste, fiel um 1340 an die Dubrovniker Adelsfamilie *Gundulić,* deren Familienwappen am Renaissancealtar der Pfarrkirche Sv Rok verewigt wurde (siehe Gundulić-Platz, Dubrovnik).

Agenturen, Unterkunft

•Die **Agenturen Laguna,** Tel. 020-743829, laguna-put.agencija@du.htnet.hr, und **Slišković,** Tel. 020-743599, sliskovic@du.htnet.hr, vermitteln Unterkunft.
•€€€**AC Vrila,** Campingplatz am Ostende der Bucht, Tel./Fax 020-743700.
•€€€**Hotel Faraon,** Tel. 020-743446, Fax 743422.

Sonstiges

•**Bank, Post, Markt, Supermarkt** und **Tankstelle** liegen rund um das Hafenbecken und entlang der Ausfallstraße.
•Leser empfehlen das **Fischlokal Stari Ribar** (keine Karte, Menü je nach Fang).
•**Touristeninformation am Hafen** (Tel. 020-743433, www.tzo-trpanj.hr).

Orebić

Hauptort der Halbinsel

Das **Straßendorf** Orebić (1500 Einwohner) im Südwesten der Halbinsel erstreckt sich über mehrere Kilometer entlang der Panorama-Uferstraße unterhalb des über 950 m hohen Sv Ilija. Hübsche Villenbauten früherer Jahrhunderte in mediterran-subtropischer Vegetation prägen das Bild der im 16. Jahrhundert von der Kapitänsfamilie *Orebić* dominierten Kleinstadt. Geradezu legendär sind

kro_410 Foto: wl

auch die **Sandbuchten** (z.B. Trstenica) um Orebić, die von Reisenden als die schönsten Dalmatiens gepriesen werden. Auch die **FKK-Inseln Stupa und Badja** (Bootstaxi ab Promenade) gehören zu den schönsten Badeplätzen von Pelješac.

Sehenswert sind im Ort das **Seefahrtsmuseum** (9–12 und 17–19 Uhr, Eintritt: 10 K) am Trg Mimbelli sowie das am Ortsrand (kleine Straße am Hotel Bellevue) gelegene **Franziskanerkloster** mit angeschlossenem **Sakralmuseum** (nur um 10 und 17 Uhr tgl. für eine gute Stunde geöffnet, Eintritt: 8 K). Das Kloster ist auch der Ausgangspunkt für den Aufstieg (3–4 Stunden) zum Gipfel des **Sv Ilija** mit einmaligem Rundblick über die gesamte süddalmatische Inselwelt, besonders hinüber zum malerischen Städtchen Korčula. Wer vom Ortskern via Kloster hinaufwandern möchte, orientiere sich an der Hauptkirche im Ort – hier gerade über die Hauptstraße führt ein beschilderter Wanderweg. Zur Rast beim Kloster gibt es in der **Konoba Kod Bože** Hauswein (30 K), Rakija (5 K), Hausmacher-Limonade (6 K), Schinken (30 K) und Käse (25 K).

Infos, Agentur

- **Touristeninformation am Trg Mimbeli,** am Pier, Tel. 020-713367, Fax 713606, tgl. 8–21 Uhr.
- **Orebić-Tours,** Bana Jelačića 84, Tel. 020-713367, Fax 713606, orebic-tours@orebic-tours.hr, arrangiert Privatunterkunft und Ausflüge.

Unterkunft

- €€**Hotel Orsan,** Tel. 020-713026, Fax 713267, www.orebic-htp.hr. Schön am westlichen Ortsrand unter dem Kloster und gegenüber von Korčula gelegen. DZ mit Frühstück ab 90 Euro.
- €**Hotel Rathaneum,** Tel./Fax 020-713022, ein wahres 3-Sterne-Schnäppchen: All-inclusive-DZ kosten in der Nebensaison 45 Euro, im Juli und August 90 Euro, 4er-Apartments (nur Logis) ab 75 Euro.

Camping

- Etliche Campingplätze rund um Orebić locken alljährlich zahllose Campingfreunde aus dem In- und Ausland an: €€€**AC Adriatic-Mokalo** (mit Tauschschule), Tel. 020-713392, Fax 713420, €**AC Orebić,** Tel. 020-713324, €€**AC Trstenica,** Tel. 020-713348, €€**AC Bor,** Tel. 020-713357, €€€**AC Glavna Plaža,** Tel. 020-713399, Fax 713390, €**AC**

Perna (einziges Camp mit Strandabschnitt, FKK und Restaurant), Tel. 020-719244, Fax 719284, €€**AC Palme** (in Kučiste), Tel./Fax 021-719164, kamp-palme@kvarner.net.

Essen & Trinken

- Einfach und günstig isst man im **Bistro Jadran** (Pizzen für 30 K) am Uferssträßchen zwischen Pier und Ortskern.
- Ein besonderer Tipp ist ein Stück weiter linker Hand die **Konoba Mlinica,** eine ehemalige Mühle mit Steinglockenofen, Tel. 020-713886, die nur wenige, aber zünftige Gerichte anbietet wie etwa *Teletina s Krumpirom* (Kalbfleisch mit Kartoffeln) oder *Hobotnica s Krumpirom* (Oktopus mit Kartoffeln, beides ca. 80 K).

Sonstiges

- Selbstversorger achten an der Hauptstraße auf das kleine **Einkaufszentrum mit Bank** (EC-Automat), Fischgeschäft, Obst-/Gemüsemarkt und Supermarkt sowie **Bäckerei** und **Zeitschriftenhandel** auf der anderen Straßenseite.
- **Banken** (EC-Automat) und eine **Post** (Mo bis Sa 7–21 Uhr) am Trg Mimbeli.

Viganj

Surf-Mekka

Das kroatische Surf-Mekka zieht mittlerweile mehr Urlauber an als Orebić selbst. Der Ort erstreckt sich als reines Straßendorf über mehrere Kilometer. Sehenswert ist das **ehemalige Dominikanerkloster** (heute katholische Kirche) mit einer Madonna in Dominikanertracht und einer weiteren Madonnenstatue aus dem 15. Jahrhundert.

Transport & Verkehr

Busse fahren nach **Orebić.** Eine Besonderheit ist der 16-Uhr-Bus nach **Dubrovnik** (Orebić ab 16.30 Uhr), 23 Uhr zurück, Tel. 020-711216 oder 098-500653.

Infos

- **Touristeninformation Viganj,** Tel. 719295, www.viganj.net; geöffnet im Sommerhalbjahr 8–12 und 17–21 Uhr.

Unterkunft, Camping

- Privatzimmer haben die **Pensionen** €€**M&Z,** Tel. 020-719293, oder €**Balota,** Tel. 020-719079, moreska@du.htnet.hr, beim Beuchat-Tauchzentrum.
- Schönster Campingplatz ist der ADAC-Partner €€€€**AC Antony Boy,** Tel./Fax 020-719077, autopleter@autopleter.hr; in der Nachbarschaft liegen noch das €€**AC Liberan** mit Surfschule, Tel. 020-719164, Fax 719015, und das €€**AC Ponta,** Tel. 020-719060.

Lovište

Ruhiger Ort

Über den steilen Höhenzug um den Sv Ilija hinweg kann man seit noch nicht allzu vielen Jahren das Örtchen Lovište auf dem Landweg besuchen. Einst von Siedlern aus Hvar begründet, bietet Lovište heutzutage eine deutlich ruhigere Alternative zu den hektischeren Urlaubszentren Viganj und Orebić.

Unterkunft, Camping

- Sehr beliebt ist das €**AC Denka** am Ortsausgang Richtung Mirce mit Palmen und Olivenbäumen sowie gepflegten Sanitäranlagen, alternativ bietet sich das €**AC Sunny,** Tel. 020-719164, im Ortsteil Mirce auf der anderen Seite der Bucht (Zufahrt an der Kreuzung vor Lovište rechts) an; Privatzimmer bieten €€**Kamaris,** Tel. 020-719196, und €€**Indira,** Tel. 020-719002, an der Promenade.

Sonstiges

- **Parken** muss man vor dem kleinen Ort. Hier gibt es **Minimarkt, Post** und **Touristeninformation** (Tel. 020-718034, geöffnet nur Juli/August 8–12 und 17.30–20 Uhr).
- Zum Essen geht man in die netten **Schenken Trumbeta und Barcas** sowie die **Konoba Mirce** im gleichnamigen Ortsteil.
- **Sport:** Am linken Uferende können in Haus Nr. 6 Boote, Kanus, Räder und Surfbretter gemietet werden.

Insel Korčula

Grüne Insel

Korčula (48 km lang, max. 8 km breit), die „grüne Insel" Dalmatiens, kann von Split und Drvenik aus direkt oder über die Halbinsel Pelješac angefahren werden. Insbesondere bei letztgenannter Möglichkeit sticht der landschaftliche Unterschied zwischen den schroffen Mittelgebirgsketten von Pelješac und den **sanften, bewachsenen Hügeln** von Korčula ins Auge. Neben Pinien, Kiefern und Palmen gedeihen hier Oliven, Feigen, Wein, Granatäpfel und sogar Zitrusfrüchte. Die rund 17.000 Einwohner leben heute überwiegend vom Fremdenverkehr. In den Glanzzeiten des 15. und 16. Jahrhunderts spielte der Schiffbau eine bedeutende Rolle. Das touristische Interesse an Korčula

kro_420 Foto: wl

verdankt sich dem faszinierenden Städtchen Korčula mit seinem frühneuzeitlichen Erscheinungsbild, den schönen Stränden sowie dem milden Klima bei fast 300 Sonnentagen im Jahr.

Geschichte Die griechischen Kolonisten des vierten vorchristlichen Jahrhunderts trieben regen Handel mit Salona/Solin, Trogir und Vis. Zur Zeit des Kaisers *Augustus* römisch, geriet Korčula später immer wieder in den Blickpunkt des Interesses der **unterschiedlichsten Regenten und Nationen:** Goten, Byzantiner, Neretva-Piraten (siehe bei Makarska), kroatisch-ungarische Könige, Venezianer (1420–1797), Franzosen, Österreicher, Engländer, Russen und Italiener - von einer serbischen Besetzung im Bürgerkrieg blieb Korčula dagegen verschont.

Das Landtor Veliki Revelin in Korčula-Stadt

Transport & Verkehr

Der Altstadthafen von **Korčula-Stadt** wird nur von den **Schnellfähren von/nach Rijeka und Dubrovnik** angefahren, alle Pkw-Fähren legen in Dominče, knapp 5 km Richtung Lumbarda, an und ab (Pendelbusverkehr). Verbindungen: 10–18x tgl. von/nach **Orebić** auf Pelješac für ca. 12 Euro, 1–2x tgl. (Sa/So 3x tgl.) von/nach **Drvenik** für ca. 30 Euro (Preise jeweils für Pkw mit 2 Personen).

Nach **Vela Luka** fahren **Pkw-Fähren** 1x tgl. von **Split** via Hvar und Lastovo für ca. 40 Euro sowie 1x pro Woche von **Ancona** (Italien).

Korčula-Stadt

Hauptort der Insel

Der Hauptort liegt auf einer kreisrunden, ins Meer hinausragenden **Halbinsel** und ist vom Wasser beinahe gänzlich umschlossen. Dass die Stadt quasi am Reißbrett entstand, verdeutlicht die schnurgerade Mittelachse mit den davon abzweigenden Gassen. Diese **Anlage der Stadt** bietet optimalen Schutz vor Wind und sengender Sonne, außerdem waren die umgebenden Wehrmauern schnell und geradlinig erreichbar. Eine derartige Stadtplanung war während der Türkenkriege typisch, europäisches Paradebeispiel hierfür ist Valletta auf Malta. Von April bis Oktober wird an den Stadttoren einmal wöchentlich die **Moreška,** ein symbolischer Schwerttanz in Erinnerung an die Türkenkriege, im Rahmen der Sommerfestspiele aufgeführt. Die Hintergrundmusik dazu wird mit Trommeln und Dudelsäcken gespielt.

Sehenswertes

Die mittelalterliche äußere **Befestigungsanlage** mit Wehrmauern, Kastellen und zwei Stadttoren ist teilweise gut erhalten; heute verläuft hier die Uferpromenade um die **Altstadt** herum. Als Hauptzugang zur Altstadt dient das **Landtor Veliki Revelin** aus dem Jahr 1571; links hinter dem Tor liegt das Rathaus aus dem 16. Jahrhundert mit der städtischen Loggia.

Die Hauptachse führt weiter zum höchsten Platz der Stadt, dem **Trg Sv Marka** mit der Kathedrale und dem **erzbischöflichen Palast.** Dieser birgt eine Schatzkammer mit Feinschmiedearbeiten, Trachten und Handschriften sowie einer Münzsammlung. Die klobig-wehrhafte, dreischiffige **Kathedrale Sv Marko** (Mo bis Sa 9–21 Uhr) entstand im 15. und 16. Jahrhundert und gilt als das bedeutendste architektonische Monument der Stadt. Auffällig sind das steinerne Ziborium (Altarbaldachin) von 1486 sowie das Titularbildnis hinter dem Hauptaltar (*Hl. Markus, Hieronymus* und *Bartholomäus*) von *J. Tintoretto* (16. Jahrhundert). Unmittelbar neben der Kathedrale steht die Kapelle des Pestheiligen Sv Rok mit einem faszinierenden barocken Marmoraltar.

Das **Marco-Polo-Haus** (beschildert) soll das Geburtshaus des Missionars und China-Reisenden *Marco Polo* gewesen sein – die Historiker sind sich über die Authentizität allerdings uneinig. Einige hübsche Patrizierpaläste sind ebenfalls beachtenswert, so der **Palazzo Arneri** (heute Galerie) oder der **Palazzo Gabrielli** mit dem **Städtischen Museum** (tgl. 10–13 und 17–19 Uhr, Eintritt: 10 K).

Am südöstlichen Ende der Altstadt steht die **Allerheiligen-Kapelle Svi Sveti.** Sie stammt aus dem 15. Jahrhundert, ihr Altarbereich gilt als ein Meisterwerk des österreichischen Bildhauers *G. R. Donner* (1693–1741). Angeschlossen ist ein kleines **Ikonenmuseum** (tgl. 9–12 und 16–18 Uhr, Eintritt: 8 K).

Transport & Verkehr

Der Busbahnhof liegt am Marina-Vorplatz (Obala K. Brodograditelja). **Inselbusse:** 6x tgl. Korčula – Vela Luka 5.30–18.30 Uhr, 13x tgl. (So nur 4x) Korčula – Lumbarda 7–20.30 Uhr.

Ein **Pendelbus** verbindet den Busbahnhof vor der Altstadt mit dem Fährpier Dominče (abgestimmt auf die Fährzeiten).

Fernbusse fahren 1–3x tgl. über Orebić (Pelješac) nach **Dubrovnik.**

Infos

•**Touristeninformation,** Obala V. Paletina (Promenade), Tel. 020-715701, www.korcula.net, geöffnet tgl. 8–15 Uhr, im Sommer auch 16–21 Uhr.

Agenturen

An der Uferpromenade liegen mehrere Agenturen für **Ausflüge, Zimmervermittlung** usw., beispielsweise:

•**Marko Polo Tours,** Tel. 020-715400, Fax 715800, marko-polo-tours@du.htnet.hr.
•**Korčula,** Tel. 020-711067, Fax 711710, htp-korcula@du.htnet.hr.
•**Atlas Korčula,** Tel. 020-711060, Fax 715580, atlas-korcula@du.htnet.hr.
•**Jadrolinija** (Fährtickets) hat ein Büro nahe der Altstadt-Anlegestelle (Ostseite), Tel. 020-715410, Fax 711101.

Unterkunft

Günstiger ist die Übernachtung in Orebić (Tagesausflüge nach Korčula).

•Das zentrale €€€**Hotel Liburna** in Korčula-Stadt verfügt über zweckmäßig und angenehm ausgestattete 83 Zimmer und 26 Apartments und bietet Pool, Kegelbahn, Billard, Tennis und Minigolf. Sehr schöne Restaurantterrasse mit herrlichem Blick über die Altstadt und die Inselwelt. Die Preise liegen zwischen 32 und 64 Euro p.P. im DZ (Ü/F). Tel. 020-726066, Fax 726272, marketing@htp-korcula.hr.
•Ganz zentral an der Promenade liegt das kleine €€€**Hotel Korčula,** Tel. 020-711078, Fax 711026, www.korcula.net, in dem allerdings auch stolze 140 Euro für das DZ verlangt werden.
•Das €€€**Hotel Park,** Tel. 020-726004, Fax 711746, htp-korcula@du.tel.hr, liegt in Gehnähe und kann mit einer Disco/Bar aufwarten.
•Dahinter folgt das €€€**Hotel Marco Polo.** Es wurde nach dem mutmaßlich bekanntesten Sohn der Stadt benannt, liegt in unmittelbarer Altstadtnähe und bietet Hallenbad, Tennisplätze, Billard, Fitnessraum sowie Kinderbetreuung. Die meisten der komfortabel ausgestatteten Zimmer verfügen über Balkon mit Meerblick, die Preise liegen bei 35–70 Euro im DZ (Ü/F). Tel. 020-726131, Fax 726300, marketing@htp-korcula.hr.

Camping

•€€**AC Kalac,** Tel. 020-711182, Fax 711746, 4 km außerhalb der Altstadt, Campingplatz mit Sandstrand, Bootsverleih und Tennis.
•Die Hochburg für Campingfreunde liegt in den Buchten zwischen Korčula-Stadt und dem Badeort Račišće mit den Campingplätzen €**Oskorušica,** Tel. 020-710747, €**Tri žala,** Tel. 020-721244, und €**Vrbovica,** Tel. 020-721311.

Essen & Trinken

- Günstige Kleinigkeiten serviert die **Snackbar am Busbahnhof.**
- Preiswert ist auch die **Pizzeria Amphora** in der Altstadt.
- Mit gehobener nationaler Küche wartet das **Marina-Restaurant** im Jachthafenbereich auf.
- Empfehlenswert für lokale Küche ist die **Konoba Mare** (am Marco-Polo-Haus in der Altstadt, Tel. 020-711253) mit Gewölbekeller.
- Es ist ein offenes Geheimnis, dass die Restaurants in Korčula-Stadt hauptsächlich auf den Tagestouristen eingestellt sind, Kenner speisen außerhalb. Als rühmliche Ausnahme sei die **Konoba Maslina** von *Liljana* und *Ivan* empfohlen. Die Gerichte werden nach Großmutters Rezepten zubereitet, u.a. Muscheln, Fischrisotto oder Hausmacher Makkaroni, auch zahlreiche vegetarische Gerichte. Einfaches, aber sehr ordentliches Ambiente, günstige Preise für Korčula. Tgl. geöffnet, Lumbarajska cesta, Sv. Anton (etwas außerhalb, ca. 1 km vom Fährhafen), Tel. 020-711720.

Aktivitäten

- **Bademöglichkeiten** bestehen an den Hotel- und Campingstränden. Bootstaxis fahren vom Altstadthafen zu den unmittelbar vorgelagerten **Badeinseln Badija, Majsan, Vrnik und Stupa** (FKK, jeweils 10 Minuten Fahrt).
- Die **ACI-Marina Korčula,** Tel. 020-711661, Fax 711748, ist ganzjährig geöffnet.
- Die Hotels bieten **Bootsverleih, Tennis** usw. Die Agenturen arrangieren **Inselrundfahrten und Ausflüge** (z.B. nach Dubrovnik).

Sonstiges

- Vor dem Busbahnhof links auf dem Parkplatz **parken,** denn in der Altstadt sind Parkplätze Fehlanzeige.
- Am Schulparkplatz gibt es einen **Rad-, Moped- und Pkw-Verleih,** ebenso (direkt neben Marco-Polo-Tours) bei **Rent a Dir,** Tel. 020-711098, www-korcula-rent.com.
- Am Altstadteingang liegen eine **Splitska Banka** (Mo bis Fr 7–21 Uhr, Sa nur vormittags) und die **Post** (tgl. 7–22 Uhr, So 9–12 Uhr).
- Am Hafenbecken befinden sich ein großer **Supermarkt,** eine **Splitska Banka** (EC-Automat) und das empfehlenswerte **Café Arula,** rechts vom Revelin-Tor der **Markt** mit Souvenirhändlern.
- Nachtschwärmer gehen gern in die **Disco Bon Repos** im gleichnamigen Hotelkomplex.

Lumbarda

Weißwein

8 km südlich von Korčula-Stadt und nur knapp 3 km vom Fährpier Dominče entfernt, führte die 1100-Seelen-Gemeinde Lumbarda lange Zeit ein

eher stiefmütterliches Dasein. Ein paar hübsche, stilvolle Villen, eine kleine Marina, ein hervorragender, ausgedehnter Strand und nicht zu vergessen die Weingärten, aus deren Trauben die berühmten schweren Weißweine gewonnen werden, trugen jedoch dazu bei, dass Lumbarda mittlerweile **recht überlaufen** wirkt. Antike Funde (älteste südslawische schriftliche Überlieferung), die barocke Pfarrkirche Sv Rok aus dem 16. Jahrhundert sowie die Geburtshäuser der dalmatischen Künstler *I. Lozica* und *F. Kršinić* sind die wichtigsten Sehenswürdigkeiten von Lumbarda.

Unterkunft, Camping

- Als Unterkunft (deutlich günstiger als Korčula-Stadt) bieten sich an: das €**Hotel Borik,** Tel./Fax 020-712433, lovor@du.htnet.hr, DZ 30–50 Euro, die €**Apartments Lina,** beschildert, Tel. 020-712150, Fax 712155, lina.lumbarda@du.t-com.hr, sowie mehrere kleinere **Campingplätze.**

Essen & Trinken

- Vom Marinaausgang gehe man rechts am Ufer entlang bis ein Schild („Konoba Zure") nach rechts Richtung Berge weist. Nach 5 Minuten ist die einfache, aber originelle **Konoba Zure** erreicht. Spezialität sind köstliche Fischplatten, zu denen schmackhafter Hauswein serviert wird (Tel. 020-712008).

kro_421 Foto: wl

●Empfehlenswert ist ferner das **Fischrestaurant Konoba Feral** am Meer.

Sonstiges

●**Post, Supermarkt und Turist Biro,** Tel. 020-712605, liegen an der Hauptstraße.
●Die **Marina** erreicht man unter Tel. 020-712730, Fax 712755, **Tauchen** organisiert die **Basis MM Sub,** Tatinja 65, Tel. 020-712288.

Zwischen Pupnat und Blato

Schönste Bucht der Insel

Vor Pupnat weist links ein werbeähnliches Schild auf den Strand von Brača hin (ruhige Strandbucht auf der Südseite). Bei Pupnat selbst achte man auf das kleine Schild **„Pupnatska Luka"** – der Weg wird sehr holprig, ist aber gerade noch fahrbar. Hier liegt die schönste Bucht der Insel; man muss sich den Abstieg auf Trampelpfaden von oben suchen, sobald man die Bucht erblickt (keinerlei Hinweise). Die Hoppelstraße führt im Bogen zur Inselhauptstraße und via Cara zum **Weinort Smokvica** mit Post und Minimärkten.

Hier führt die Küstenroute (gut befahrbar) über **Brna** (Hotel Seral, stilles Örtchen) bis **Prižba,** einem kilometerlangen, aber in keinster Weise überlaufenen Straßendörfchen mit Metzger, Minimarkt sowie Fahrrad-/Mopedverleih (Tel. 020-861041). Der gesamte Abschnitt mit Blick auf ein Dutzend zum Greifen naher vorgelagerter Inselchen ist vor allem ein besonderer Tipp für Bootsbesitzer.

Unterkunft

●Hübsche Ferienwohnungen (je 2 Schlafzimmer, Küche, Terrasse) findet man im €€**Haus Miko** zwischen Gršcica und Prižba ganz im Süden von Korčula am Meer (eigene Badeplattform). Die sehr attraktive Gegend ist noch nicht touristisch erschlossen und wird hauptsächlich von privat Unterkommenden genutzt. Kostenpunkt: 35–50 Euro/Tag (komplett), Buchung unter *P. & W. Matz,* Felsenstr. 58, 70794 Filderstadt, Tel./Fax 0711-703826, korcula-fewos@web.de. Hier kann auch das €€**Ferienhaus Merica** (2 Woh-

Pupnatska Luka, die schönste Bucht der Insel

nungen, je 4 Personen) in Prižba am Waldrand mit direktem Zugang zum Meer gebucht werden. Tolle Blicke auf die unmittelbar vorgelagerten Inseln Vrhovnjak, Sridnjak und Crklica.

Die Küstenstraße steigt in **Gršcica** steil nach Norden an und führt über die brandgeschädigten Höhenwälder zum einstigen Hauptort **Blato** mit Supermarkt und der guten Pizzeria Sunje.

Unterkunft, Sonstiges

- **In Prižba** bieten das **Hotel Alfir** sowie am Küstensträßchen bis Gršcica zahllose Privatvermieter **Zimmer und Apartments** an.
- Empfehlenswert sind die preiswerten und guten **Restaurants Cerin und Prižba.** Durch eine Besonderheit zeichnet sich das **Restaurant Zlinje** aus: Die Speisen werden in einer offenen Küche zubereitet, die den Gästen zugänglich ist. Dalmatische Spezialitäten (Fisch- und Fleischplatten) werden zu einem ausgezeichneten Preis-Leistungsverhältnis schmackhaft zubereitet. Stilgerechtes, typisches Dorfrestaurant, tgl. 10–14 und 17–24 Uhr, Tel. 020-851323.
- **In Gršcica** liegen die italienisch-kroatische **Tauchbasis NS Sub,** Tel. 020-861045, das **Restaurant Gršcica** sowie eine **Slipanlage.**

Vela Luka

Therapiezentrum

Vela Luka (4500 Einwohner) ist der zweitwichtigste Ort auf Korčula und liegt in einer tief eingeschnittenen Bucht an der Westseite der Insel am Fuße des 376 m hohen **Hum.** Weinkelterei, Olivenölgewinnung, Schiffbau und Fischverarbeitung bilden die Einkommensquellen der Bewohner. Mit der Fährverbindung von/nach Split rollt auch zunehmend der touristische Rubel. Auch das neue Therapiezentrum für Erkrankungen der Atemwege, eine Art €€€€**Kurhotel** (Tel. 020-812700, Fax 812044), unterstützt den Aufschwung. Sehenswert ist die Pfarrkirche mit angeschlossenem **Sakralmuseum** (tgl. 9–12 und 20–22 Uhr).

Infos, Agenturen

- Die **Agenturen Atlas,** Tel. 020-812078, Fax 812602, turagen-atlas@du.htnet.hr, und **Kale,** Tel. 020-813203, sowie die **Touristeninformation,** Tel. 020-813619, tzo-velaluka@du.t-com.hr, an der Uferstraße vermitteln u.a. Unterkunft.

Unterkunft

- Unmittelbar im Zentrum kostet das kleine €**Familienhotel Dalmacija,** Tel. 020-812022, Fax 812042, contactus@humhotels.hr, in der Hauptsaison 80 Euro inkl. Frühstück.
- Etwas außerhalb bietet das €€**Hotel Adria,** Tel. 020-812700, Fax 812720, contactus@humhotels.hr, All inclusive zu 72–95 Euro/DZ.
- Das €-€€**Jadran,** Tel. 020-812036, contactus@humhotels.hr, nennt sich „Youth Hostel", ist aber ein normales Hotel mit DZ zu 42–64 Euro je nach Lage und Saison. Siehe jeweils auch www.humhotels.hr.

Camping

- 7 km außerhalb liegt der Platz €€€**AC Mindel,** Tel. 020-813600, Fax 812494, gmaricic@hotmail.com.

Essen & Trinken

- Einfache Snacks bietet **Sardin Fast Food** unten im Zentrum.
- Sehr gut und gemütlich speist man in der **Pizzeria Vertigo** (an der Kirche).
- In der **Pizzeria Alfa** wird abends Discomusik geboten.
- Unmittelbar im Zentrum am Meer liegt das sehr angenehme **Restaurant Pod Bore.** In stilvollem Ambiente hat man bei ausgezeichneten Fisch- und Meeresfrüchtegerichten eine hübsche Aussicht über die Bucht. Obala 3/1, Vela Luka, Tel. (mobil) 091-2538754.

Sonstiges

- **Rad- und Fahrzeugverleih** bei der Wechselstube Euroherz am Ufer.
- Für abendliche Unterhaltung sorgt die **Disco Club** am Hafenbecken.
- **Supermarkt** und **Banken** liegen ebenso wie die **Post** (Mo bis Sa 7–20 Uhr) im Zentrum. **Geldautomat** am Café Casablanca.
- Ein Personenboot im Hafenbecken verbindet Vela Luka (via Hotel Adria) mit den vorgelagerten **Badeinseln Ošjak** (3x tgl.) und **Položnak** (8x tgl.).

Insel Mljet

Legenden

Zwar gehört die ca. 100 km² große Insel Mljet (1250 Einwohner) historisch und administrativ ebenso wie die Nachbarinseln Korčula und Lastovo zum Archipel von Dubrovnik, doch nur Mljet ist ausschließlich von Dubrovnik aus erreichbar. Übrigens ist nicht Malta, sondern Mljet halb-historischen Legenden zufolge jene Insel, vor welcher der **Apostel Paulus** Schiffbruch erlitt. Auch der griechische Sagenheld **Odysseus** soll von der Nymphe *Calypso* auf Mljet gefangen gehalten worden sein und nicht auf dem maltesischen Ghadex (Gozo). Der Streit ergibt sich aus der Namensgleichheit im Lateinischen: Melita (Honiginsel) wurde sowohl zu „Malta“ als auch zu „Mljet“.

Auf Mljet, das zu zwei Dritteln von Kiefern und Steineichen bewachsen ist, werden **Wein, Oliven und Heilkräuter** angebaut. Was die Tierwelt angeht, verdient der vom indischen Subkontinent als Giftschlangenvertilger Anfang des 20. Jahrhunderts importierte **Mungo** Erwähnung, eine dachsgroße Schleichkatze.

Wegen der Heilkräuter und der malerischen Binnensalzseen im Westen der Insel wurde 1960 der **Nationalpark Mljet** gegründet, der das westliche Viertel der Insel um Pomena umfasst. Mljet führt auch touristisch ein eher abgeschiedenes Dasein; ebenso wie im Falle der Elaphiten-Inseln bietet sich ein längerer Aufenthalt an, wenn man Ruhe und Abgeschiedenheit bevorzugt.

kro_415 Foto: wl

Transport & Verkehr

Hauptfährort ist **Sobra,** der Hauptort in der Mitte von Mljet: 2x tgl. **Dubrovnik** - Sobra (Abfahrt 10 und 18 Uhr) und Sobra - Dubrovnik (Abfahrt 6 und 19.39 Uhr) für ca. 40 Euro (Pkw mit 2 Personen). 2x wöchentlich stoppt die Personenfähre Rijeka - Dubrovnik. Alternativ kann man 2x tgl. in Polače die Pkw-Fähre von/nach Trstenik/Pelješac nehmen (siehe Pelješac). Einmal tgl. fährt die Pkw-Fähre **Korčula** - Mljet (13 Uhr ab Korčula). Nur Sa und So ab **Orebić** (Pelješac) um 8.15 Uhr.

Ein **Inselbus** verbindet 3-4x tgl. **Sobra** mit **Pomena.**

Autofahrer sollten vorher volltanken - es ist kaum Sprit auf der Insel erhältlich!

Sobra

Haupthafen

Der Haupthafen von Mljet besteht aus nicht viel mehr als der Anlegestelle mit kleinem Kai und einer allmählich wachsenden Zahl von Neubauten.

Sonstiges

- Im Ort gibt es die **Pension Mungo** mit gerühmtem Fischlokal, einen **Minimarkt,** eine **Tankstelle** und die **Tauchbasis Scooba Club Mljet,** *Darko Paluncić,* Tel./Fax 020-745220.

Pomena

Touristisches Zentrum

Touristisch bedeutendstes Zentrum von Mljet ist das Fischerdorf Pomena im Nordwesten der Insel. Fußwege verbinden es mit dem Campingplatz und dem kleinen **Salzsee Malo Jezero.** Das einzige Hotel am Ort bietet kostenlosen Boottransfer zu nahe gelegenen **FKK-Stränden,** Boots- und Surfbrettverleih sowie Tauchgänge über eine hoteleigene Basis; hübsche Promenade mit Kinderpool (geschlossen).

Blick von Mljet auf die Klosterinsel Sv Marija

Unterkunft

- Das €€**Hotel Ulysses-Odisej,** Tel. 020-744022, Fax 744042, odisej@plavalaguna.hr, gehört zu der renommierten Agenturkette Atlas (günstige Pauschalarrangements auch vorab direkt buchbar) und bietet Sportmöglichkeiten sowie eine Tauchbasis. Boottransfer mit dem hoteleigenen Schnellboot.
- Ein paar kleine **Pensionen und Zimmeranbieter** verteilen sich entlang der (einzigen) Straße.

Sonstiges

- Die Gastronomie im Ort beschränkt sich auf das **Hotelrestaurant** sowie **einige Fischlokale** am Kai.
- **Geldautomat** beim Hotel.

Goveđari und die Salzseen

Veliko und Malo Jezero

Das eigentliche „Highlight" auf Mljet sind sicherlich die erdhistorischen **Karstseen** Veliko Jezero (Großer See, 145 ha) und Malo Jezero (Kleiner See, 25 ha), die durch einen Kanal miteinander verbunden und von einem 13 km langen Spazierweg rund um Goveđari sowie den dazugehörigen Weilern **Babino Kuce, Pristanište** und **Soline** umgeben sind. Ein winziger Durchlass bei Soline (Kanal mit starker Strömung, keine Brücke) verbindet die Seen mit dem offenen Meer und bringt manchmal komische Szenen mit sich: „Most" bedeutet zwar Brücke, doch steht hier keine. Mancher enttäuschte Wanderer versucht dann bis zu den Achseln watend, mit der Kleidung auf dem Kopf, das andere Ufer zu erreichen - angesichts der Strömung ein hoffnungsloses Unterfangen!

Mehrere Stellen sind zum Baden ausgewiesen, man kann auch stündlich per Ausflugsboot (9–21.45 Uhr, im Parkeintritt enthalten) oder schwimmend zur **Klosterinsel Sv Marija** übersetzen. Hier errichteten Benediktinermönche im 12. Jahrhundert eine Abtei mit einschiffiger Klosterkirche, die im 16. Jahrhundert im Renaissancestil erweitert und als Hotel restauriert wurde (Melita, Tel. 020-744145, 10–24 Uhr).

Vom Parkplatz Pristanište sind es 500 m bis zum See (hier sind auch Ambulanz und Post). Die beiden Seen sind mit einer kleinen **Steinbrücke** verbunden, womit aber nicht die verwirrend als „Veliki Most“ (Große Brücke) bezeichnete reißende Furt Richtung offenes Meer gemeint ist (hier aber die schönste Bademöglichkeit). Wer wenig Zeit hat, geht Richtung **Veliki Most** (knapp 2 km) und zu den 500 m weiter gelegenen **Höhlen** (noch 500 m weiter liegt der Weiler Soline mit zwei Konobas). Der längere Weg ab dem Ufer in Pristanište führt rechts herum zur anderen Seite der Furt (nur schwimmend zu durchqueren). 250 m vor dem Veliki Most zweigt der beschilderte Fußweg nach Polače ab.

Infos

- **Parkverwaltung** des Nationalparkgebietes (Informationen und Hilfestellungen), Pristanište 2, Tel. 020-744041, Fax 744043, www.np-mljet.hr, Tickets 50 K inklusive Boot zur Marieninsel (Tickets in Polače oder am Parkplatz Goveđari-Pristanište).
- Die **Touristeninformation Goveđari,** Tel. 020-744086, vermittelt private Unterkünfte in Goveđari, Polače und Pomena.

Sonstiges

- **Tauchbasis Jezera,** Goveđari, Tel. 020-420876.
- Von 9–21 Uhr verbindet ein **öffentlicher Bus** Polače mit Pristanište.
- **Kanu- und Fahrradverleih** (rund 100 K) am Parkplatz Pristanište.

Polače

Zu Fuß zu den Salzseen

Den Namen Polače („Palast“) verdankt der Ort einer ehemaligen römischen Ansiedlung am südwestlichen Ortsende. Am kleinen Hafen gibt es eine *Gostionica* (Lokal), einen Minimarkt, eine Parkinformation (auch Ticketverkauf) sowie den **Fährpier** (siehe Trstenik, Pelješac). Direkt gegenüber der Anlegestelle führt ein Fußweg über den Hügel zu den Seen – man kann also auch ohne Pkw von Trstenik (8.30 Uhr) herüberfahren, an der Ticketstelle das Parkticket kaufen (statt in Goveđari am großen Parkplatz) und zu Fuß zu den Seen laufen, um die Spätfähre um 16.30 Uhr zurück nach Trstenik zu nehmen (siehe Pelješac).

Babino Polje

Verwaltungszentrum

Das Verwaltungszentrum von Mljet mit 550 Einwohnern bildet die „Großstadt" der Insel. **Wein-, Mandel-, Feigen- und Olivenanbau** sind die Haupterwerbszweige in Babino Polje, Touristen sieht man hier eher selten. Immerhin gibt es im Ort ein kleines **Trachtenmuseum** (Eintritt: 5 K) sowie die zwei **Kirchen Sv Blas** (13. Jahrhundert) und **Sv Juraj** (14. Jahrhundert). Ein herrlicher Wanderweg führt hinauf zum **Veli Grd,** mit 514 m höchster Punkt der Insel. Er ist ab der Kapelle am Ortseingang beschildert; unterwegs trifft man auf einige Tropfsteinhöhlen.

Sonstiges

!

- €€€**AC Mungos,** Tel. 020-745060, Campingplatz mit Restaurant, Minimarkt und Wechselstube.
- Neben **Post, Minimarkt** und **Ambulanz** ist eine **Bäckerei** vorhanden, welche ganz Mljet versorgt.

Saplunara

Schöne Bucht

Über die Weiler Prožura, Maranovići und Korita (das „Ölgebiet" von Mljet: Olivenanbau) führt das Sträßchen bis zur Bucht Saplunara mit herrlichem Blick zu den Elaphiten-Inseln. Saplunara ist wegen des **feinen Sandstrandes** außerordentlich beliebt.

Insel Lastovo

Die Insel

Die **46 km²** große Insel mit insgesamt nur 1250 Einwohnern gehört zwar zum Archipel von Dubrovnik, ist aber ohne eigenes Boot nur von Split aus erreichbar. Besonders bei Seglern sind einige der **vorgelagerten Inselchen** sehr beliebt: Mrčara, Saplun und besonders Kopište mit seinen Sandstränden. Lastovo gehörte wie Korčula und Mljet zur **Republik Ragusa,** entwickelte aber nach *Napoleon* und der Zerschlagung der Republik im frühen 19. Jahrhundert eine für abgelegene Inseln typische Eigenbrötelei. Auch landschaftlich zeigt Lastovo mit seinen **Steilküsten,** nur wenigen Bademöglichkeiten, größeren Waldbeständen um den höchsten Berg **Hum** (418 m) und der vergleichsweise geringen landwirtschaftlichen Nutzung ein eher untypisches Bild der dalmatischen Inselwelt.

Die Orte

Ubli, der Fährhafen der Insel in einer geschützten Bucht im Westen, verfügt über Post, Minimarkt, Tankstelle und einen kleinen, nahe gelegenen Kiesstrand. In **Pasadur** verbindet eine Brücke Lastovo mit der Insel Prežba. Der Ort ist für seine Sandstrände bekannt. Der **Inselhauptort Lastovo** (800 Einwohner) thront fast 90 m oberhalb des Meeres auf einem Hügel und ist das administrative und kulturelle Herz der Insel. Sehenswert sind die dem Schutzpatron von Dubrovnik, *Blasius,* geweihte Pfarrkirche Sv Vlaho (15. Jahrhundert) sowie die Ruinen einer venezianischen Festung. Mehrere Wanderwege führen zu den Inselenden sowie zur **Badebucht Zaklopatica** unterhalb von Lastovo.

Transport & Verkehr

Eine **Fährverbindung** zwischen dem Fährort Ubli und **Split** via Hvar und Korčula besteht 2–3x tgl. für ca. 64 Euro (Pkw mit 2 Personen). Die Fähren fahren ab Ubli sehr früh, meist vor 7 Uhr morgens; nur So, Mo und Fr auch um 13 Uhr.

Sonstiges

- Auskünfte erteilt die winzige **Touristeninformation Lastovo,** Tel. 020-801018, www.lastovo-tz.net, im Ortskern.
- In Pasadur gibt es gute **Fischlokale** sowie das ruhige €€**Hotel Solitudo,** Tel. 020-805134, Fax 801027, mit **Tauchschule Triton,** Tel. 042-282380, Fax 214422.
- Geldwechsel ist in Lastovo bei der **Splitska Banka** (Mo bis Fr 8–13.30 Uhr) und der **Post** (8–14 Uhr) möglich.
- Lastovo hat eine **Apotheke** und eine **Erste-Hilfe-Station.**
- **Tauchen** ist auch bei **Mare Turist** möglich, Tel. 020-801022.

kroatien601 Foto: wl

Dubrovnik

Allgemeines

Faszinierendste Stadt Kroatiens

„Kroatisches Athen", „Perle des slawischen Südens", „schönste Stadt der Adria" – es gibt kaum einen Superlativ, den Dichtung und Reiseliteratur noch nicht für die in der Tat faszinierendste und beeindruckendste Stadt Kroatiens ersonnen haben. Der berühmte irische Dichter *George Bernard Shaw* (1856–1950) sagte nach einem Aufenthalt in Dubrovnik: „Diejenigen, die das Paradies auf Erden suchen, sollten nach Dubrovnik kommen." Am Anfang des 21. Jahrhunderts sollte man die Begriffe „Paradies" und „Perle" etwas distanzierter gebrauchen, doch selbst der nüchternste und sachlichste Besucher der Stadt wird sich dem Zauber dieses wundervollen, lebendigen Relikts früherer Jahrhunderte nicht entziehen können. Würde plötzlich am Hafen eine venezianische Gondel mit leibhaftigen Dogen anlegen – kaum jemand würde erstaunt das Haupt heben, sondern diese wundersame Auferstehung der Geschichte ebenso gelassen hinnehmen wie das flatternde Flügelschlagen der Tauben am Stradun.

Die ringsum begehbaren Stadtmauern, eine grandiose frühneuzeitliche Szenerie der Stadtarchitektur, die unmittelbare Meereslage und das mildeste Klima der kroatischen Adria mit teilweise subtropischer Vegetation im Umland ziehen alljährlich Hunderttausende von begeisterten Besuchern an. Dubrovnik (59.500 Einwohner) wurde 1980 komplett unter **UNESCO-Denkmalschutz** gestellt, was serbische Artilleristen im Bürgerkrieg (1991–1995) nicht von der Meinung abhielt, die Stadt gehöre unter die Meeresoberfläche. Einige Hinweistafeln erinnern an die Zerstörungen, ansonsten würde nur der aufmerksamste Beobachter noch hie und da ein paar kleine Restschäden entdecken. Seit 1996 wurde aufopferungsvolle Wiederaufbauarbeit geleistet, so dass das Kronjuwel Dalmatiens wie gewohnt im Glanz früherer Jahrhunderte erstrahlt.

Geschichte

Republik Ragusa

Die Entstehung der Stadt verliert sich im Verlauf der Geschichte, Legenden verflechten sich mit historischen Fakten, Niederschriften fehlen. Mit der Völkerwanderung und den Richtung Meer vordringenden **Slawen** des 7. Jahrhunderts beginnt die belegbare Geschichte der Stadt. Die Siedler bewohnten die kleine, heute von den Altstadtmauern umgebene **Insel Lauza (Rausa),** was **Ragusa,** den alten Namen Dubrovniks, erklärt. Fast zeitgleich (soweit nachweisbar) wurde am Fuße des Berges Srd die Siedlung **Dubrava** („Eichenwald") gegründet, was zum einen auf den einstigen Bewuchs, zum anderen auf die Herkunft des Namens Dubrovnik (seit 1918) verweist.

Beide Siedlungen schienen zu kooperieren und auch zu florieren und entwickelten sich zusammen rasch zu einer bedeutenden Seehandelsstation mit weitgehender Autonomie unter byzantinischer Oberhoheit (8. bis 10. Jahrhundert). Die folgenden drei Jahrhunderte waren von dem stetigen Streben Venedigs geprägt, die prosperierende Metropole auf der anderen Adriaseite zu kontrollieren, was aber nur zeitweilig (1205–1358) gelang. Nach dem Frieden von Zadar blieb Ragusa von 1358–1526 **unabhängige Freistadt** unter nominell kroatisch-ungarischer Oberhoheit.

In der Zeit vom 14. bis zum frühen 17. Jahrhundert erfolgten die größte Blüte und weiteste geografische Ausdehnung der **Republik Ragusa:** Die Halbinsel Pelješac, die Inseln Lastovo und Mljet und der Küstenstreifen gut 50 km nördlich und südlich von Ragusa gehörten zum freien Staatsgebiet, während Restdalmatien wie auch Cattaro (heutige serbisch-montenegrinische Küste südlich der kroatischen Grenze) an Venedig fielen. So entwickelten sich Freigeist und kulturelle Eigenständigkeit inmitten des italo-venezianisch geprägten Territoriums. Im 16. Jahrhundert gab es diplomatische Vertretungen in aller Herren Länder sowie wichtige Friedensabkommen mit den Türken, die große Teile Südosteuropas besetzten oder bedrohten.

Während aber die frühe Neuzeit eine Forcierung des interkontinentalen Seehandels (Seewege nach Amerika und Asien) für die führenden Nationen mit sich brachte, schlief der Seehandel der Republik Ragusa allmählich ein. Einhergehend mit dem finanziell belastenden Erdbeben von 1667, das weite Teile der Stadt zerstörte, kam es zu einem drastischen **Niedergang** im 17. und 18. Jahrhundert. Die Verwahrlosung und das „Lotterleben" des Adels wie auch Pest und Stadtbrände hatten schon zuvor ihr Übriges getan. Somit war die Festung Ragusa für die Truppen *Napoleon Bonapartes,* der die Republik Ragusa 1808 auflöste, leicht zu erobern. Mit seinem Abgesang (Wiener Kongress 1815) begann die Habsburger Phase, in der zwar ein früher Tourismus unter dem neuen Namen „Dubrovnik" einsetzte, Wirtschaft und Handel jedoch nach Rijeka verlagert wurden.

Nach dem Zweiten Weltkrieg und mit der Suche europäischer Reisender nach malerischen, historisch authentischen Zielen setzte im sozialistischen Jugoslawien ein **Boom** ein, der – trotz aller Malaisen während des Bürgerkrieges – bis heute ungebrochen andauert.

kro_432 Foto: wl

Die Stadt heute

Eine autofreie Altstadt, ein naher Flughafen sowie ein breites Angebot an touristischer Infrastruktur machen Dubrovnik zum **lohnenswertesten Reiseziel in Süddalmatien,** wenn nicht gar in ganz Kroatien. Busbahnhof und Fährhafen, in deren Nähe reihenweise Hotels zu finden sind, liegen 2 km außerhalb der Stadtmauern. Alle Sehenswürdigkeiten der Altstadt sind leicht zu Fuß zu erkunden. Man sollte ruhig zwei oder drei Tage für einen Besuch Dubrovniks einplanen – es gibt wirklich genug zu sehen!

Zentrale Achse der Stadt ist die **Placa,** eine breite Promenade mit Boutiquen und Cafés. Von ihr zweigen beidseitig endlose Gassen und Gässchen ab, meist treppenartig, bis zu den Wehrmauern hinauf.

Sehenswertes

In der Altstadt

Feste Dubrovnik

Außerhalb der Stadtmauern vor dem Pile-Tor steht ein Schutzfort auf einem 37 m hohen Felsen. Die Chronisten berichten, dass es um 1055 in nur drei Monaten fertig gestellt wurde. Die Festung hat zu den drei Außenseiten hin ungewöhnlich starke Mauern (4–12 m), stadtseitig dagegen sind sie nur 60 cm dick – angeblich, um den Kommandanten der Festung, der aus den Reihen der Gutsbesitzer stammte, leicht vertreiben zu können, für den Fall, dass er die Stadt zu tyrannisieren versucht hätte. Im Zweiten Weltkrieg diente das Fort als Gefängnis, heute wird es restauriert und soll ein Museum beherbergen. Für die Nachwelt steht über dem Tor: „Non bene pro toto libertas venditur auro" – Ungut ist es, für alles Geld der Welt die Freiheit zu verkaufen.

Dubrovnik

Pile-Tor

Das auch „Griechisches Tor" genannte **Stadttor** entstand im Jahr 1537 und wird von der Skulptur des Stadtheiligen, *Sv Vlaho* (ein Werk von *I. Meštrović,* siehe Glossar), geschützt. Durch eine steinerne Brücke ist es mit einer hölzernen Zugbrücke verbunden, die allabendlich gehoben wurde und das Tor im Rahmen einer farbenfrohen Zeremonie schloss. Die erste steinerne Brücke errichtete 1397 *Ivan Sinjski.* Das innere Tor ist 1460 im gotischen Stil an jener Stelle erbaut worden, an der sich das älteste Stadttor überhaupt befand.

Stadtmauer

Den Rundgang durch den alten Teil der Stadt beginnt man am besten an einer der beiden Zugbrücken. Die hier angeschlossenen hohen Mauern sind **überall begehbar,** was es in Kroatien sonst kaum gibt. Ein Mauerrundgang empfiehlt sich unbedingt. Eine Aufstiegsstelle befindet sich gleich hinter der Kirche Sv Spas, eine weitere bei Sv Ivan (beide tgl. 9–19 Uhr, 50 K). Die Wehrmauern sind 1940 m lang, an der Festlandseite sind sie 4–6 m, meerseitig 1,5–3 m dick bei einer Höhe von bis zu 25 m. Die Mauern waren mit Kanonen heimischer Waffenschmiede bestückt, etliche trugen das Reliefbild des heiligen *Vlaho (Blasius),* des städtischen Schutzpatrons. Von den Mauern genießt der Besucher ein einmaliges Panorama über die Altstadt und die Gewässer um Dubrovnik.

Die **Festung Bokar** hatte die Aufgabe, das Haupteingangstor, die Brücke und den Graben zu verteidigen. Heute finden in ihrem Ambiente die Aufführungen der **Dubrovniker Sommerspiele** statt.

Sv Spas

Der **einschiffige Renaissancebau** der Erlöserkirche nahe dem Pile-Tor wurde um 1520 von dem heimischen Baumeister *P. Andrijić* errichtet. Das Gotteshaus wird heute für Wechselausstellungen dalmatischer Maler und Skulpteure verwendet. Ihre Entstehung verdankt die Kirche einem Erdbeben aus dem Jahre 1520, als dessen Folge sie im

039da Foto: wl

selben Jahr mit Bitte um Verschonung vor künftigen Beben errichtet wurde.

Städtischer Brunnen

Der große Brunnen auf dem Vorplatz von Sv Spas, der aus einer 10 km entfernten Bergquelle gespeist wurde, ist ein Beispiel für die **frühe städtische Wasserversorgung.** Er wurde vom Architekten des Rektorenpalastes, *Onofrio della Cava,* im 15. Jahrhundert aufgestellt und ist daher auch als **Onofrio-Brunnen** bekannt.

Franziskanerkloster

An Sv Spas schließt sich eine der schönsten Klosterbauten Kroatiens an, das Franziskanerkloster aus dem Jahre 1317. Der säulenbewehrte, spätromanische untere Kreuzgang zählt zu den schönsten seiner Zeit. Das dahinter liegende **Klostermuseum** (tgl. 9–17 Uhr, 15 K) ist vor allem wegen seiner einzigartigen mittelalterlichen Klosterapotheke, einer umfangreichen Klosterbibliothek sowie wertvoller frühneuzeitlicher Stiche bekannt.

Das Pile-Tor, der Zugang zur Altstadt

Sva Klara

Als eines der ersten Institute seiner Art in Europa entstand am Ende des 13. Jahrhunderts das Frauenkloster Sva Klara, in dem **uneheliche oder ausgesetzte Kinder,** vorwiegend von Priestern, ein Heim fanden. Rund 50 uneheliche Priesterkinder jährlich waren in der Tat eine stolze fortpflanzerische Leistung; die Behauptung, es habe in der Republik Ragusa an Priesternachwuchs gemangelt, kann man daher so nicht stehen lassen ...! Die Franzosen verwendeten das Bauwerk wesentlich profaner als Munitionsdepot, die Österreicher als Stallungen. Nach dem Zweiten Weltkrieg wurde das Kloster restauriert und in ein **Einkaufszentrum mit Gastronomie** umgewandelt.

Sv Vlaho

Alljährlich am **3. Februar** erwacht die ansonsten eher ein stiefmütterliches Dasein führende Kirche Sv Vlaho am anderen Ende der Prachtpromenade Placa zu ungeahntem Leben. An jenem Tag werden **Festivitäten zu Ehren des Stadtheiligen** von Dubrovnik, *Sv Vlaho (Blasius),* abgehalten, wobei die gleichnamige Kirche als Ausgangs- und Endpunkt von Prozessionen und feierlichen Umzügen dient. Unter anderem wird die Titularfigur auf dem Hauptaltar durch die Gassen von Dubrovnik getragen. Die Kirche selbst ließ der Venezianer *M. Gropelli* zwischen 1706 und 1715 auf viereckigem Grundriss mit Kuppeldach errichten.

Rolandssäule

Die Statue vor Sv Vlaho erinnert an den **Recken Orlando (Roland)** aus dem 8. Jahrhundert, der einer Erzählung zufolge der Stadt im Kampf gegen (vermutlich arabische) Piraten heldenhaft zur Seite stand. Das Denkmal selbst entstand erst im Jahr 1418 in der Werkstatt des lokalen Meisters *A. Dubrovčanin.*

Der Stradun, Zentrum der Altstadt

Palazzo Sponza

Schräg gegenüber der Vlaho-Kirche steht das dreigeschossige **ehemalige Zollamt,** gebaut zwischen 1516 und 1522 im Übergang von der Spätgotik zur Renaissance. Mitte des 16. Jahrhunderts kamen die Münzprägeanstalt der Republik Ragusa hinzu sowie ein Kerker im Kellergeschoss. Der Palazzo Sponza zählt zu den wenigen Gebäuden der Stadt, die das Erdbeben von 1667 schadlos überstanden. Die Heiligenfigur an der Außenfassade stellt *St. Blasius* dar, den städtischen Schutzpatron.

kro_437 Foto: wl

Glockenturm

Der dalmatische Uhrmacher *L. Mihočin* fertigte um 1444 das **Uhrwerk** für den 31 m hohen Glockenturm der Stadt. Bei Feuer, Angriffen, aber auch städtischen Ratsversammlungen und Bekanntmachungen wurde geläutet. Natürlich konnte auch die Zeit abgelesen werden, ein Zeiger gab sogar die wechselnden Mondphasen an.

Sv Dominik

Das wehrhafte Bauwerk am nordwestlichen Ende der Stadtmauern entstand schon im frühen 14. Jahrhundert und war Sitz der Dominikanermönche. Im 15. Jahrhundert wurde es nach dem Bau des Ploče-Tores und der Erweiterung der Stadtmauern in die Stadtanlage einbezogen und bis ins 17. Jahrhundert erweitert und verändert. Das erklärt auch die Stilmischung aus gotischen Elementen und Merkmalen der Renaissance. Das Titularbild der ansonsten eher schmucklosen Klosterkirche erschuf der dalmatische Maler *V. Bukovac*. Die Sakristei birgt eine interessante **Sammlung von Sakralgegenständen** mit Folianten und etlichen Malereien (Eintritt 10 K).

Fort Revelin und Ploče-Tor

Mitte des 15. Jahrhunderts erwuchs die Notwendigkeit, das Nordostende der Wehrmauern zu erweitern, mit einem Stadttor (Ploče-Tor) zu versehen und mit einer Festung (Fort Revelin, 16. Jahrhundert) nebst Wassergraben abzusichern. Dahinter erstreckt sich der junge **Stadtteil Ploče** mit einigen Minimärkten und größeren Hotels, die meist über einen eigenen, ziemlich verwunschenen Treppenabgang zum Meer verfügen.

Ratspalast

Unmittelbar neben dem Uhrturm steht der relativ junge Ratspalast der österreichisch-dubroviner Räte aus dem Jahr 1862, errichtet auf den Gemäuern des 1816 bei einem Brand zerstörten ursprünglichen Ratspalastes aus dem 14. Jahrhundert. Heutzutage dient er als **Rathaus** der Stadt und beherbergt ferner ein Café und das städtische Kleinkunsttheater.

Rektorenpalast

Eine ganze Reihe herausragender Bauten lässt den Glanz früherer Tage erahnen, unter den weltlichen Bauten ragt der Rektorenpalast ganz besonders hervor. Der auch für den Bau des Onofrio-Brunnens verantwortliche neapolitanische Baumeister *Onofrio della Cava* baute den Palast mit vier Flügeln um einen Innenhof zwischen 1435 und 1451.

Der vorgestellte **Säulengang** enthält zwei interessante Denkmäler, eine Büste des *M. Pracat*, eines Kaufmanns aus Lopud, sowie eine Äskulap-Tafel, der zufolge der griechische Gott der Heilkunde aus Cavtat stammen soll.

Der Palast dient heute als **Städtisches Museum** und vermittelt einen umfassenden Eindruck aus dem Leben des Adels in den Zeiten der Republik. Im ersten Stock sind Trachten, Ansichten, Gemälde, Stadtbilder, Münzen der Republik Ragusa, Schmuck, Möbel und Waffen zu sehen.

Das Obergeschoss beherbergt die ehemaligen Wohn- und Diensträumlichkeiten des Rektors und gestattet einen vorzüglichen Einblick in das Leben und Werk der De-facto-Oberbürgermeister des alten Ragusa. Vorraum und Rokokosaal zeigen eine Galerie ehemaliger Rektoren sowie großartige, martialische Darstellungen der Türkenkriege. Daran schließt sich der Saal „Louis XVI." an mit religiösen Gemälden aus dem 18. Jahrhundert. Das Kabinett (Dienstzimmer) des Rektors birgt neben wertvollen Gemälden (u.a. „Venus und Adonis" von *P. Bordone*, „Taufe Christi" von *M. Hamzić*) ein Schmuckkästchen mit den Stadttor-Schlüsseln, welche der Rektor seinerzeit verwahrte. Der Musiksaal mit historischen Malereien und der Schlafsaal waren der Privatbereich des Rektors. Die beiden hintersten Räume dienen als Verwahrungsort von Weihgegenständen und Altartafeln sowie religiöser Gemälde aus dem 15. und 16. Jahrhundert (Pinakothek).

Mehrere Erdbeben (1667 und 1979) machten umfangreiche **Restaurierungsarbeiten** notwendig. Auch im Bürgerkrieg nahm der Palast Schaden, gehörte aber zu den am schnellsten wieder vollständig restaurierten Bauwerken der Stadt. Wegen seiner hervorragenden Akustik wird der Innenhof des Rektorenpalastes in die alljährlich im Sommer stattfindenden **Konzerte** anlässlich der Dubrovniker Festspiele einbezogen.

- **Öffnungszeiten:** tgl. 9–18 Uhr.
- **Eintritt:** 20 K, Kinder 8 K.

Marktplatz Vom Rektorenpalast sind es nur wenige Meter zum Marktplatz, seinerzeit Ort des Geschehens bei lokalen Großereignissen wie Hinrichtungen und öffentlichen Bekanntgaben. Er wird überragt vom **Denkmal** des gebürtigen Ragusers und Dichters *I. Gundulić* (1589–1638), dessen Werk die Themen Freiheitsliebe und Türkengefahr prägten.

Marienkathedrale Die Ursprünge der Kathedrale Mariä Himmelfahrt liegen im Dunkeln. Einer Legende zufolge soll der berühmte englische **König Richard Löwenherz** während seiner Rückfahrt von den Kreuzzügen vor Ragusa Schiffbruch erlitten haben. Für seine

038da Foto: wl

Rettung zeigte er sich durch eine große Spende an die Stadt erkenntlich, mit deren Hilfe im 13. Jahrhundert die Kathedrale **Sv Marija Gospa** entstanden sein soll. Beim Erdbeben von 1667 zerstört, wurde von 1673–1713 ein Neubau nach den Vorlagen der Vorgängerkathedrale vergleichsweise schlicht im italienischen Barockstil errichtet. Zentraler Kunstschatz im Inneren ist das Titularbild „Mariä Himmelfahrt" des großen Venezianers *Tiziano Vecelli* (1489–1576), genannt *Tizian*. Zur Kathedrale gehört auch die umfassendste Kirchenschatzkammer der Adria mit **Reliquien** ab dem 9. Jahrhundert, darunter die gold- und edelsteinbesetzten Hand- und Schädelreliquien des *Hl. Blasius*.

- **Öffnungszeiten:** tgl. 9–17.30 Uhr, So 11–17.30 Uhr.
- **Eintritt:** 8 K, Kinder 5 K.

Fort Sv Ivan

Von der Kathedrale, vorbei am archepresbyterischen Palast, erreicht man am äußeren Zipfel des alten Stadthafens das Fort Sv Ivan. Damals zum Schutz der alten Hafeneinfahrt errichtet, dient es heute als regionales **Schifffahrtsmuseum.** Auf zwei Etagen sind Modelle, Pläne, Bilder und Stiche aus der Zeit vom 16. bis 20. Jahrhundert zu sehen. Die Erläuterungen fallen teilweise etwas dürftig aus, viele Exponate sind allerdings auch ohne Erklärungen verständlich. Im Untergeschoss der Festung wurde ein kleines **Aquarium** mit Exponaten zur adriatischen Meeresfauna angelegt.

- **Öffnungszeiten:** tgl. 9–18 Uhr, Aquarium (gesonderter Zugang) tgl. 9–20 Uhr.
- **Eintritt:** 20 K, Kinder 8 K, Aquarium 20 K, Kinder 10 K.

Jesuitenkloster

Von der Kathedrale in die Strossmayerova hineingehend, öffnet sich nach wenigen Metern linker Hand der Vorplatz zum Jesuitenkloster. Es wurde nach dem Vorbild der römischen Jesuiten-Hauptkirche Il Gezu in den Jahren von 1699–1735 unter der Aufsicht des damals hochverehrten römischen Baumeisters *A. Pozzo* im barocken Stil errichtet. Das **einschiffige Tonnengewölbe** mit seinen bescheiden wirkenden Seitenkapellen zählt zu den beeindruckendsten Barockkirchen Südosteuropas. Leben und Werk des Ordensgründers *Ignazius von Loyola* (gründete 1534 den von Papst *Paul III.* anerkannten Orden) sind in zahlreichen Altarbildern und Fresken verewigt.

Rupe-Museum

Aus der Zeit der lange andauernden Türkenbelagerungen stammt der **Getreidespeicher Rupe;** mit seiner wasserdichten Innenbeschichtung war er für damalige Verhältnisse erstaunlich modern. Heute ist hier ein kleines ethnografisches **Agrarmuseum** mit Exponaten zu Landwirtschaft und bäuerlichem Leben untergebracht.

- **Öffnungszeiten:** Mo bis Sa 9–18 Uhr.
- **Eintritt:** 15 K.

Serbische Kirche

An der Ul. od Puča liegt eine größere orthodoxe Kirche der einst starken serbischen Bevölkerungsgruppe von Dubrovnik. Der Bürgerkrieg hat das ethnische Verhältnis recht einseitig verändert, die Kirche ist seitdem geschlossen. Vor dem Hintergrund des touristischen Interesses und dem Verfassungsauftrag der Religionsfreiheit soll dieses serbisch-orthodoxe Monument der gemeinsamen altjugoslawischen Vergangenheit wiedereröffnet werden.

Außerhalb der Altstadt

Insel Lokrum

Dem Stadtteil Ploče vorgelagert liegt die kleine Insel Lokrum mit ihren beliebten **Felsbadestränden,** an denen auch FKK-Anhänger auf ihre Kosten kommen. Sehenswert sind auf der Insel das alte **Benediktinerkloster** aus dem 11. Jahrhundert (restauriert um 1860 als Adelssommersitz) sowie der natürliche **Salzsee Mrtvo More.**

- **An-/Abfahrt:** Im Hochsommer alle 20 Minuten mit Pendelbooten ab dem alten Hafen, sonst stündlich.

Gruž und Dubrava

2 km westlich schließen sich die Bezirke Gruž und Dubrava an die Altstadt an. Hier liegen etliche moderne Hotels in parkähnlichen Anlagen sowie das **Strandbad Sumartin,** wo Einheimische wie Touristen Abkühlung vor der sengenden Hochsommersonne suchen. Die **Fährboote** zu den umliegenden Inseln fahren hier ab (vom Fährhafen, nicht zu verwechseln mit dem Altstadthafen).

Transport und Verkehr

Flugzeug

Der **Flughafen Čilipi** liegt rund 25 km südlich der Stadt; von ihm gibt es auch einige Direktflüge nach Mitteleuropa, etwa von/nach Basel, Wien, München, Frankfurt, Düsseldorf, Hannover und Stuttgart.

Auskünfte und Buchungen bei Croatia Airlines, Ul. Starčevića (am Pile-Tor), Tel. 020-413777, Fax 413993, am Flughafen unter Tel. 020-773377 und bei den örtlichen Agenturen sowie unter der zentralen Reservierungsnummer 062-777777.

Ein **Flughafen-Expressbus** der Firma Atlas verbindet Stadtzentrum und Flughafen, abgestimmt auf ein- und abfliegende Maschinen (35 K); die offiziellen Stadtbusse der Firma Libertas passieren den Flughafen ebenfalls, sind aber um ein Vielfaches langsamer und halten nur vor dem Flughafen (8–10 K).

Stadtbus

Stadtbusse (die auch alle Regionalziele bedienen) verbinden das Altstadttor (Pile) und die **wichtigsten Bezirke,** u.a. Fährpier (Linien 1, 1a, 3), den Ortsteil Lapad (Linien 5 und 6), den Fährhafen Gruž (8); am Pile-Tor fährt jedoch nicht Linie 10 (Cavtat) ab – die fährt in der Zagrebačka (10

Gehminuten). Alle Busse kosten 8–10 K (abgezählt!), alternativ sind 10er-Karten zu 80 K in Hotels und an Kiosken erhältlich. Ausnahmen sind die Linien 15 und 21 (Orebić und Ston/Pelješac), die 40 K kosten.

Die wichtigsten Linien der Stadtbusse (einschl. Vororte):
- **Nr. 1:** ACI Marina - Bbhf - Pile-Tor und zurück von 7.40- 14 Uhr 9x tgl.
- **Nr 6:** Pile-Tor - Babin Kuk 5.40–1.30 Uhr alle 15–20 Min.
- **Nr. 8:** Viktorija - Gruž und zurück von 6–0.30 Uhr alle 15–25 Min.
- **Nr. 9:** Pile-Tor - Krankenhaus und zurück von 7.20–18.30 Uhr 14x tgl.
- **Nr. 10:** Dubrovnik - Cavtat von 5.15–24 Uhr alle 30–45 Min.
- **Nr. 11:** Dubrovnik - Molunat 10, 14.20 und 20.10 Uhr.
- **Nr. 12:** Slano von 10–22.30 Uhr 6x tgl.
- **Nr. 15:** Orebić tgl. außer So 14.15 Uhr.
- **Nr. 16:** Dubrovnik - Plat 5–8x tgl.
- **Nr. 21:** Ston 10.45, 15.15 und 20.30 Uhr, So 9 und 20.30 Uhr.

Überlandbus

Anbindung besteht an alle wichtigen nationalen und internationalen Buslinien, Auskunft und Karten am Busbahnhof, Put Republike 19, Tel. 020-357088; Gepäckaufbewahrung tgl. bis 22.30 Uhr möglich. Hinweis: Alle aktuellen Fahrpläne sind unter **www.libertasdubrovnik.hr**/ zu finden.

Wichtigste Intercity-Verbindungen:
- **Metković:** 6–22 Uhr 12x tgl.
- **Ploče:** 5–21 Uhr 16x tgl.
- **Vela Luka (Korčula):** 15 Uhr
- **Makarska:** 5–21 Uhr 14x tgl.
- **Split:** 5–22 Uhr 17x tgl.
- **Sinj/Knin:** 18 Uhr
- **Imotski:** 14 Uhr
- **Trogir:** 5–17 Uhr 8x tgl.
- **Šibenik:** 5–17 Uhr 9x tgl.
- **Zadar:** 5–17 Uhr 8x tgl.
- **Rijeka:** 6.30, 8, 15.30 und 17 Uhr
- **Pula/Rovinj:** 15.30 Uhr
- **Plitvice:** 18 Uhr
- **Karlovac:** 7, 16.30, 18, 19 und 21 Uhr
- **Zagreb:** 6–22 Uhr 8x tgl.
- **Osijek:** 17.15 Uhr
- **Varaždin:** 6, 16.30 und 17.15 Uhr

Internationale Busse:
- **Sarajevo** (BiH): 8 und 15.15 Uhr, So auch 13 Uhr
- **Međugorje** (BiH): 17.15 Uhr
- **Mostar** (BiH): 8 und 15.15 Uhr, So auch 13 und 17.15 Uhr
- **Kotor, Budva, Ulcinj** (Montenegro): 10.30 Uhr, Mo, Mi und So auch 20.30 Uhr
- **Herceg-Novi** (Montenegro): 9.30, 10.30, 15.30 Uhr, Mo, Mi und Sa auch 20.30 Uhr
- **Podgorica** (Montenegro): 5.45 Uhr, Mo auch 15 Uhr
- **Triest** (Italien): 17 Uhr
- **München und Frankfurt:** Fr und So 5 Uhr

Fähre

Der **Fährpier** von Dubrovnik an der Gružska Luka liegt gut 2 km westlich der Altstadt (Tel. 020-418998 für Hafenmeisterei, Tel. 020-418000 für Jadrolinija/Fähren). Mit Gepäck empfiehlt sich daher ein Stadtbus.

Es fahren nach Koločep, Lopud, Šipan **(Elaphiten-Inseln)** vier Fähren (tgl. 9, 11, 14 und 19 Uhr, So und feiertags nur 9 und 20 Uhr), eine Personenfähre nach **Mljet und Korčula** (3x wöchentlich), Pkw-Fähren nach Mljet (1–2x tgl. ca 47 Euro/2 Pers./Pkw), zwei wöchentlich nach **Bari** (Italien); auch Griechenland und Ancona (Italien) sollen mit in die Anbindung von/nach Dubrovnik aufgenommen werden.

2x wöchentlich besteht ferner eine Eilverbindung nach **Rijeka** (mit Stopp in Sobra, Korčula, Vis, Hvar, Stari Grad, Split, Brbinj und Rab).

Die internationalen Boote wie auch die Eilfähre (Personen) sind hoffnungslos überlastet, eine rechtzeitige **Buchung** bei Jadrolinija ist unbedingt ratsam (Obala Radića 40, am Hafen, Tel. 020-418000, Mo bis Fr 7.30–13, 15–21 Uhr, Sa 7.30–13, 16–20 Uhr).

Private **Pendelboote** verbinden den alten Fährhafen mit der **Badeinsel Lokrum.**

Auto

Parken wird zunehmend zu einer Kunst! Von Norden kommend, fährt man durch den Ortsteil Gruž, von Süden oben an der Umgehungsstraße rechts durch die Unterführung direkt in den Ortsteil Pile bis zum T-Ende (dort rechts von/nach Gruž), links

Insel-Fährverbindungen Dubrovnik

Hafen	Insel	Fährart	Abfahrt/ Frequenz	Preis p.P.	PKW[1]
Koločep	Koločep	KB	10:00, 14:00, 16:15, 20:00; So/Mo 09:30 und 18:30	3,50	17,50
Lopud	Lopud	KB	10:00, 14:00, 16:15, 20:00; So/Mo 09:30 und 18:30	3,50	
Luka Šipanska	Suđurađ	KB	10:0, 14:00, 16:15, 20:00; So/Mo 09:30 und 18:30	3,50	
Luka Šipanska	Suđurađ	Trajekt	Tgl. 15:00 (Mi 15.30)	4,50	15,00
Sobra	Mljet	PAS-TR	Tgl. 15:00 (Mi. 15.30)	4,50	29,20
Rijeka	Kvarner Bucht	Trajekt	Mi 22:00, Sa 22:30	34,00	37,00-45,00
Split	Mitteldalmatien	Trajekt	Mi 22:00, Sa 22:30	17,50	20,00-26,00
Stari Grad	Hvar	Trajekt	Mi 22:00, Sa 22:30	14,50	18,00-24,00
Korčula	Korčula	Trajekt	Mi 22:00, Sa 22:30	12,00	16,00-21,00
Bari	Italien	PAS-TR	Fr und Mo 20:00	Deck 48,00-55,00	53,00-73,00

Trajekt = KFZ-Fähre, KB = Klasični Brod (bis 7,5 t),
PAS-TR = Passagierliner (Kabinen möglich) mit KFZ
[1]PKW-Preis beinhaltet den Fahrer (nur bei Trajekt!),
alle Preise in Euro (Hauptsaison ca. plus 25%)

zur Altstadt (Zagrebačka Ul., hier ist auch die Polizei und fährt Bus Nr. 10 nach Cavtat). Man sollte möglichst früh parken, unten am Pile-Tor sind Plätze rar und teuer. Am Pile-Tor beginnt meist ein Rundgang durch die Altstadt (s.o.).

Touristische Infrastruktur

Infos

●**Touristeninformation,** Ul. Starčevića 7 (am Pile-Tor gegenüber den Bushaltestellen), Tel. 020-427591, tgl. 8–16, im Sommer bis 20 Uhr, www.tzdubrovnik.hr. Filialen in der Placa (Stradun), Tel. 020-321561, tgl. 8–20 Uhr, und am Hafen Gruž, Tel. 020-417983, tgl. 8–20 Uhr.
●Gute **Webseiten** zur Region Dubrovnik sind z.B. www.dubrovnik.hr, www.visitdubrovnik.hr oder www.dubrovnik.li.

Agenturen

In der Altstadt können die folgenden Agenturen von Nutzen sein:

●**Atlas** mit gleich drei Filialen: am Pile-Tor, am Hafen und am Stradun, Tel. 020-442222, Fax 411100, atlas@atlas.hr, Mo bis Sa 8–12 und Mo bis Fr 17–19 Uhr; im August durchgehend geöffnet.
●**Perla Adriatica,** Frana Supila 2, Tel./Fax 020-422766, perla-adriatica@du.htnet.hr, 50 m hinter dem Ploče-Tor, für Scooter, Geldwechsel, Touren und Unterkunft; nebenan auch weitere Fahrzeugverleiher (Hertz, Lamo, National Car und Autoteam). Vermittelt werden €-€€€Zimmer und Apartments in unterschiedlichen Kategorien, allerdings sind im Altstadtzentrum nur wenige zu haben, die meisten liegen in den moderneren Vororten.
●Am Fährhafen liegen **Nipp-Tours,** O. Radiča 29, Tel. 020-313238, Fax 419049, nipptours@htnet.hr, und **Atlant,** O. Radiča 26, Tel. 020-419044, Fax 356150, agent@atlant.hr.

Unterkunft

Wegen der extrem hohen Übernachtungspreise empfiehlt es sich für den kostenbewussten Reisenden generell, etwa **in Cavtat** Quartier zu nehmen und per Stadtbus/Fähre Tagesausflüge in die Stadt zu unternehmen.

●An der Nordostseite der **Lapad-Halbinsel** liegt beispielsweise – mit Top-Blick zur Brücke – die €€**Vila Antea** (schräg gegenüber die Agentur Calypso).
●Die €**Jugendherberge** liegt in der V. Sagrestana 3 (10 Min. vom Überland-Busbahnhof), Tel. 020-423241, Fax 412592, dubrovnik@hfhs.hr und dubrovnik@hfhs.hr (vorher reservieren, zur Not über die Touristeninformation); 120 K/Pers. inkl. Frühstück.

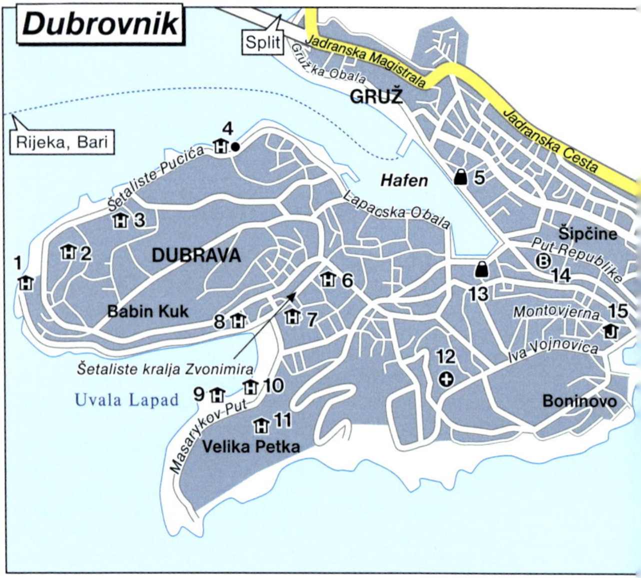

- 1 Hotel President
- 2 Hotel Argosy
- 3 Hotel Minčeta
- 4 Vila Antea und Calypso Travel
- 5 Markt
- 6 Hotel Zagreb
- 7 Hotel Sumratin
- 8 Hotel Kompas
- 9 Hotel Splendid
- 10 Hotel Vis
- 11 Hotel Adriatic
- 12 Krankenhaus
- 13 Einkaufszentrum Minčeta
- 16 Busbahnhof
- 15 Jugendherberge
- 16 Bus Nr. 10 nach Cavtat
- 17 Krankenhaus
- 18 Hotel Park
- 19 Hilton Imperial
- 20 Stadtbusse
- 21 Hotel Excelsior
- 22 Hotel Argentina
- 23 Hotel Dubrovnik

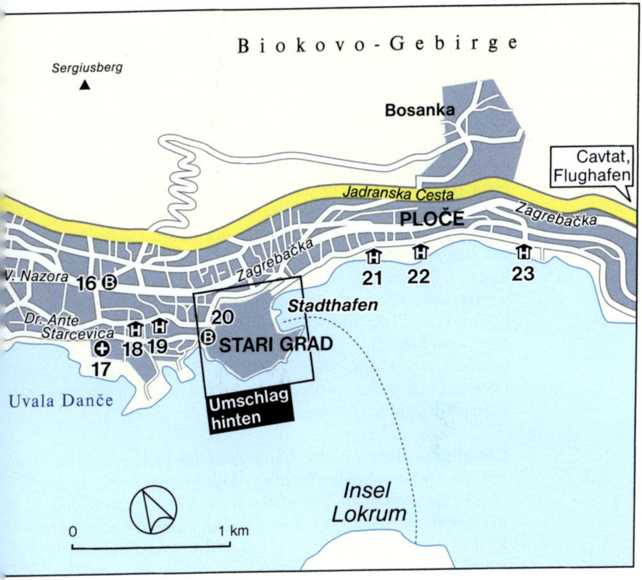

Hotelunterkünfte in Dubrovnik sind, zumindest **in Altstadtnähe, sehr teuer.** In Gehnähe zum Altstadtzentrum liegen eine Handvoll empfehlenswerter Hotels, davon drei im Bezirk Ploče:

- €€€€**Hotel Dubrovnik,** Put Vlaha Bukovca, Tel. 020-422933, Fax 423465, info@hoteldubrovnik.hr, mit eigenem Boot zum Altstadthafen und mit 135 Euro/DZ geradezu spottbillig.
- €€€€€**Argentina,** Frana Supila, Tel. 020-440555, Fax 432524, sales@hoteli-argentina.hr.
- Zum Argentina gehören auch die benachbarte, stilvolle €€€€€**Vila Orsula,** Tel. 020-440555, Fax 432524, sales@hoteli-argentina.hr, und das €€€€€**Hotel Excelsior,** Tel. 020-414222, Fax 414214, info@hotel-excelsior.hr. Ach ja: In diesen Häusern kosten DZ ab 260 Euro, es können leicht über 400 Euro werden (nein, pro Nacht, nicht pro Woche ...).
- €€€€**Hilton Imperial,** das ehemalige Imperial wurde von der Hilton-Gruppe übernommen und zum luxuriösen Tophotel umgestaltet. Warme Erdtöne und Marmordekors in den komfortablen Zimmern und Suiten, alle Annehmlichkeiten: Fitnessanlage, Pool, Kinderbetreuung, Business-Center mit modernster Ausstattung usw. Das Schöne an

diesem Luxus ist zudem die famose Lage unmittelbar an der Altstadt (nahe Pile-Tor) mit beeindruckenden Aussichten über die Dächer von Dubrovnik. Die Preise p.P. im DZ (Ü/F) beginnen bei 96 Euro und steigern sich je nach Zimmerart auf bis zu 225 Euro in der Nebensaison. Anschrift und Buchung: Marijana Blažica 1, Dubrovnik, Tel. 020-020320, Fax 320220, sales.dubrovnik@hilton.com.

- Preiswert in Altstadtnähe unterzukommen ist gar nicht so einfach, da nur die sehr wenigen teuren Tophotels unmittelbar an der Altstadt bauen durften. Eine Ausnahme bildet die €€**Ferienwohnung Panorama** in ruhiger Lage direkt vor der Altstadt. Die Wohnung bietet max. 4 Personen Platz (1 Schlafraum plus Schlafcouch im Wohnzimmer), verfügt über Klimaanlage und eine komplett eingerichtete Küche. Das Schönste kommt zum Schluss: der Balkon, von dem eine herrliche Sicht auf Altstadt und Mittelmeer genossen werden kann. Sredni kono 12, Tel./Fax 020-411372, info@panorama-dubrovnik.net. Das Objekt kostet 65–110 Euro pro Tag je nach Saison.

Günstigere Hotels findet man im Bereich Dubrava/Gruž, und zwar in den beiden Straßen Masarykov Put und Šetalište Kralja Zvonimira. Die ersten drei Hotels unten liegen in einer dicht besiedelten Sackgasse der Lapad-Bucht, der Rest in einem zersiedelten Abschnitt rund um die Nordspitze Babin Kuk – teilweise mit Blick auf die neue Brücke. Stadtbus Nr. 5 ist an diese Hotels angebunden, in denen auch die meisten Tourgruppen untergebracht werden.

- €€€**Hotel Vis,** Masarykov Put 2, Tel./Fax 020-437303, www.hotelimaestral.com, DZ 60–75 Euro.
- €€**Hotel Adriatic,** Masarykov Put 5, Tel./Fax 020-437302, www.hotelimaestral.com, DZ zwischen 60 und 80 Euro.
- €€€**Hotel Splendid,** Masarykov Put 6, Tel./Fax 020-437304, sales-splendid@hotelimaestral.com, DZ etwa 80 Euro.
- €€€**Hotel Zagreb,** Šetalište Kralja Zvonimira 31, Tel. 020-436146, Fax 436006, hot-sumratin@du.hinet.hr, DZ 60–100 Euro.
- Als preiswerte Alternative zu den größeren Hotels bietet sich das kleine €€**Familienhotel Sumratin** an. Die 44 Zimmer sind einfach und funktional mit Telefon und Duschbad ausgestattet. Frühstück und Abendessen werden im angenehmen Gartenrestaurant serviert, zur Altstadt sind es etwa 4 km, zum Meer etwa 250 m. Die Preise für Halbpension variieren zwischen 35 und 50 Euro/Pers. je nach Saison. Šetalište Kralja Zvonimira 31, Tel. 385-20436333, Fax 436006, hot-sumratin@du.htnet.hr.
- €€€**Grand Hotel Park,** Šetalište Kralja Zvonimira 39, Tel. 020-434444, Fax 434885, hotel@grandhotel-park.hr, DZ ab 60 Euro, im August 110 Euro.

040da Foto: wl

• Als sehr ordentliches Hotel der Mittelklasse bietet das €€€**Hotel Kompas** u.a. DZ mit Balkon und Meerblick, Meerwasserpool, Meerwasserhallenbad und Sat-TV. Sehr beliebt ist das umfangreiche Frühstücksbüfett; am 50 m entfernten Kiesstrand (zur Altstadt ca. 4 km; Stadtbus) werden u.a. Wasserski, Paddel- und Ruderboote, Windsurfen, Segeln angeboten. Preislich liegt das Kompas zwischen 35 und 53 Euro p.P. im DZ inkl. Frühstück. Zu buchen unter Šetaliste Kralja Zvonimira 56, Dubrovnik-Dubrava, Tel. 020-352000, Fax 435877, www.hotel-kompas.hr oder www.kroatien-adrialin.de.

• Daneben sind noch drei Häuser erwähnenswert; einmal das €€€€**Luxushotel President,** mit Hallenbad, Tennis und Minigolf, Dulčića 39, Tel. 020-441100, Fax 435600, president@babinkuk.com, DZ 180–240 Euro. Das Gelände wird weiter erschlossen; aktuelle Neubauten sind die **Hotels** €€€**Minčeta,** Tel. 020-447100, Fax 447603, minceta@

Die Altstadt vom Ortsteil Ploče aus gesehen

babinkuk.com, und das €€€**Argosy,** eines der zahlreichen neuen Hotels im Ortsteil Dubrava, welches auch für Familien interessant ist. Es liegt nett und ruhig, wenn auch nicht unmittelbar am Meer. Die modernen DZ verfügen über AC, Sat-TV, Minibar und Fön, im Außenbereich findet man Pool und Kinderbecken, zum Kiesstrand sind es ca. 150 m. DZ (inkl. Frühstück) kosten je nach Saison und Zimmerart (Balkon und Meerblick) zwischen 85 und 150 Euro. Iva Dulcica 41 (ca. 4 km zur Altstadt; Stadtbus), Tel. 020-446100, Fax 435578, sales.department@babinkuk.com.

Camping

- In Dubrovnik selbst bzw. auf der Lapad-Halbinsel mussten alle Camps mehr oder weniger gelungenen Hotelresidenzen weichen. Es empfehlen sich – da im Stadtbusbereich gelegen – die Camps **südlich von Dubrovnik** (siehe Cavtat).
- 15 km **nördlich** liegt in Trsteno das €€**Trsteno,** Tel. 020-751060, Fax 751010.
- In **Orašac,** ca. 10 km **nördlich** von Dubrovnik, befindet sich das €€€**AC Rudine,** Tel. 020-891228, Fax 891039.

Essen & Trinken

Dubrovnik als das Herz Süddalmatiens bietet ein **breites gastronomisches Angebot** von der einfachen Pizzeria bis zum Feinschmeckerlokal. Gerade in den verwinkelten Altstadtgassen entdeckt jeder bald seinen eigenen Favoriten; an dieser Stelle ein paar Empfehlungen:

Einfache bis mittlere Preisklasse:

- In den Altstadtgassen bei der serbisch-orthodoxen Kirche liegen mehrere einfache Pizzerien sowie das **Selbstbedienungslokal Express** mit Salatbar oder die gute **Pizzeria Barracuda.**
- Im **Mea Culpa** (Široka Ulica bis zum Ende, dann rechts) sind die Portionen qualitativ und quantitativ überragend (Spezialität ist Käselasagne)!
- Mehrere einfache, aber gute Fischlokale liegen **am Gundulić-Platz,** vor allem das gleichnamige Lokal unmittelbar am Platz mit Sitzbänken draußen ist zu nennen.
- Gutbürgerliche und mittelpreisige Lokalgerichte werden im **Dalmacija Grill** in der Gružka Obala (nahe Fährhafen) serviert.

Mittlere und gehobene Preisklasse:

- Im gehobeneren Preissegment ist in der Altstadt insbesondere das **Ragusa 2** in der Zamanjina 12 für dalmatische Spezialitäten zu nennen.
- Inmitten der Altstadt findet der Reisende die **Konoba Amoret** mit typischen und rustikalen Spezialitäten der Region wie *Pršut* (Schinkenplatte), Käse, Muscheln und Fischgerichten, aber auch reichhaltigen und leckeren Fleischplatten. Als ganz besondere Spezialität gilt der Hausma-

cher-Kuchen *Rozata*. Od pustjere (neben der Kathedrale), Tel. 020-422644.

- Das mehrfach prämierte **Maestoso 2** beim Altstadtzugang mit traumhaftem Blick auf den Altstadthafen kredenzt seit über 20 Jahren vorzügliche Spezialitäten wie schwarzen Risotto oder gefüllte Kalbsschnitzel, aber auch exquisite frische Meeresfrüchte. Vegetarische Küche oder Schweden-Büfetts stehen ebenso im Angebot wie kroatische Spitzenweine. Geöffnet tgl. 10–1 Uhr, am Ploče-Tor, Tel. 020-420986.
- Im Ortsteil Lapad/Babin Kuk bewährt sich seit Jahren das **Restaurant Komin** mit Spezialitäten von Lamm und Kalb unter der Metallglocke gebacken. Die Kuchen sind hausgemacht, das Interieur bäuerlich-rustikal, es wird in dalmatischer Tracht serviert. Ortsteil Babin Kuk, Ul. Iva Dulcica (nahe Hotel President), Tel. 020-448613.
- Außerhalb der Altstadt, an der Stadtbus-Haltestelle (hinter der Feste Lavrijenac), liegt das **Terrassenlokal Nautica** (Brsalje 3, Tel. 020-442526, Reservierung empfohlen); das Restaurant in Altstadtnähe ist berühmt für ausgezeichnete Weine und Fischgerichte.

Aktivitäten

- **Schwimmen** ist nicht überall möglich; einige brauchbare Stellen finden sich unterhalb der Hotels im Bezirk Ploče sowie im Bereich der **Lapad-Bucht.** Exzellente Bademöglichkeiten, auch FKK, sind auf der **Badeinsel Lokrum** gegeben (Transfer ab Altstadthafen).
- **Tauchen: Navis,** Tel. (mobil) 99-502773, navis@du.htnet.hr.
- **Ausflüge** bieten sich über die örtlichen Agenturen zu den Elaphiten-Inseln, den großen Inseln und aufs Festland an, etwa Molunat (280 K), Međugorje (BiH, 200 K) oder Korčula (220 K).

Nightlife

- Abendunterhaltung bieten die zahlreichen hoteleigenen **Nachtclubs,** der Nobelschuppen beim Nautica-Restaurant sowie die **Discos Alkatraz** und **Arsenal** im Bezirk Pile westlich der Altstadt.
- Unmittelbar am Pile-Tor lockt die erste australische **Bar** Kroatiens, **Bila Bong,** Tel. 020-311777, mit Kuriosem vom fünften Kontinent.
- Das städtische **Spielcasino** (im Hotel Imperial) sorgt für allerlei Lust und Frust bei seinen Besuchern – Abendkleidung erwünscht!
- Wer im Juli/August in Dubrovnik sein sollte, kann bei den Reiseagenturen einen kostenlosen Plan der Veranstaltungen im Rahmen der **Dubrovniker Sommerspiele** erhalten – Musikkonzerte und folkloristische Darbietungen in traditionellen Kostümen stehen dabei im Mittelpunkt, aber auch internationale Interpreten gastieren gelegentlich zu diesem Anlass.

Sonstiges

!

- In den Bezirken Gruž/Dubrava bietet sich für Selbstverpfleger der **Minimarkt** am Busbahnhof sowie der **Markt** mit Fischmarkt gegenüber vom Fährhafen an.
- **Post:** Ul. Starčevića 1, Mo bis Fr 8–20, Sa bis 17 Uhr. Briefmarken verkaufen alle Ansichtskartenhändler.
- **Bank:** etliche Banken in der Altstadt (am Stradun, mit EC-Automaten) sowie am Fährhafen.
- **Apotheken** finden sich am Stradun sowie am Fährhafen.
- **Krankenhaus:** Dr. Sercera 1/Ecke Maršala Tita, Tel. 020-431777, sowie im Ortsteil Lapad (Bus 9 bis Bolnica/Krankenhaus).
- **Hafenmeisterei:** Obala Radiča 75 (am Fährhafen), Tel. 020-418998.
- **Marina:** ACI Marina Mokošica-Dubrovnik, Tel. 020-455020, Fax 455022.

041da Foto: wl

Elaphiten-Inseln

30 Inseln

Eines der beliebtesten **Ausflugsziele per Boot von Dubrovnik** aus sind die unmittelbar vorgelagerten Elaphiten, eine kleine Inselgruppe, bestehend aus 30 Inselchen und Felsen mit einer Gesamtfläche von rund **30 km². Nur drei** davon – **Koločep, Lopud und Šipan** – sind **bewohnt** und für Besucher per Fährboot, meist als Tagesausflug, erreichbar. Berühmt sind alle Inseln gleichermaßen für ihre ganzjährig blühende **subtropische Vegetation,** ihre Blumenpracht in den Siedlungen und die **malerischen Strände** mit kristallklarem Wasser.

Schon zu griechischer Zeit besiedelt (*elaphos* = Rotwild), zeugen Reste römischer Villen von einer ununterbrochenen Nutzung der Inseln. Ab dem 11. Jahrhundert fielen die drei großen Inseln an Ragusa; für Koločep, Lopud und Šipan wurde jeweils sogar ein eigener Rektor gewählt. Mit dem Niedergang der Republik verschwanden die Elaphiten von der politischen Landkarte, erst durch den **Tourismus** der 1980er und 1990er Jahre, unterbrochen von dem für die Inseln folgenlosen Bürgerkrieg, wurden Koločep, Lopud und Šipan wieder aus ihrem Dornröschenschlaf erweckt. Eine bescheidene Landwirtschaft und vor allem der wiedererwachende Fremdenverkehr bilden die Haupterwerbsquellen der Bewohner.

Transport & Verkehr

In der Hauptsaison fahren **ab Dubrovnik** 4x tgl. (So/Feiertag nur 2x tgl.) **Personenfähren** (50 K/Pers. ab Dubrovnik-Gruz) nach Koločep, Lopud und Šipan (hier werden die Orte Luka Šipanska und Sugjuraj angefahren).

Koločep

Angelegt wird in **Donje Selo,** dem Hauptort der nur **2,5 km²** kleinen und von 150 Personen besiedelten Insel (im 15. Jahrhundert waren es noch über 2000 Einwohner). Sehenswürdigkeiten sind rar, lediglich die Reste eines Wehrkastells aus dem 16. Jahrhundert sowie zwei kleine Kirchen aus dem 14. und 17. Jahrhundert mögen erkundenswert sein. Kaum vorstellbar, dass es in **Gornje Selo,** der zweiten Inselsiedlung, im 15. Jahrhundert eine Werft gegeben haben soll, und eine inseleigene Handelsflotte von fast 70 Schiffen (!) in Donje Selo vor Anker lag.

Hauptattraktion sind die **Bademöglichkeiten,** Fußpfade führen zur steilen Südseite mit Kiesstrand hinunter. Die Insel ist leicht per pedes zu erkunden (Betonpfade), von den höchsten Erhebungen (126 m) ist die Rundumsicht grandios.

Wichtiges

!

- In Donje Selo sind ein **Minimarkt** und die **Dorfpost** die einzigen Einrichtungen.
- Ansonsten ist man auf die **Gostionica Vila Ruža** und die Unterkunft €€€**Vila Koločep,** Tel. 020-754025, Fax 757027, hoteli-kolocep@du.htnet.hr, mit Tennisplatz und Süßwasserpool angewiesen.

Lopud

Einzige Siedlung der **5 km²** großen Insel ist Lopud (ca. 390 Einwohner). Das Dorf gilt als das „blühendste" der Elaphiten-Inseln – etliche Quellen fördern den Pflanzenwuchs. Einige Orden und Kirchen nahmen die **Fruchtbarkeit** Lopuds zum Anlass, zahlreiche Klöster, Gotteshäuser und Wehranlagen zu errichten – rund 30 zeugen noch heute von der Beliebtheit der Insel.

Ziemlich gruselig mutet das weithin sichtbare **Franziskanerkloster** oberhalb der Hafeneinfahrt an. Es wurde im 16. Jahrhundert im Stil der Spätgotik/Frührenaissance errichtet, aber in der napoleonischen Phase (1808) verlassen. Seine Kirche mit dem 32 m hohen Campanile dient dem Ort heute als Pfarrkirche (Sv Marija od Špilice). Eine Betrachtung wert ist darin das Polyptychon mit neun handgeschnitzten Heiligenfiguren.

Oberhalb der östlichen Inselseite ist noch die sehenswerte Kreuzzugskapelle Gospa od Šunja (11. Jahrhundert) erhalten. Zahllose weitere **Kapellen und Kirchenruinen** liegen über die Insel verstreut. Auch die Reste der hoch gelegenen **Spanischen Festung** sind gut auf Spazierwegen erreichbar.

Strände befinden sich unmittelbar am Ort beim Hotel Lafodia und in der Šunj-Bucht auf der Ostseite der Insel (hervorragender Sandstrand). Auch Nacktbaden ist erlaubt.

Wichtiges

- Informationen, Privatzimmer und Ausflüge bei der **Agentur Atlas** am Kai, Tel. 020-759015.
- **Post, Minimarkt und Markt** im Zentrum.
- €€€**Hotel Lafodia,** Tel. 020-759022, Fax 759026, hotel.lafodia@du.htnet.hr.

Šipan

Šipan ist mit **16,5 km²** die größte Elaphiten-Insel (ca. 500 Einwohner). Die Hauptorte sind Luka Šipanska und Suđuraj, beide sind per Fähre an Dubrovnik angebunden. Ähnlich wie auf Koločep leben auch die Bewohner Šipans von Landwirtschaft und Fischfang sowie seit neuestem ein wenig vom Tourismus.

In **Luka Šipanska** stehen der ehemalige Rektorenpalast sowie eine Pfarrkirche aus dem 16. Jahrhundert. Baden ist am Kiesstrand auf der Südseite der Bucht möglich. Der einzige Hauptweg führt zu dem etwa 4,5 km entfernten **Suđuraj,** auch Sudjuraj geschrieben. Außer einer Dorfschenke, einigen Vermietern von Privatzimmern und der Anlegestelle sind noch zwei Kapellen aus dem 13. und 16. Jahrhundert sowie mit Wehrtürmen versehene ehemalige Adelshäuser zu erwähnen.

Unterkunft

- Unterkunft bietet in Luka Šipanska das €€€**Hotel Šipan,** Tel. 020-758000, Fax 758004, hotel-sipan@mail.inet.hr, DZ 80–90 Euro, Verleih von Booten und Rädern, auch ein paar Privatzimmer (Schilder „Sobe") werden vermietet.

218sd08 Foto: wl

Südlich von Dubrovnik

Die Riviera von Dubrovnik

Kleine Buchten und Orte

6 km südlich von Dubrovnik erstreckt sich ein halbes Dutzend kleiner Buchten und Orte (von Nord nach Süd: **Kupari, Srebreno, Mlini, Soline** und **Plat**), die zusammen als Riviera von Dubrovnik bezeichnet werden und mittlerweile touristisch so gut erschlossen sind (Stadtbus- wie auch Bootsverbindungen mit Dubrovnik), dass sie eine beliebte Alternative zu den Unterkünften in Dubrovnik-Lapad wurden.

Bild auf den Seiten zuvor: Cavtat

Transport & Verkehr

Busse: Insgesamt ca. 25x tgl. oben an der Hauptstraße mit den Stadtbussen 10 (siehe Cavtat) und 16 (10x tgl. bis Srebreno, nur 3x tgl. bis Plat; Details siehe bei Dubrovnik).

Fährboote nach Dubrovnik oder Cavtat: direkt am Pier (80 K) bzw. über die Agentur Vivado.

Allgemeines findet man auf der Internetseite **www.tzcavtat-konavle.hr.**

Agenturen

- Zimmer und Apartments vermitteln die **Agenturen T&T,** Tel. 020-487210, S-Piona, Tel. 020-485611, travel@spiona.hr, und **Vivado,** Tel. 020-486471, vivado@du.htnet.hr, alle

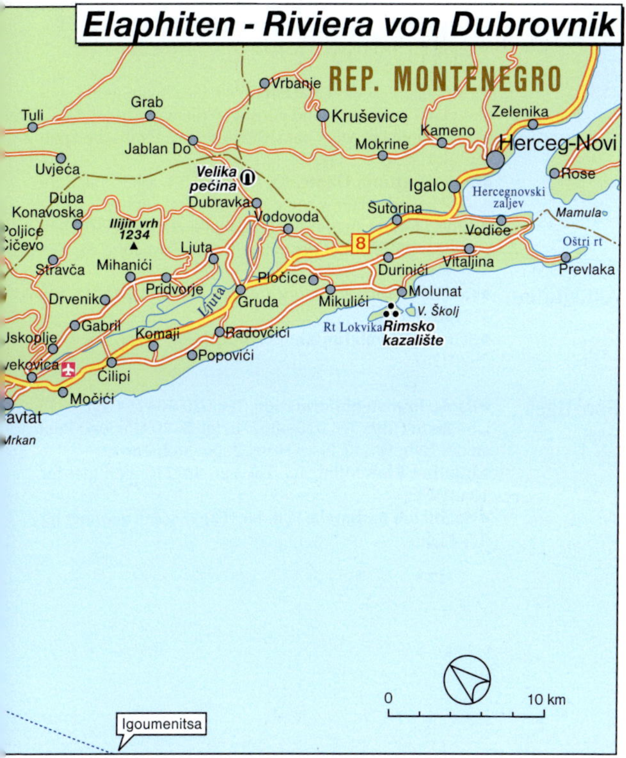

am Šetalište Marka Marojice in Mlini, oder die **Touristeninformation Srebreno.**

Unterkunft

- Die beliebte €€**Aparthotelanlage Orphee** (Plat) kann man unter Tel. 020-488744, Fax 488620, hoteli-plat@du.t-com.hr, buchen.
- Weitere Hotelanlagen sind das €€€**Astarea,** Tel. 020-484066, Fax 486362, hoteli-mlini@du.t-com.hr, und das €€**Mlini,** Tel. 020-486222, Fax 486053, hoteli-mlini@du.t-com.hr, beide im Bezirk Mlini.

Camping

- €€**AC Kate,** Mlini, Tel. 020-487006.
- €€**AC Porto,** Srebreno, Tel. 020-487078, Fax 487079.
- €**AC Matkovica,** Srebreno, Tel. 020-486096.
- €**AC Laguna,** Plat, Tel. 020-488960.
- €**AC Paradiso,** Plat, Tel. 020-488980.

Essen & Trinken

Auch wenn die meisten Urlauber abends nach Dubrovnik fahren, so bietet die Riviera von Dubrovnik doch einige feine (und preiswertere) Alternativen.

- Sehr beliebt ist das **Café Porto** (am gleichnamigen) Campingplatz) mit Snacks und günstigen Kleinigkeiten.
- Das **Mlinica** in Mlini hat sich auf rein vegetarische Speisen spezialisiert.
- In der **Trattoria Dante,** M. Marojice 34, Mlini, Tel. 020-486575, wird italienisch und dalmatisch gekocht.
- **Župski Komin,** Trgovište 15, Mlini, Tel. 020-486330, zieht vowiegend Anhänger der dalmatischen Kost an.

Aktivitäten

- **Tauchen: Solaris Diving Center,** Tel. 098-243141, Fax 313106, in Plat.
- **Scooter-Vermietung** in der Bucht von Mlini, Tel. 091-2520134.

Sonstiges

- **Bank, Touristeninformation,** Tel. 020-486254, tgl. 8–15 Uhr, **Erste Hilfe,** Tel. 020-486278, tgl. 8–20 Uhr, und **Post** an der Hauptstraße beim Hotel Župa (Srebreno).
- **Internet Klub Mlini,** Tel./Fax 020-487210, geöffnet tgl. 10–21 Uhr.
- **Nachtklub Barbarela,** Plat, Tel. 020-488660, geöffnet tgl. 22–4 Uhr.

Cavtat

Beliebter Ferienort

Noch vor wenigen Jahren kaum mehr als ein Fleck auf der Landkarte, hat sich Cavtat (6200 Einwohner) durch die **Fähr- und Busanbindung an Dubrovnik** zu einem beliebten Ferienort gemausert. Im 4. Jahrhundert v. Chr. war Cavtat als das griechisch besiedelte Epidauros bekannt, was von den Römern übernommen wurde. Zerstört von Erdbeben und vordringenden Slawen in der Völkerwanderungszeit (7. Jahrhundert), flohen die Bewohner nach Dubrovnik, der Ort geriet in Vergessenheit. Als die Republik Ragusa Süddalmatien kontrollierte, bauten wohlhabende Kaufleute an der Stelle des einstigen Epidauros ein neues Städtchen auf, das im Schatten der großen Mutterstadt auch touristisch ein eher stiefmütterliches Dasein führte. Das **Hinterland** Richtung bosnische und montenegrinische Grenze ist außerordentlich fruchtbar (Gemüse, Obst, Feigen, Oliven), was sich durch Bewässerungssysteme, die noch aus griechisch-römischer Zeit stammen sollen, erklärt.

Sehenswertes

Es lohnt ein **Bummel auf der Uferpromenade** am Boots- und Jachthafen. Hier steht auch das **Stadtmuseum** (ehemaliger Rektorenpalast, errichtet Mitte des 16. Jahrhunderts), in dem eine numismatische Kollektion sowie Malereien und Grafiken aus dem 18. Jahrhundert zu sehen sind.

Die benachbarte **Pfarrkirche Sv Nikola** entstand im 17. Jahrhundert. Am Beginn des Fußweges am Hotel Supetar liegt ein kleines **Strandbad** mit Süßwasserduschen (kostenlos), ein Stückchen weiter finden sich ebenfalls mehrere gute Bademöglichkeiten. Der **Fußweg** führt um die Cavtat-Halbinsel herum (ca. 20 Min.) zurück zum Zentrum – ein sehr schöner Spaziergang.

Transport & Verkehr

Bus Nr. 10 von/nach **Dubrovnik** (ca. 12x tgl.); Nr. 11 (3x tgl.) von/nach **Molunat,** jeweils 10 K (am Parkplatz vor der Fußgängerzone).

Dubrovnik-Boot: 6x tgl. ab Hotel Albatros bzw. Hafen Cavtat (Tel. 020-471213) oder über die Agenturen (Rückfahrkarte 70 K).

Auto: Unmittelbar hinter der örtlichen Touristeninformation an der Jadranska Magistrale biegt man rechts ab nach Cavtat. Ab Ortseingang führt die Hauptstraße als S. Radiča in Windungen hinunter bis zum Ufer – hier rechts zum Parkplatzbereich abbiegen (geradeaus gesperrt). Genau an dieser Stelle fahren auch die Busse von/nach Dubrovnik, liegen die Agenturen, Markt, Bank, Post, Minimarkt, Bäckerei usw.

Infos

- Die offizielle **Touristeninformation** findet man an der Jadranska Magistrale unmittelbar an der Abzweigung nach Cavtat (tgl. 8–15 Uhr, Mai bis Sept. bis 20 Uhr geöffnet; Tel. 020-479025, Fax 478025, www.tzcavtat-konavle.hr).

Agenturen

Im Ort selbst liegen unmittelbar am Beginn der Fußgängerzone mehrere Agenturen; alle bieten Bus- und Fährboottickets, Fahrzeugverleih (Pkw, Scooter), Unterkunft, Ausflüge (auch Mostar, Montenegro, Kanutouren etc.), Bootsverleih usw.

kro_441 Foto: wl

- **Atlas,** Tel. 020-478464, Fax 479031, atlas.cavtat@atlas.hr.
- **Adriatica,** Tel./Fax 020-478713, adriatica@du.htnet.hr.
- **Fenomen,** Tel. 020-478212.

Unterkunft

- Zimmer bekommt man über die Agenturen, wobei man es bei einigen am Ortseingang auch direkt versuchen kann: Vor dem ersten Minimarkt rechts in die J. Kosora hinein befinden sich gleich mehrere Ferienwohnungen-Anbieter, z.B. Nr. 5, €**Vila Niki,** Pero Butijer, Tel. 020-478388, oder gegenüber €**Vila Bela Vista** und **Vila Markoc.** An der Hauptstraße weiter, kurz vor der Serpentine, zweigt hinter einem Minimarkt ein Asphaltweg nach links ab: Hier liegt die €€**Vila Rakočić** mit tollem Ausblick und schwarzen albanischen Nobelkarossen an den Wochenenden vor der Tür. An der Straße gegenüber sind ebenfalls €Zimmer unter Tel. 020-478681 zu haben.
- Das sagenhafte €€€€**Hotel Croatia,** Frankopanska 10, Tel. 020-475555, Fax 478213, info@hoteli-croatia.hr, bietet allen erdenklichen Luxus in toller Lage.
- Die Iberostar-Kette hat gleich drei Häuser eröffnet, €€€€**Iberostar-Albatros,** Tel. 020-471333, Fax 471293, €€€**Iberostar-Cavtat,** Tel. 020-478246, Fax 478651, und €€€**Iberostar-Epidaurus,** Tel. 020-471444, Fax 471 340, alle drei auch unter www.iberostar.com, wobei das Epidaurus mit einem All-inclusive-Angebot von 152 Euro/DZ den besten Preis bietet.
- Das €€**Hotel Supetar,** Obala Radiča, Tel. 020-479833, Fax 479858, www.hoteli-croatia.hr/supetar, beginnt in der Nebensaison mit seinen DZ-Preisen bei 50 Euro.

Essen & Trinken

- Sehr gut und nicht zu teuer isst man in der **Konoba Konavuka** am Ufer nahe dem Hotel Supetar (Achtung: Nicht mit der mäßigen Pizzeria davor verwechseln!).
- Das **Dalmatia** neben dem Bäcker ringt mit der benachbarten Konkurrenz bislang erfolgreich um den Ruf als bestes Restaurant von Cavtat.

Aktivitäten

- **Panorama Flights,** Tel. 020-478674, hat **Rundflüge** über die Elaphiten, Dubrovnik und Cavtat im Programm; 30 Min. kosten 45 Euro.
- **Tauchen: Epidaurum** (am Epidaurus-Hotel), Tel. 020-471444.

Sonstiges

- Selbstversorger finden im örtlichen **Minimarkt,** auf dem **Markt** gegenüber oder beim **Bäcker** (mit warmen Teilchen, Burek usw.) alles Notwendige.

Cavtat hat sich zu einem beliebten Ferienort entwickelt

Molunat und die Prevlaka-Halbinsel

Kaum Touristen

Kurz hinter dem Flughafen Čilipi an der E 80 zweigt eine interessante **Nebenstrecke** nach Molunat (18 km) ab. Mehrere landwirtschaftliche Weiler und eine **beinahe ausgestorbene Gegend** stehen in wohltuendem Kontrast zu den größeren Urlaubszentren Dalmatiens. Rund um die kleine Bucht von Molunat entwickelt sich der Tourismus relativ langsam, nicht zuletzt durch die 3 km Luftlinie entfernte Grenze. Die bescheidene, aber ausreichende touristische Infrastruktur sowie kleinere Sandbuchten ziehen vor allem Reisende aus Tschechien an. Der Ort selbst ist winzig und überschaubar, hinter der Ortseinfahrt hält man sich links (Einbahnstraße) zu den Camps, am Kiosk führt eine Straße links zurück zur Zufahrtsstraße – die Uferstraße selbst ist eine Sackgasse.

Wer von Molunat über Gornji Kraj auf engen, verwunschenen Sträßchen nach Osten fährt, kann unvermittelt über die **grüne Grenze nach Montenegro** rutschen – alte Bunker und Grenzzäune sind stumme Zeugen vergangener Zeiten!

Unterkunft, Camping

Es kommt vor, dass nach Molunat einfahrende Fahrzeuge angehalten werden, um Unterkunft anzubieten – Ansehen kostet nichts!

- **Vier kleine Camps** säumen die Bucht von Molunat: €**Adriatic I,** Tel. 020-796585, €**Adriatic II,** Tel. 020-794450, €**Marinero,** Tel. 020-794425, €**Monika,** Tel./Fax 020-794417.
- Ansonsten liegen am Ufersträßchen die €€**Vila Ana,** €€**Vidak Apartments** (am Camp Marinero) sowie private €**Ferienwohnungen,** die unter Tel. 020-794460 oder bei €€**Komaić** am Ende des Weges, Tel. 020-794404, angeboten werden.

Segler vor der süddalmatischen Küste

Sonstiges

!

- **Busse** 11 und 27 (Gornji Kraj) nach **Dubrovnik** (3x bzw. 2x tgl.).
- Am截 Ufersträßchen liegen mehrere einfache **Restaurants,** eine **Post,** ein **Kiosk** sowie ein **Minimarkt.**
- **Tauchen: Basis Molunat-Prevlaka,** Tel. 020-794352, tschechisch-kroatische Basis.

227sd08 Foto: wl

043da Foto: wl

Ausflug nach Mostar

(Bosnien-Herzegowina)

Bosnien-Herzegowina im Überblick

Bürgerkrieg

Wer in Süddalmatien unterwegs ist, für den bietet sich ein zum Teil abenteuerlicher, aber lohnender **Ausflug in die „Schluchten des Balkan“** an: nach Mostar, ins bosnisch-kroatische Zentrum von Bosnien-Herzegowina. Die durch die starke Präsenz von **EU-Truppen stabilisierte Lage** in dem sichtbar unter den Folgen des Bürgerkriegs leidenden Land erlaubt es heute, einen Abstecher nach Mostar gefahrlos durchzuführen. Die Hauptgefahr in Bosnien sind **Minen,** die während des Bürgerkriegs in unbekannter Zahl an unbekannte Plätze verbracht wurden (man schätzt 30.000 Minenfelder/-fallen allein in Bosnien-Herzegowina!). Noch längst nicht alle wurden bislang beseitigt – Minenräumung gehört noch immer zu den Hauptaufgaben der Schutztruppen. Die wichtigen Straßen und Orte sind aber allesamt minenfrei, vor dem Verlassen der Straßen sei aber dennoch eindringlich gewarnt! Minenfelder sind meist mit Trassierband und englischsprachigen Warnzeichen gekennzeichnet.

Anreise

Die Anreise erfolgt über den kroatischen Grenzort **Metković** oder, wenn man von nördlicheren Gegenden in Dalmatien kommt (z.B. Split), über Imotski nach Posušje. Es gibt noch etliche andere, kleine Übergänge, die aber teils über bergige Serpentinen und schlecht beschilderte Nebenstrecken führen. Der Besuch von Mostar ist inklusive Buna-Quellen durchaus als **Tagesausflug** möglich; die Fahrtzeit ab Ploče beträgt ca. 1½ Stunden (an Wochenenden starker Grenzverkehr). Die **Einreisebestimmungen** entsprechen denen für Kroatien (siehe „Reisetipps A–Z/Ein- und Ausreisebestimmungen“), allerdings werden hier der Reisepass und die „Grüne Kfz-Versicherungskarte“ auch tatsächlich verlangt.

Bild auf den Seiten zuvor: Der Kessel von Mostar

Steckbrief Bosnien-Herzegowina

- **Fläche:** 51.129 km²
- **Einwohner:** ca. 2,9 Mio. = ca. 60 Einw./km²
- **Hauptstadt:** Sarajevo
- **Bevölkerung und Religion:** ca. 44 % Bosniaken (muslimisch), ca. 31 % Serben (serbisch-orthodox), ca. 17 % Kroaten (römisch-katholisch)
- **Amtssprachen:** Bosnisch, Kroatisch, Serbisch
- **Bruttosozialprodukt:** ca. 850 US$
- **Währung:** Bosnische Konvertible Mark (BMK), 0,51 Euro = 1 BMK, 1 Euro = 1,95 BMK; 1 SFr = 1,25 BMK, 1 BMK = 0,79 SFr (Stand Januar 2008)
- **Staatsform:** Republik
- **Politische Führung:** 3er-Präsidium mit je einem Vertreter der drei Ethnien
- **Nationalfeiertag:** 1. März (Unabhängigkeitsreferendum 1992)
- **Die größten Städte:** Sarajevo (415.600 Einw.), Zenica (145.600), Banja Luka (142.600), Tuzla (131.900), Mostar (126.100), Bihač (71.000), Goražde (37.000), Srebrenica (30.000)

Diplomatische Vertretungen

In Deutschland, Österreich und der Schweiz:

- **Botschaft der Republik Bosnien und Herzegowina**
  - Ibsenstr. 14, 10439 **Berlin,** Tel. 030-81471210, Konsularabteilung, Tel. 814712-34 oder -35
  - Tivoligasse 54, 1120 **Wien,** Tel. 01-8118533, Konsularabteilung, Tel. 8118529
  - Jungfraustr. 1, 3005 **Bern,** Tel. 031-351105 und 3511052, Konsularabteilung, Tel. 3511077

In Bosnien-Herzegowina:

- **Botschaft der Bundesrepublik Deutschland**
  Ul. Buka bb, Sarajevo, Tel. 033-275000
- **Botschaft der Republik Österreich**
  Džidžikovac 7, Sarajevo, Tel. 033-279400, Konsularabteilung, Tel. 279419
- **Botschaft der Schweiz**
  Josipa Štadlera 15, Sarajevo, Tel. 033-275850

Wer an Wochenenden Wartezeiten vermeiden möchte, kann von Dubrovnik kommend in den **Neum-Zipfel** einreisen (Transit-Urlauber werden meist durchgewunken) und dann in Neum über die Berge und an einer malerischen Seenplatte vorbei ins **Neretva-Tal** fahren (ziemlich einsam!). Achtung auf dem Rückweg: Wer kein Fahrzeug mit Kennzeichen „HR“ (Kroatien) oder „BiH“ (Bosnien-Herzegowina) fährt, wird am Grenzübergang Duže zurück nach Neum geschickt! Also von Gradac aus unbedingt auf der Hauptstraße nach Neum bleiben und dort den üblichen Küstenübergang Richtung Dubrovnik/Split nehmen.

Geografie

Bosnien-Herzegowina liegt im Nordwesten der Balkanhalbinsel. Mit seiner kompakten, dreieckigen Form und einer Größe von **51.129 km^2** ist das Land etwas größer als Niedersachsen. Es wird, ausgenommen von einem Streifen entlang der Save, vom **Dinarischen Gebirge** eingenommen, das Höhen von mehr als 2000 m erreicht.

044da Foto: wl

Im Süden des Landes verläuft die **Wasserscheide** (Flüsse fließen in die Adria oder in die Donau) parallel zur adriatischen Küste in einem Abstand von weniger als 50 km. Lediglich das Einzugsgebiet der Neretva reicht knapp 100 km ins Landesinnere hinein.

Klima

Bosnien-Herzegowina liegt im **Übergangsbereich** zwischen mediterranem und kontinentalem Klima. Besonders die westlichen und südwestlichen Beckenlandschaften sind mediterranen Einflüssen ausgesetzt. Hier fallen die Niederschläge in den milden Wintern; die Sommer sind heiß und trocken. Die übrigen Landesteile sind durch lange, schneereiche Winter, niederschlagsreiche Übergangszeiten und ebenfalls trockene, heiße Sommer gekennzeichnet.

Staat und Bevölkerung

Bosnien-Herzegowina ist eine **Republik,** die Legislative ein Zweikammerparlament, die Exekutive ein zehnköpfiges Staatspräsidium, Hauptstadt ist Sarajevo. Die neue Staatsflagge wurde 1998 vom UN-Generalbevollmächtigten *Westendorp* bestimmt, nachdem sich das Präsidium des Landes nicht hatte einigen können: Die vollkommen unhistorische Kunstflagge - blauer Grund mit weißen Sternen - symbolisiert Europa, das gelbe Dreieck darin die drei Ethnien Bosnien-Herzegowinas.

Wegen des Bürgerkriegs gibt es keine gesicherten aktuellen Bevölkerungszahlen, es wird geschätzt, dass Bosnien-Herzegowina nach dem Krieg etwa **2,9 Mio. Einwohner** hatte und durch Flüchtlings-Rückkehrprogramme internationaler Organisationen im Laufe der Zeit das Vorkriegsniveau wiederhergestellt wird. Die Bevölkerung setzt sich zusammen aus ca. 44 % **Bosniaken** (ethnische Muslime), ca. 31 % **Serben** und ca. 17 % **Kroaten** (Rest: Montenegriner und sonstige).

Das Tal der Neretva bei Mostar

Wirtschaft und Energie

Auf etwa einem Drittel der Landesfläche werden vorwiegend **Weizen, Hafer, Gerste, Mais, Kartoffeln, Tabak und Obst** angebaut. Im Land werden nur 15 % des eigenen Lebensmittelbedarfs produziert.

Bosnien-Herzegowina kann unter Friedensbedingungen seinen Bedarf an elektrischer Energie selbst decken. Basis der **Stromerzeugung** sind die heimische Braunkohle (bis 1991 über 90 % der jugoslawischen Produktion) sowie Wasserkraft. Erdöl und -gas müssen vollständig aus dem Ausland bezogen werden.

Industrielle Grundlage neben der Energiewirtschaft sind die Vorkommen von wichtigen **Rohstoffen** wie Eisenerz, Bauxit, Braunkohle, Blei, Zink und Chrom, die am Abbauort verhüttet werden. Die Industriereviere von Banja Luka und Zenica wurden seit dem Zweiten Weltkrieg zu bedeutenden Standorten der **Schwerindustrie** ausgebaut. Bosnien-Herzegowina war der größte Stahlproduzent im ehemaligen Jugoslawien, hier waren 80 % der Rüstungsindustrie konzentriert. Im Bürgerkrieg 1992–95 wurden etwa 90 % der Industrieanlagen zerstört und sind bis heute noch nicht gänzlich wieder aufgebaut bzw. ersetzt worden. Die **Arbeitslosenquote** liegt in strukturschwachen Regionen und ländlichen Gebieten noch immer bei bis zu 50 %.

Währung

1998 wurde die **Konvertible Mark** („Konvertibelnaja Marka"), die damals tatsächlich im Verhältnis 1:1 an die Deutsche Mark angebunden wurde (siehe Montenegro weiter unten), als neue, einzig gültige Währung eingeführt, auch um die ethnischen Brücken zu überwinden. In der Praxis gab es lange Ressentiments in der Bevölkerung. Touristen können im kroatischen Teil Bosniens auch in Euro oder Kuna zahlen – für einen Ausflug nach Mostar ist ein Geldwechsel daher nicht unbedingt nötig, man sollte aber durchaus die lokale Währung unterstützen.

Infrastruktur

Bosnien-Herzegowina ist aufgrund seines verkehrsfeindlichen Reliefs **nur schlecht erschlossen.** Der Verkehrswegebau ist mit beträchtlichem Aufwand verbunden; der Schneereichtum der Berge stellt im Winter ein weiteres, regelmäßig auftretendes Verkehrshindernis dar.

Nur ein Teil des 21.000 km langen **Straßennetzes** ist mit einer festen Decke versehen. Die wichtigen Straßen verlaufen von Zagreb (Kroatien) über Banja Luka nach Sarajevo sowie vom kroatischen Adriahafen Ploče über Mostar und Sarajevo nach Doboi an die kroatische Grenze.

Wichtigste **Eisenbahnlinie** ist die Verbindung Slavonski Brod – Sarajevo – Mostar – Ploče, die den Anschluss des Landes an die kroatische Küste sicherstellt. Die Durchschnittsgeschwindigkeit der Züge beträgt kaum mehr als 20 km/h.

Bosnien-Herzegowina verfügt über **Flughäfen** in Sarajevo, Mostar und Banja Luka. Mit Ausnahme der Save gibt es **keine schiffbaren Gewässer.** An der nur 20 km langen Adriaküste des Landes gibt es keinen nutzbaren Hafen (siehe Ploče).

Das Neretva-Tal

Zerstörungen im Bürgerkrieg

Auf der Fahrt durch das Neretva-Tal wird man noch immer zerstörte Gebäude entdecken. Nur mühsam gelingt der internationalen Gemeinschaft eine **Rückführung der ethnisch verfeindeten Flüchtlinge** in ihre ursprüngliche Heimat. Für die Probleme zwischen den drei betroffenen Gruppen – bosnische Moslems, Bosnokroaten und bosnische Serben – sind verfehlte Politik, religiöse Intoleranz und kleine Eitelkeiten wie Nachbarneid verantwortlich.

Stolac

Ein **Zentrum des Wahnsinns** ist noch heute Stolac, unweit der Hauptstraße nach Mostar gelegen. Wer möchte, kann sich hier ein Bild davon machen, wie die internationale Gemeinschaft schwer

Chronologie eines Völkerwahnsinns

Fast gleichzeitig mit der **Unabhängigkeitserklärung** von Bosnien-Herzegowina im **April 1992** brach der Krieg in Mostar aus. Die jugoslawische (zu diesem Zeitpunkt bereits serbische) Armee rückte von Osten auf Mostar zu und nach einem Anschlag auf eine Kaserne dieser Armee im Nordteil der Stadt entwickelten sich die zunächst sporadischen Kämpfe im Verlauf von etwa zehn Tagen zu einem dauerhaften Kampf – mit der **Neretva als Frontlinie.** Der Osten war von den Serben besetzt, die weiter nach Westen vorstoßen wollten. Im Westen verteidigten sich die muslimischen Bosniaken und die katholischen Kroaten Schulter an Schulter.

Der erste groß angelegte und gut organisierte Gegenangriff Mitte Juni 1992 warf die Serben auf die Höhen des Pod Veles zurück. Sie hinterließen eine Ruinenstadt, 80 % der Gebäude waren völlig zerstört und für die zurückkehrende Zivilbevölkerung zunächst nicht nutzbar. Die Toten des gemeinsamen Abwehrkampfes der Bosniaken und bosnischen Kroaten wurden auf Kriegsfriedhöfen bestattet und liegen hier, ein Novum in der Geschichte, ohne Unterscheidung der Religionszugehörigkeit Seite an Seite.

Nach vorhergehenden Spannungen kam es am 19.10.1992 zu Kämpfen zwischen den bosnischen Kroaten und den Bosniaken in Bosnien-Herzegowina, am 9.5.1993 auch in Mostar. Die bosnischen Kroaten griffen an diesem Tag mit einer Übermacht von 15:1 über den Boulevard hinweg nach Osten an. Ihr Ziel war es, die Stadt Mostar „ethnisch zu säubern" und zur Hauptstadt des kroatischen Staates Herceg-Bosna zu machen. Nach anfänglichen Erfolgen blieben sie im unübersichtlichen Häuserkampf liegen und wurden schließlich auf ihre Ausgangsstellungen zurückgedrängt.

Bis zu 2000 Granaten fielen pro Tag in den bosniakischen Ostteil der Stadt, dessen Bewohner sich in Ermangelung schwerer Waffen nur mit leichten Waffen verteidigten. Am 9.11.1994 wurde die **Alte Brücke** (Stari Most) von einem Panzer der bosnisch-kroatischen Armee (HVO) zerstört. Das 1566 erbaute Wahrzeichen der Stadt fiel als letzte der acht Brücken über die Neretva. Ihr Verlust war ein empfindlicher Rückschlag für die Versorgung der westlich des Flusses sich verteidigenden Bosniaken. Der kroatische Teil Mostars blieb von den unmittelbaren Kriegsauswirkungen weitestgehend verschont. Die kroatischen Soldaten konnten nur wenige Meter von der Frontlinie entfernt in den Cafés abschalten, auf der Avenija einkaufen oder gar nach Hause zu ihren Familien gehen.

Trotz des Beschlusses der beiden Kriegsparteien am 14.9.1992, die Kampfhandlungen gegeneinander einzustellen, lagen sich die Kontrahenten noch bis Mitte März 1994 gegenüber und führten noch so manches Feuergefecht. Am 18.3.1994 beschlossen sie den **Waffenstillstand,** der zunächst noch sehr brüchig war, sich im Laufe der Zeit jedoch immer mehr stabilisierte. Noch im Jahr 2000 fielen in beinahe jeder Nacht

Schüsse, wurden Wohnungen, Häuser und Autos gesprengt, kamen Menschen bei Anschlägen zu Tode und noch heute bildet die ehemalige Hauptkonfrontationslinie die Grenze zwischen den beiden Ethnien, die nur mit gemischten Gefühlen überschritten wird.

Seit dem Mandat der UN vom 8.1.1992 befinden sich **spanische Soldaten** zunächst als UN-Blauhelme, später als SFOR-Angehörige in der Stadt. Dem Gedenken an die während dieser Einsätze zu Tode gekommenen Soldaten wurde im Herzen Mostars, unmittelbar an der ehemaligen Hauptkonfrontationslinie, ein Denkmal errichtet. Der Platz wurde in **„Spanischer Platz"** umbenannt, die Hauptstraße wegen der Heckenschützen als **„Sniper-Alley"** bezeichnet und die dem Nachkriegsberlin der 1940er Jahre ähnelnden Gebäude als Mahnmal unberührt gelassen.

Am 23.7.1994 kam der ehemalige Bürgermeister Bremens, *Hans Koschnick,* als Administrator der Europäischen Union nach Mostar. Unter seiner Leitung wurden Brücken, Bahnhof und viele öffentliche Gebäude wieder aufgebaut. Einer seiner Nachfolger, *Sir Martin Garrod,* ließ die Überreste der **Stari Most** aus der Neretva holen; die Brücke ist inzwischen wieder aufgebaut. Aber auch andere Persönlichkeiten engagierten sich für die noch immer vom Krieg gezeichnete Stadt. So finanzierte *Luciano Pavarotti* mit eigenen Mitteln und aus Spendengeldern eine Musikschule, die unter großer Anteilnahme der Weltöffentlichkeit am 21.12. 1997 als „Pavarotti-Haus" von ihm persönlich eröffnet wurde.

Heute, gut ein Jahrzehnt nach dem immer noch bröckeligen Friedensvertrag von Dayton (November 1995), **normalisiert sich das Leben** in der Stadt an der Neretva trotz aller noch immer bestehenden Differenzen langsam. Der „grenzüberschreitende Verkehr" und die Kontakte zwischen den Angehörigen der verschiedenen Ethnien mehren sich. Alte Kontakte werden aufgefrischt, neue geknüpft. Angst und Vorbehalte dem anderen gegenüber werden langsam abgebaut. Erste Rücksiedlungen von Serben in die Vorstädte Mostars laufen seit 1998 in geringem Umfang an. Dennoch wird es noch lange dauern, bis das Zusammenleben auf dem Vorkriegsniveau, als sich niemand um die ethnische Zugehörigkeit kümmerte, möglich sein wird.

Die Vorbehalte und Ressentiments sind groß, der Krieg und die Grausamkeiten beider Seiten haben sich tief ins Gedächtnis der Menschen eingegraben. Man wird sich noch lange aus dem Wege gehen und den Kontakt, wo er nicht geschäftlich oder persönlich motiviert ist, vermeiden. Nicht umsonst heißt die neu errichtete Gartenmauer an der ehemaligen Konfrontationslinie **„Berlinski Zid"** (Berliner Mauer).

Der **Wiederaufbau** wird mit allem Nachdruck vorangetrieben. Nach Moscheen, Kirchen und Gedenkstätten baut man nun die Alte Brücke sowie Wohn- und Geschäftshäuser wieder auf, es werden Ruinen wieder bewohnbar gemacht oder abgerissen und Neubauten hochgezogen. Die Zerstörungen waren so umfangreich und nachhaltig, dass es noch jahrelanger Anstrengungen und fortgesetzter internationaler Hilfe bedarf, bis Mostar in alter Pracht wiederauferstanden sein wird.

bewaffnet Flüchtlingskonvois mit Serben und Bosniaken zu ihren ehemaligen Häusern im Kroatengebiet zurückbegleitet, während nachts kroatische Rechtsextremisten an den internationalen Schutztruppen vorbei die Sache mit Bomben auf ihre Weise bereinigen. Tagsüber, auf dem berühmten **Schwarzmarkt** von Stolac, verstehen sich die unterschiedlichen Ethnien blendend, wenn es darum geht, Dutzende deutscher Pkw (vielfach noch mit deutscher Zulassung), Schmuggelware, Tabak, gefälschte CDs und vieles andere zu verkaufen!

Buna-Quellen

Kurz vor Mostar bietet sich ein Abstecher nach **Blagaj** bei Buna zu den famosen Buna-Quellen an. Hier sprudelt der Fluss Buna auf einer Breite von 20 m aus dem 150 m hohen Berg – Wissenschaftler konnten die tatsächliche Quelle bislang nicht erforschen. Unmittelbar an den Quellen wurde ein **Derwisch-Kloster** in den Fels gehauen, rund um die Quellen gibt es mehrere **gute Fischlokale.**

Anfahrt (nicht ganz einfach!): Auf der bosnischen Seite Mostars der Umgehung nach Süden folgen, vorbei an spanischem Militärlager, kurz darauf links nach „Nevesinje“ (beschildert) abbiegen, dann immer geradeaus am Flugfeld Mostar entlang bis Blagaj, dort der Hauptstraße bis zum Ende folgen und halbrechts hinunter noch 300 m bis zu den Restaurants und dem Derwisch-Kloster fahren (umgerechnet 3 Euro Eintritt, Schuhe ausziehen und Schärpe umbinden).

Auf dem Schwarzmarkt von Stolac

Mostar

Geschichte

Junge Stadt

Genauer betrachtet, ist Mostar eine für diese Region sehr junge Stadt. Urkundlich das erste Mal 1448 erwähnt, erlebte sie ihre erste Blüte ab 1466, als die **Türken** die Herzegowina dem Osmanischen Reich eingliederten. Von dieser Zeit künden neben vielen Bauwerken die Ruinen zweier türkischer Festungen auf den Höhen im Osten der Stadt. Aber schon vorher war das Gebiet zwischen der Adria und den Bergen ein belebtes Siedlungsgebiet. Nach den Dorern, Illyrern und Römern siedelten hier **slawische Stämme,** die sich zu serbischen, kroatischen und nur zeitweise und in weit geringerem Maße auch bosnischen Volksidentitäten zusammenfanden. Die Machtverhältnisse gestalteten sich sehr wechselhaft. Im Jahre 1322 übernahm **Fürst Stjepan** die Macht über das an der Neretva gelegene **Land Hum.** Ihm wurde von dem in Sarajevo residierenden bosnischen Ban der Herzogstitel verliehen. Im Volks-

045da Foto: wl

mund nannten die Leute daraufhin diesen Landstrich **Herzegowina,** „das Herzogsland". Von *Stjepans* Regierungszeit zeugt die von ihm erbaute Burg in Blagaj über der Buna-Quelle.

Nachdem die Türken Mostar 1522 zum **Verwaltungszentrum** der gesamten Herzegowina ausgebaut hatten, erlebte die Stadt einen ungeheuren wirtschaftlichen und kulturellen **Aufschwung.** Sie zog viele türkische Händler an und wurde von türkischen Verwaltungsbeamten und Militärs bevölkert. Zurückkehrende Janitscharen-Veteranen, die als Kinder in dieser Gegend zwangsrekrutiert worden waren, und die zum Islam konvertierten ansässigen Slawen bildeten die Stadtbevölkerung.

Rund 200 Jahre lang war Mostar eine moslemisch-türkische Stadt, bis sich ab Ende des 17. Jahrhunderts **Serben** im äußersten Osten und später **Kroaten** im Westen der Stadt ansiedelten.

Bis zum Ende der osmanischen Ära entwickelten sich die Serben zur stärksten Bevölkerungsgruppe. Infolge des zunehmenden **Niedergangs des Osmanischen Reiches** kam es ab 1875 zu Aufständen gegen die Türkenherrschaft mit den bekannten „balkanischen Zuständen", so dass Bosnien-Herzegowina als Ergebnis des Berliner Kongresses 1878 unter das Mandat der k.u.k. Monarchie Österreichs-Ungarns gestellt wurde.

Mittels umfangreicher Investitionen führte **Österreich** den Balkan in die Moderne und beruhigte vorübergehend die Lage. In jener Zeit entstanden nicht nur der Grundstock des heutigen Eisenbahnnetzes und wichtige Straßenverbindungen, es wurde auch eifrig ins Bildungssystem investiert. Gymnasien und Schulen, Theater, Museen und öffentliche Gebäude wurden in einer Mischform osmanischen und neoklassizistischen Stils erbaut und stellen noch heute einen erheblichen Teil der markanten Bausubstanz dar.

Aus dem Ersten Weltkrieg ging dieser Teil des Balkans als „Königreich der Slowenen, Serben und Kroaten" hervor, das nach abermaligen inneren

Unruhen 1929 zum serbisch dominierten **„Königreich Jugoslawien“** wurde. Nach dem Zweiten Weltkrieg, in dem Mostar etwa 10 % seiner Bevölkerung im Partisanenkampf verloren hatte, entstand das kommunistische Jugoslawien.

Tito, der Mostar besonders liebte, machte es zur modernen **Industriestadt,** die einen unvergleichlichen Aufschwung erlebte und ihre Bevölkerung von 50.000 auf 120.000 Einwohner mehr als verdoppelte. Ein erheblicher Teil der Industrieprodukte Bosnien-Herzegowinas wurde in Mostar und Umgebung produziert (zerstörte Aluminji-Werke). Die Landwirtschaft profitierte von den sonnigen Sommern und milden Wintern. 1990 setzte sich die **Bevölkerung** aus je 45.000 Kroaten und Moslems sowie ca. 23.000 Serben zusammen, was 2005 in etwa wieder erreicht wurde.

Alois Podhajski, der Chef der Spanischen Hofreitschule, sowie der bosnische Fußballnationalspieler *Sergej Barbarez* (z.Z. Bayer Leverkusen, Bundesliga), wurden übrigens in Mostar geboren.

Sehenswertes

Bürgerkriegsschäden

Im Zuge der ehrgeizigen EU-Pläne der Zentralregierung in Sarajevo ist man bemüht, die sichtbaren Spuren des Bürgerkrieges zu beseitigen; zwar konnten noch längst nicht alle Schäden der zu einem hohen Prozentsatz zerstörten Stadt repariert werden, jedoch sind alljährlich bemerkenswerte **Veränderungen und Fortschritte** zu verzeichnen. Heute strahlt vor allem das Zentrum beidseitig der Neretva wieder viel von seinem einstigen Charme aus, die Menschen sitzen wieder entspannt auf den Uferterrassen der Cafés und Restaurants oder bummeln wechselseitig im kroatischen oder bosnischen Stadtteil. Natürlich trägt auch die nach der Übernahme der internationalen Schutztruppen durch die EU (Anfang 2005) deutlich reduzierte Militärpräsenz zu dieser (wieder) friedvollen Atmosphäre bei.

Stari Most

Im unmittelbaren Zentrum verbindet das **alte und neue Wahrzeichen der Stadt,** die **Brücke** Stari Most über die Neretva, den „kroatischen" mit dem „bosnischen" Stadtteil. Sie wurde von den Osmanen 1566 in einem 28 m umspannenden Bogen aus weißem Kalksandstein erbaut und galt bis zu ihrer Zerstörung im Bürgerkrieg (9.11.1993) als architektonisches Meisterwerk. Mit EU-Mitteln in Höhe von 15 Millionen Euro wurde von 1996 bis zu ihrer Wiedereröffnung am 23.7.2004 die äußerst schwierige **Restaurierung** mit Originalteilen vorgenommen und die Brücke in die Liste des UNESCO-Weltkulturerbes aufgenommen. Sie gilt nicht nur als Wahrzeichen und Namensgeber (*mostar* = Brückenwächter) der Stadt, sondern auch als symbolischer Brückenschlag für Frieden und Aussöhnung der noch unlängst verfeindeten Ethnien.

Alljährlich wird im Juli das berühmte **„Brückenspringen"** gefeiert, wobei Jugendliche vom höchsten Punkt der Brücke in die Fluten springen.

Moslemisches Viertel

Von der Brücke wendet man sich auf der Ostseite nach links und geht durch die Arkaden oberhalb des Flusses, wo muslimische Händler und Souvenirstände im Halbdunkel **orientalisches Flair** ausstrahlen. Zwischen den beiden **Moscheen** und dem Trg Republike erstreckt sich die muslimische **Einkaufsmeile** von Mostar mit etlichen Boutiquen, Fachgeschäften und Cafés – immer vor dem erschütternden Hintergrund der Zerstörung.

Neben den Moscheen sind auch einige der **christlichen Gotteshäuser** interessant. So liegen unmittelbar an der Umgehungsstraße M-17 die alte und die neue serbisch-orthodoxe Kirche Mostars. Am Westrand der Stadt im kroatischen Teil in

Das Wahrzeichen der Stadt: die Brücke Stari Most

243da08 Foto: wl

der Ul. Kneža Branimiraist die katholische Kathedrale aus dem späten 19. Jahrhundert sehenswert.

Kroatisches Viertel

Das Zentrum des kroatischen Westteils von Mostar erstreckt sich um das Straßendreieck A. Buća/Leninovo Šetalište/Kovačevića Ulica. Hier liegen zahlreiche Restaurants, Geschäfte und Institutionen (Bank und Post). „Hauptattraktion" ist aber die berühmte **Hauptstraße Vukovića** (Richtung südlicher Ortsausgang) wegen ihrer zerstörten, geisterhaft wirkenden Gebäude, wie sie nur Kriege und Erdbeben bewirken können, „Klein-Stalingrad" genannt. Am Kreisverkehr Rondo, von dem Alleen in alle Richtung abgehen, steht das ehemalige Kulturhaus, das heute vorwiegend als Jugendtreff dient.

Berg Hum

Sehr interessant ist eine Fahrt hinauf zum Berg Hum, wo man einen **faszinierenden Blick** über die Stadt genießen kann, aber auch alte Militärstellungen sieht, der Legende nach auch das Wrack jenes serbischen Panzers, der seinerzeit den Volltreffer auf die Alte Brücke landete. Hierzu hält man sich ab Rondo Richtung Široki Brijeg (Ljubuški) und fährt am Ortsausgang an der Serpentine links Richtung Čitluk/Kruševo/Blatnica. Nach 1,5 km (an der Steigung) führt links ein mit Mühe befahrbarer Feldweg zum Berg hinauf.

Transport und Verkehr

Anfahrt

Von Süden kommend, gibt es mehrere Möglichkeiten der Zufahrt nach Mostar. Die Umgehungsstraße führt rechts am **Ostteil** der Stadt vorbei und trifft hinter dem Bahnhof mit der Durchfahrtsstraße des Ostteils zusammen. Fährt man gleich hinter Ortijes über die Brücke und in den **Westteil** (empfohlen), erreicht man über die Vukovića das Zentrum nahe der Alten Brücke, wo es etliche Parkmöglichkeiten gibt (besser als im belebteren Ostteil). Von hier aus startet man zu Fuß eine Besichtigung beider Stadtteile.

Bus

Busbahnhof und Hauptbahnhof liegen am Trg Ivana Krndelja; während der Schienenverkehr derzeit hauptsächlich den Gütertransport von/nach Ploče sichert, ermöglichen die Busse den Personenverkehr in Nord-Südrichtung. Anbindung besteht derzeit nach **Sarajevo** (6x tgl.), **Split** und **Dubrovnik** (je 3x tgl.).

Taxi

Taxis warten u.a. am Bahnhofsplatz, die **Zentrale** befindet sich in der Splitska/Ecke Kralja Tomislava, Tel. 036-318876; eine Fahrt vom Hauptbahnhof zum Flughafen kostet rund 30 BMK, innerstädtische Kurzstrecken ca. 15 BMK (z.B. Hauptbahnhof – Stari Most).

Flugzeug

Der **Flughafen Mostar** liegt im „Vorort" Ortijes (Hauptquartier der EU-Truppen) und wird u.a. von Tyrolia-Airlines, Croatia Airlines und der nationalen Gesellschaft Air Bosna angeflogen. Letztere unterhält ein Büro im Zentrum in der Ul. Brace Fejica, Tel. 036-551820 (Anbindung an Bonn).

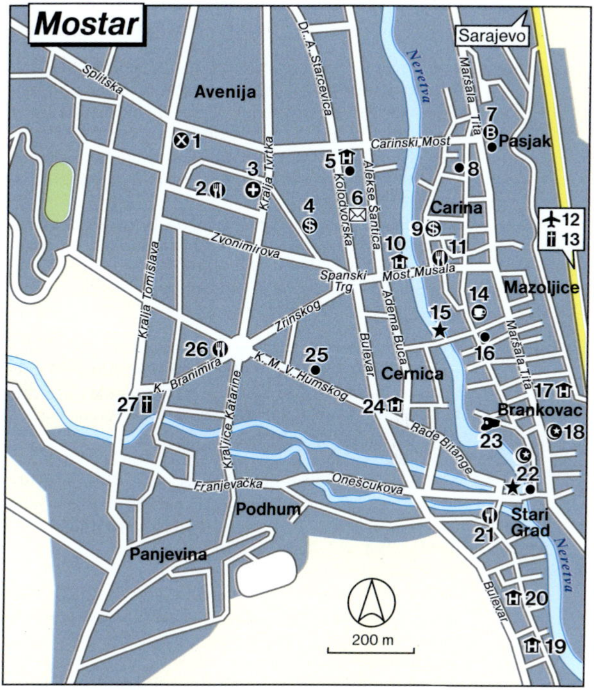

1	Taxizentrale	15	Bunur-Brücke
2	Pizzeria Roma	16	Air Bosna
3	Neues Klinikum	17	Pension Zdrava Hrana
4	Raiffeisen-Bank	18	Vučjakovića Moschee
5	Hotel Ero, Agentur Atlas & Budget Autovermietung	19	Pension Vila Rosa
6	Post	20	Pension Vila Ossa
7	Hbf, Bbhf und Agenturen Reise-Service, Fortuna Trade Tours & Autoprevoz	21	Restaurants Stari Mlin & Hindin Han
8	Pannendienst BiHamk	22	Stari Most & Cafés, Moschee Koski Mehmed Pašina, Rudundžiluk-Passage
9	Privretna Banka	23	EU-Polizei und bosn. Polizei
10	Hotel Bristol	24	Motel-Pension Most
11	Pizzeria ET	25	Autovermietung Long Visus
12	Flughafen	26	Restaurant Rondo
13	orthodoxe Kirchen	27	Kathedrale
14	Cafés Mojo, Intermezzo, Big Ben & Cinema		

Touristische Infrastruktur

Agenturen

●Für Touren, Busreisen, Flugtickets, aber auch Unterkunft oder Mietwagen bieten sich direkt am Hauptbahnhof die Agenturen **Reise-Service,** Tel. 036-315666, **Fortuna Trade Tours,** Tel. 036-552197, und **Autoprevoz,** Tel. 036-551900, alle Trg I. Krndelja 1, an. Alternativ sei auf die vor allem in Kroatien weit verbreitete **Agentur Atlas,** Tel. 036-318771, am Hotel ERO verwiesen.

●Reine Fahrzeugverleiher sind etwa **Long Visus** in der Humskog 57, Tel. 036-323700, oder **Budget,** Tel. 036-317166, am Hotel ERO. Die Kosten für einen Kleinwagen sind mit 110 BMK (ca. 60 Euro) jedoch relativ hoch.

Unterkunft

●Wer mit eigenem Fahrzeug reist und eine Unterkunft für eine Nacht sucht, ist beim **Motel-Pansion Most,** Ul. Adema Buca 100, Tel. 036-552660, genau richtig. Schlichte funktionale Zimmer mit gesicherten Parkmöglichkeiten sind ab 50 BMK zu haben.

●Bus-/Bahnreisende haben es schwer, in unmittelbarer Nähe des Haupt- bzw. Busbahnhofs etwas zu finden. Etwa 15 Gehminuten entfernt liegt in der Ul. Alikafića 5, im muslimischen Teil, die kleine **Pension Zdrava Hrana,** Tel. 036-551444, mit schlichten DZ ab 45 BMK.

●Am Südrand des Zentrums liegen im kroatischen Distrikt recht nah beieinander die **Pensionen Vila Ossa,** Ul. Gojka Vukovića 40, Tel. 036-578322, und **Vila Rosa,** Bul. Narodne Revolucje, Tel. 036-578300, wo DZ ca. 50 BMK kosten.

●Im mittleren bis gehobenen Preissegment bieten sich das zentrale und funktionale €€€**Hotel Ero,** Ul. Dr. A. Starčevića/Ecke Ul. Carinski Most, Tel. 036-368700, sowie das sehr schön an der Neretva in der Ul. Mostarskog Bataljona gelegene €€€€**Hotel Bristol,** Tel. 036368188, an.

Essen & Trinken

Die Gastronomie in Mostar weist naturgemäß alle Elemente der kroatischen wie auch der bosnischen Küche auf (siehe „Reisetipps A–Z/Essen und Trinken“), wobei die Preise mittlerweile auf demselben Niveau wie in Kroatien liegen. Für ein Getränk oder einen Kaffee (Espresso oder Türkisch) sitzt man in einem der zahllosen Cafés beidseitig der Stari Most (die Speisen sind aufgrund der Lage etwas teurer als sonst in der Stadt) am besten.

●Gut und günstig isst man in den **Pizzerien Roma,** Ul. S. Radića 21/Nähe Klinikum, Tel. 036-324422, oder **ET,** Ul. Brace Brkic/Nähe Mustafa-Brücke, Tel. 036-551619.

●In der mittleren bis gehobenen Preisklasse empfiehlt sich das **Rondo** (am gleichnamigen Kreisverkehr, Trg Hrvatskih Branitelja) mit landestypischer Speisekarte.

•Zünftige Fisch- und Fleischgerichte bieten das **Kellerlokal Stari Mlin,** Tel. 061-285041, in der kleinen Seitenstraße Jusovina nahe der Stari Most sowie das mit bosnischen Spezialitäten aufwartende **Hindin Han,** Jusovina 10, Tel. 061-153924, nur wenige Häuser weiter.

Nightlife

•Ein gewisses Nightlife versprechen u.a. die **Café-Bars Mojo, Intermezzo, Big Ben** und **Cinema** (alle Ul. Brace Fejica) oder die **Disco Palladium,** Tel. 036-316156, am Rondo-Kreisverkehr.

Sonstiges

•**Banken** mit Wechselstuben liegen in der Kolodvorska (nahe Hotel ERO), beim Španski Trg (Raiffeisen/Österreich) und in der Ul. Lacina (nahe Mustafa-Brücke). Auch die ersten Geldautomaten können genutzt werden, z.B. beim Hotel Bristol oder rund um die große Moschee Koski Mehmed Pašina.

•Die **Hauptpost** liegt in der Kolodvorska (nahe Hotel ERO) und hat Mo bis Sa von 8–17 Uhr geöffnet.

•Der **Pannendienst Bihamk** befindet sich in der Ul. Mladena Balorde, Tel. 036-550966.

•**Landesweiter Notruf:** Tel. 036-987.

•**Verkehrspolizei:** Tel. 036-383322

•**Zentrale Polizeidienststelle,** Trg 1. Maja, Tel. 036-550877, liegt unmittelbar neben der EU-Polizeidienststelle, wo man auch deutsche Ansprechpartner findet, Tel. 036-550459.

•Der **Erste-Hilfe-Notruf,** Tel. 036-315487, des neuen Klinikums in der Ul. Kralja Trvtka ist durchgehend besetzt.

monte_140 Foto: wl

Ausflug in die Bucht von Kotor

(Montenegro)

Allgemeines

Boka Kotorska

Die Boka Kotorska (Bucht von Kotor) erstreckt sich **von der kroatischen Grenze bei Herceg-Novi bis Kotor** und ragt dabei nahezu 30 km tief in die Berglandschaft der montenegrinischen Adria hinein. Eigentlich handelt es sich um zwei durch die **Verige-Meerenge** zwischen Lepatani und Kamenari verbundene, von Flüssen über viele 10.000 Jahre hinweg ausgewaschene Täler, die sich nach der letzten Zwischeneiszeit mit Wasser füllten und im Nordwesten mit dem Mittelmeer verbunden sind. Die steil aufragende Bergwelt und das bergsee- oder fjordartige Panorama bei gleichzeitig mediterranem Flair und Klima machen die Bucht zu einem der beliebtesten Reiseziele der Region.

Geschichte

Historischer Sonderweg

Die Boka Kotorska nahm in ihrer Gesamtheit eine etwas andere historische, politische und kulturelle Entwicklung als die übrigen Küstenstädte oder das Hinterland. Um 250 v. Chr. begannen **illyrische Stämme** mit der Besiedlung der Bucht von Kotor rund um das heutige Risan mit einer eigenständigen staatlichen Organisation. Noch vor der Zeitenwende unterwarfen die **Römer** die illyrischen Siedlungen und gliederten sie als die beiden Verwaltungsgebiete Risan und Kotor in das Imperium ein. Römische Kultur, Religion und Sprache (Latein) hielten Einzug, Handel und Verkehr wurden ausgeweitet. Durch den damit einhergehenden Seehandel wurde die tief ins Land hineinragende Bucht ein natürlicher Schutz- und Zufluchtsort vor Unwettern, aber auch vor der zunehmenden Piraterie, da die relativ enge Zufahrt bei Herceg-Novi leicht verteidigt werden konnte. Dennoch geriet die Region bis ins 11. Jahrhundert hinein mehrfach ins Visier fremder Okkupationsbestrebungen, u.a. der Sarazenen und Makedonier. So suchte man

Bild auf den Seiten zuvor: In der Innenstadt von Herceg-Novi

Bucht von Kotor
0
3 km
Ćekanje-Pass
NATIONALPARK LOVĆEN
Njegoši
Orahovać
Kotor
BIH
Kotorski Zaliv
Prčanj
Risan
Perast
Stoliv
Budra
Sv. Đorđe
Risanski Zaliv
Tivat
Fähre
Lepetani
Flughafen
Kamenari
D. Morinj
Đuraševići
Kruševice
Bijela
Tivatski Zaliv
Pržna
Radovići
Baošići
Međeđa
Đenovići
Luštica
Zelenika
Kumbor
Merdari-Pass
HR
Fähre
Žanjica
Herceg-Novi
Rose
Igalo
Kap Kobila
Njivice
KROATIEN
Adriatisches Meer

bei gleichzeitigem Streben nach größtmöglicher territorialer Unabhängigkeit (nominell byzantinisch) **militärischen Schutz bei wechselnden Partnern,** auch Bündnisse mit Seeräubern waren dabei kein Tabu. Einigendes Band der Städte rund um die Bucht war der **katholische Glaube,** der das Gebiet kulturell von anderen Teilen Montenegros unterschied, und im späten 12. Jahrhundert gliederte Papst *Alexander* das Bistum Cotora (das die gesamte Bucht umfasste) dem Erzbischof von Bari an, was zu einem erheblichen **Aufschwung** des Handels auf beiden Seiten der Adria führte. Mit der Wende des 12./13. Jahrhunderts und der zunehmenden Ausweitung des osmanischen Machtbereiches setzte der Untergang des oströmischen Reiches (Byzanz) ein. In dieser Phase der Schwäche erreichten die Bistumsstädte den Status einer Republik, ähnlich dem von Ragusa (Dubrovnik). Gleichzeitig wurde allerdings auch **Serbien** unter *Stefan Nemanija* ein starker Machtfaktor, der zudem gewaltsam einen Zugang zum Meer suchte – und ihn in der jungen Republik nur wenige Jahre nach ihrer Gründung fand. Die Bucht wurde serbisch, *Nemanija* und seine Nachfolger residierten in Kotor. Trotz des politischen Untergangs setzte sich der wirtschaftliche Aufschwung fort, so dass ein Wiederaufleben bzw. Entstehen eines Eigenstaatlichkeitsbewusstseins verhindert wurde.

Serbien musste jedoch 1371 vor den anrückenden **Türken** die Fahnen streichen, sodass 1385 der **bosnische König Tvrtvo I.** – ebenfalls auf der Suche nach einem Zugang zum Meer – die Bucht ohne großen Widerstand annektieren und die Stadt Sv Stjepan (heute: Herceg-Novi) gründen konnte. Da er jedoch nicht nur mit Salz und Wein handelte, sondern auch mit „ungläubigen" Piraten verkehrte, erregte er das Missfallen des Papstes, der (katholischen) Venezianer und der (katholischen) Johanniter, die im 15. Jahrhundert auf Rhodos ansässig waren und wie **Venedig** unter den Piraten zu leiden hatten. Gemeinsam wurden nacheinander die Städte der Boka erobert und Venezien einverleibt (1420).

1480 rückten erneut die **osmanischen Heere** von Norden her vor und nahmen Risan und Herceg-Novi ein, hingegen konnten Perast und Kotor erfolgreich Widerstand leisten. Fast zwei Jahrhunderte dauerte diese Pattsituation, ehe das **Erdbeben** vom April 1667 für die Region etwa so folgenschwer sein sollte wie das Seebeben vom Dezember 2004 für Süd-/Südostasien: Dubrovnik wurde fast völlig zerstört, den meisten Städten in der Bucht, türkisch oder christlich, erging es nicht viel besser. Diese Phase der Verwirrung und des allmählichen Wiederaufbaus nutzten die **Venezianer,** um bis 1687 die Bucht wieder vollständig unter ihre Kontrolle zu bringen; über 300 Handelsschiffe sollen während dieser Blütezeit in der Bucht beheimatet gewesen sein.

Nachdem *Napoleon* die Dogenrepublik aufgelöst hatte (1793), folgte nach kurzem französischen und russischen Intermezzo die **österreichische Phase** der Geschichte (ab 1814) in der Bucht von Kotor. Das Zentrum der Seefahrt wurde von den Österreichern aus Sicherheitsgründen weit nach Norden (Triest, Rijeka) verlegt, die Handelsschiffahrt der Bucht ging unter. Auch im ersten Weltkrieg war ein Teil der k.u.K. Flotte in Kotor stationiert, spielte jedoch keine große Rolle. Nach dem Ersten Weltkrieg wurde die Boka Kotorska in das neu gegründete **jugoslawische Königreich** eingegliedert. Ab 1941 befand sich die Bucht im Visier italienischer, dann deutscher Okkupationspläne, bis sie von der jugoslawischen Volksarmee befreit wurde und seither der **Republik Montenegro** eingegliedert ist.

Reisetipps A–Z

Anfahrt/ Hinweise für Selbstfahrer

Es hat etliche **Vorteile, mit dem eigenen Fahrzeug** unterwegs zu sein, auch ist es in Montenegro nicht sehr schwer, sich zu orientieren, und besondere Verkehrsregeln sind auch nicht zu beachten. Einige grundsätzliche Hinweise sind jedoch angebracht: Die Wahrscheinlichkeit, in eine Polizeikontrolle zu geraten, ist so groß wie nirgendwo in Europa! Praktisch alle paar Kilometer wird geblitzt und kontrolliert. Meist handelt es sich um Routinekontrollen (auch Zoll). Daher stets einen Ausweis und die Wagenpapiere mit sich führen sowie vorsichtig und penibel im Rahmen der erlaubten Geschwindigkeiten fahren!

Seit Januar 2007 ist es in Montenegro Pflicht, eine **Pannenweste** mitzuführen (gilt auch für Motorräder!), die während der Fahrt über die Rücklehne des Autofahrersitzes gehängt werden muss! Verstöße werden mit 50 Euro Bußgeld belegt.

Diplomatische Vertretungen

- **Botschaft der Republik Montenegro**
Landstraße Hauptstraße 2 (Vienna Hilton Complex, Office Center M1.14.07), 1030 **Wien,**
Tel. 01-7153102, diplomat-mn@me-austria.eu

Für **Deutschland** und die **Schweiz** sind derzeit die Vertretungen Serbiens zuständig:

- **Botschaft der Republik Serbien**
- Taubertstr. 18, 14193 **Berlin,** Tel. 030-8957700, Fax 8252206, info@botschaft-smg.de
- Seminarstr. 5, 3006 **Bern,**
Tel. 031-3526353, Fax 031-3514474

- **Deutsche Botschaft**
Herzegovacka 10, Podgorica, Tel. 081-667285
- **Österreichische Botschaft**
Kralja Nikole 104, Podgorica, Tel. 081-601580
- **Österreichisches Honorarkonsulat**
Hotel Mogren, Mediteranska 1, Budva, Tel. 086-403324
- Für die **Schweiz** ist die serbische Botschaft zuständig:
Bircaninova 27, Belgrad, Tel. 00381-11-3065820

- **Auf lange Sicht** wird Montenegro selbstständige Vertretungen aufbauen; die dann aktuellen Adressen findet man u.a. online unter www.visit-montenegro.org/english/.

Einreise und Zoll

Für einen Aufenthalt bis zu 30 Tagen können EU-Bürger und Schweizer mit einem sechs Monate gültigen **Reisepass ohne Visum** in die Republik Montenegro einreisen, Kinder unter 16 Jahren benötigen einen Kinderausweis. Selbstfahrer mit eigenem Fahrzeug müssen außerdem die „Grüne Versicherungskarte" mitführen (erhältlich bei den Automobilclubs).

Bei der **Einreise** gelten die Höchstmengen für Nicht-EU-Länder, also 200 Zigaretten, 1 Liter Spirituosen bzw. 2 Liter Wein. Wer hochwertige Gegenstände des persönlichen Bedarfs mitführt (Camcorder o.Ä.), sollte einen Kaufbeleg in Kopie mitbringen; es muss offiziell nichts deklariert werden, doch empfiehlt sich diese Maßnahme schon für eventuelle Kontrollen in den Transitländern (Landweg).

Achtung: Bei der Rückreise nach Kroatien wird vom kroatischen Zoll gerne verstärkt kontrolliert!

Geld

Montenegro gehört zwar nicht zur EU, verwendet jedoch den **Euro** als allein gültige Währung, entsprechende Umtauschaktionen entfallen also. Gängige **Devisen** (US-Dollar, SFr usw.) und **Reiseschecks** können in Wechselstuben und Banken gewechselt werden, wobei Banken den minimal besseren Wechselkurs bieten, die privaten Wechselstuben dagegen bis spät abends oder auch an Wochenenden/Feiertagen geöffnet haben.

Tourismusbehörden

Die **National Tourism Organisation of Montenegro** findet man am Rimski Trg 10, 81000 Podgorica, Tel. 081-235155, Fax 235159, tourism@cg.yu, www.visit-montenegro.com. Die wichtigsten touristischen Orte bieten darüber hinaus eine lokale Tourismusinformation, auf die in den Ortsbeschreibungen jeweils gesondert hingewiesen wird. Für touristische Fragen, Beschwerden und Hilfestellungen aller Art wurde eine **24-Stunden-Hotline** unter Tel. 081-9797 und 081-9817 eingerichtet.

Land und Leute

Geografie

Montenegro (ital. bzw. dalmatisch: „schwarzer Berg“) erweist sich geografisch als ein **schwer zugängliches Gebirgsland,** das hinter der Adriaküste zum verkarsteten **Dinarischen Gebirge** aufsteigt und im Durmitor-Nationalpark 2522 m über dem Meeresspiegel erreicht, während sich südlich und nördlich des Skutari- oder Shkoder-Sees kleine Niederungen erstrecken. Davon unterscheidet sich deutlich das mediterran geprägte **Küstengebiet** mit teils zerklüfteten Felsbuchten, teils langen, ebenen Sandstränden.

Die Landesfläche umfasst **13.812 km²** mit 293 km Küstenlinie und 614 km Landgrenzen zu den Nachbarstaaten Kroatien, Bosnien-Herzegowina, Serbien und Albanien. Das **Klima** der Bucht von Kotor entspricht dem Dubrovniks.

Staat und Politik

Montenegro ist seit dem 3. Juni 2006 eine **autonome Republik** und aus dem damaligen Staatenverbund mit Serbien offiziell ausgeschieden. Die Staatsflagge besteht aus dem Doppeladler auf rotem Grund und ersetzt in Montenegro seit Ende 2006 die serbisch-montenegrinische Trikolore Blau-Weiß-Rot. Das Wappen besteht aus einem doppelköpfigen Adler mit einem Schild, auf dem ein Löwe abgebildet ist.

Montenegro definiert sich in seiner Verfassung als **parlamentarische Demokratie.** Die Legislative (Parlament) wird direkt vom Volk gewählt, die Exekutive (Regierung) obliegt 15 Ministern unter der Leitung eines Premiers. Ein **Präsident** fungiert als Staatsoberhaupt, er wird für fünf Jahre direkt vom Volk gewählt.

Presse- und Meinungsfreiheit gehören ebenso zu den konstitutionellen Eckpfeilern wie das Recht auf freie Verwendung bzw. Ausübung von Sprache, Schrift, Kultur und Religion. Bedeutsam war auch die parlamentarische Deklaration Montenegros zum „Umweltstaat“ im Jahr 1991.

Unter dem Landesparlament in Podgorica agieren die Kreisstädte als Kreissitz und sind für die Lokalverwaltung verantwortlich. Die praktische **Innenpolitik** wurde in den vergangenen Jahren vom (politischen) Konflikt zwischen dem Wahlbündnis „Demokratische Liste“ *(Đukanović)* und dem Bündnis „Gemeinsam für Veränderungen“ um *Bulatović* geprägt. Im Prinzip sind sich beide Seiten einig, dass nur der demokratische Parlamentarismus, einhergehend mit wirtschaftlicher Erneuerung, den Reformstau lösen und anhaltenden Wohlstand bringen kann. Der innenpolitische „Knackpunkt“ bis zur Unabhängigkeit war schlicht die Frage, ob man diesen Weg alleine *(Đukanović)* oder im Verbund mit Serbien *(Bulatović)* geht. Am

monte_131 Foto: wl

21. Mai 2006 war es dann so weit: In einem Referendum (Volksabstimmung) gelang es *Đukanović*, die Mehrheit der Bevölkerung (knapp 56 %) für seine Linie der Unabhängigkeit zu gewinnen, worauf sich am 3. Juni die „Republik Montenegro“ für unabhängig erklärte.

Erklärte Ziele der Đukanović-Administration sind eine fortzuführende **Westintegration** mit den mittelfristigen Optionen einer NATO- und EU-Mitgliedschaft sowie innenpolitisch der **Abbau von Missständen** (Korruption, marode Staatsbetriebe) und der zu intensivierende Aufbau eines umfassenden Sozialsystems.

Bevölkerung

Von den rund **630.000 Bewohnern** der Republik Montenegro bezeichnen sich rund zwei Drittel als **Montenegriner**, 13 % als **Moslems** (die seit *Tito* diesen Status als eigene Nationalität zugesprochen erhielten), 7 % als **Albaner** (ebenfalls überwiegend Moslems) und 8 % als **Serben.** Die Albaner leben hauptsächlich im Süden bei Ulcinj und im Nordosten (Raum Berane/Plav), die Moslems in den Grenzregionen im Nordwesten (Raum Pljevlja). In beiden Siedlungsgebieten fallen die typischen Minarette der Moscheen auf. Die „Moslems“ geben sich allerdings wie ihre Nachbarn in Bosnien-Herzegowina prinzipiell westlich orientiert und wenig konservativ, wohingegen die albanisch-moslemischen Bevölkerungsteile teilweise sichtbar konservativ sind, was etwa in der Kleidung deutlich wird (z.B. Kopftücher der Frauen).

Die **serbische Minderheit** lebt hauptsächlich nahe der Binnengrenze zu Serbien mit dem Zentrum Bijelo Polje; serbisch dominierte Siedlungen erkennt man leicht an der mehrheitlich kyrillischen Beschriftung von Ortsschildern, Straßen, Geschäften usw.

Die montenegrinische Bevölkerungsmajorität gehört wie die Serben mehrheitlich der **serbisch-orthodoxen Kirche** an. Allerdings beruft man sich auf eine eigene Sprache sowie die lateinische

Schrift, insbesondere aber auf eine eigenständige Geschichte.

Alle Bevölkerungsteile finden in der Verfassung einen **gleichberechtigten Schutz.** Man mag angesichts der Ereignisse im benachbarten Kosovo oder vor noch nicht allzu langer Zeit in Bosnien-Herzegowina skeptisch sein, doch scheint das Zusammenleben in Montenegro zu funktionieren. Nicht zuletzt deshalb flohen Schätzungen zufolge rund 100.000 Kosovaren im Laufe des Bürgerkrieges aus dem Kosovo nach Montenegro, wo sie sich sicher fühlen.

Wirtschaft und Soziales

Wichtigster Bereich ist die **Landwirtschaft.** Ackerbau wird auf rund 6 % der Landesfläche betrieben. Auf den Ebenen des Karsthochlandes werden Mais, Weizen, Tabak und Wein, an der Küste hauptsächlich Zitrusfrüchte und Oliven angebaut. Dank der spezifischen Klimabedingungen, der Überseehöhe und der geschützten Zonen sind der Anbau von Frühgemüse und die Produktion gesunder Nahrung in besonders hoher Qualität möglich. Regional betrachtet dominiert der Anbau von Südfrüchten und Frühgemüse im Küstengebiet, der von kontinentalem Obst und Gemüse in niedrigeren Teilen der zentralen und nördlichen Gebiete und die Milch- und Fleischerzeugung in den Gebirgsgebieten. Die Weidewirtschaft (30 % Weideflächen) spielt für die Schaf- und Rinderhaltung eine bedeutende Rolle.

Die **Industrie** führt traditionell ein eher stiefmütterliches Dasein und wurde zudem durch die Luftangriffe der NATO von März bis Juni 1999 infolge des Kosovo-Konflikts teilweise beschädigt. An **Rohstoffen** abgebaut werden Bauxit, Pyrit, Eisen-, Zink-, Chrom- und Bleierze. Als Industriestandorte sind lediglich Nikšic und Podgorica (Metallurgie, Maschinenbau, Nahrungsmittel- und Textilindustrie) zu nennen. Die wichtigste Aufgabe der jungen Republik war zunächst die Umgestaltung der Staatsbetriebe. Heute gibt es in Montenegro über

11.500 Unternehmen im Privatbesitz und rund 700 Betriebe der öffentlichen Hand.

Das **Bruttoinlandsprodukt** Serbien-Montenegros lag 2006 bei rund 2650 US-Dollar pro Kopf der Bevölkerung, womit das Land zu den Armen in Europa zählt (zum Vergleich: Deutschland 35.400 US$). Hinzu kommen eine **Arbeitslosenquote** von über 30 % und eine Beurteilung der Verwaltung als „sehr korrupt" durch das Zentrum für strategische Osteuropaforschung in Budapest. Das Land wird als „halb konsolidierte Demokratie" betrachtet.

Politik ist Männersache, **Frauen** lösen sich erst ganz allmählich aus der traditionellen Rolle als Hausfrau und Mutter. Löhne und Gehälter zwischen den Geschlechtern sind angenähert worden, eine modernere Sozialgesetzgebung soll auch die Berufstätigkeit als Mutter ermöglichen. Aufgrund des starken sozialen Gefälles zwischen Stadt (Podgorica und die Touristenorte) und Land (Hinterland, landwirtschaftliche Gebiete) wird der soziale Stand oft auch am vorhandenen Wohnraum und dessen Einrichtung gemessen. Der **Wohnungsbau** nimmt daher eine Schlüsselstellung in der Entwicklung Montenegros ein, durchschnittlich stehen jedem Bewohner 18 m² Wohnfläche zur Verfügung. Die meisten Haushalte verfügen über einen Pkw und moderne Haushaltsgeräte, das Telefonnetz ist modern und mit automatischen Fernmeldeanlagen ausgerüstet, das Mobilnetz befindet sich im Aufbau.

Njivice

Grenzregion

Der heute siedlungstechnisch praktisch zusammengewachsene Küstenabschnitt **im äußersten Nordwesten** der Republik Montenegro reicht vom Kap Kobila über Njivice und Igalo bis zur lang gezogenen „Grenzstadt" Herceg-Novi. Grenzstadt deshalb, weil auf manchen Karten und in Publikationen Herceg-Novi als Grenzort zu Kroatien dargestellt wird, tatsächlich aber liegt der offizielle Grenzübergang Debeli Brijeg rund 12 km nördlich vom Zentrum. Südlich von Njivice führt eine kleine asphaltierte Nebenstraße über die **grüne Grenze** nach Vitaljina auf der kroatischen Seite, wo noch vor wenigen Jahren Stacheldraht und Bunkeranlagen die Gegend dominierten. Auch wenn die Grenze heute längst nicht mehr so streng bewacht wird (der Streit um die Kontrolle der Prevlaka-Halbinsel wurde beigelegt), so wäre es dennoch ein illegaler Grenzübertritt.

Eben aufgrund dieser **relativen Abgeschiedenheit** mag Njivice durchaus ein interessanter Urlaubsort sein, wenn man etwa den teureren Quartieren von Dubrovnik entgehen möchte und mit eigenem Fahrzeug unterwegs ist.

Unterkunft

- Einzige Hotelunterkunft bietet das €€**Hotel Riviera** (Tel. 088-73024) mit angeschlossenem Restaurant, direktem Strandzugang, Tennisplatz und Disco. Am schönen Strand wurde ein kleiner Teil für die Freikörperkultur abgetrennt, im Sommer verbinden Pendelboote Njivice (Hotelbereich) mit dem Pier in Herceg-Novi (nahe Hotel Plaža).

Igalo

Kuren und baden

Die beiden Bezirke Topla und Igalo unmittelbar nördlich von Herceg-Novi sind heute mehr oder weniger mit der Stadt zusammengewachsen, über die **Uferpromenade** oder die schmale Binnenstraße kann man alle drei Orte bequem zu Fuß erkunden. Igalo erlangte in den 1950er Jahren einigen Ruhm als Kurzentrum und „zweite Heimat" des damaligen Staatspräsidenten **Tito.** Neben dem Kurzentrum ließ er in den 1970er Jahren die prächtige **Vila Galeb** ausbauen und verlebte dort nicht nur in späteren Jahren zahlreiche Kuraufenthalte, sondern empfing auch illustre Staatsgäste aus aller Welt. Seine Idee, eine Bahnverbindung extra vom Flughafen Čilipi bei Dubrovnik bis Igalo zu bauen, wurde aufgrund der horrenden Kosten nie umgesetzt, die heutige Uferpromenade wurde auf dem damals angelegten Bahndamm errichtet. Bademöglichkeiten bestehen im fast 2000 m langen Strandbad, teils mit Fels-/Kiesabschnitten, rund um den Bacheinlauf des Sutorina auch mit Heilschlamm (für jedermann zugänglich). Am Bach wird auch das örtliche Heil-Mineralwasser („Igaljka") gewonnen, welches eine leicht erhöhte natürliche Radioaktivität aufweist. Igalo wird auch heute stark von Kurgästen frequentiert, sodass das sonstige Unterhaltungs- und Freizeitangebot eher unterdurchschnittlich erscheint.

Unterkunft

- Unterkunft in Igalo bieten die großen **Hotels €Tamaris** (Tel. 088-32055, Fax 32066, DZ 49 Euro, Hallenbad, Solarium, im Winter geschlossen) und **€€Igalo** (Tel. 088-23772, Fax 21072, DZ 64 Euro, Tennis, Hallenbad, 540-Bettenburg). Sehr stilvoll kann man in *Titos* ehemaliger **€€€€Vila Galeb** (Tel. 088-58555) inmitten eines prächtig angelegten Gartens mit Blick über die Boka wohnen; es stehen 6 EZ, 6 DZ und 5 Apartments ab 65 Euro/Person zur Verfügung.
- Komplette Kurprogramme bietet das **€€Kurzentrum Mediteranski Zdravstveni Centar,** Tel. 088-58112, Fax 52916, inig.mark@cg.yu, DZ 70 Euro (inkl. HP, ohne Kurprogramm). Angeboten werden u.a. Massagen, Inhalationen, medizinische Bäder, Meerschlick-Bäder, Elektro- und Magnettherapie, Gymnastik. Pauschalarrangements beispielsweise vom Spezialanbieter Montenegro-Travel mit einwöchigen Aufenthalten ab 550 Euro p.P. (Flug, Unterkunft, HP), einem „kleinen Programm" (5 Kurtage mit je 3 Anwendungen) zu 105 Euro p.P. und Woche sowie einem „großen Programm" (6 Anwendungen täglich) zu 380 Euro für 2 Wochen.

Topla

Heimatmuseum

Der unmittelbar benachbarte Distrikt Topla hat sich in den vergangenen Jahren zum touristischen Wohnbereich für Urlauber in Herceg-Novi entwickelt, da in Stadtnähe aufgrund der engen Bebauung und der Steilhanglage keine Hotels gebaut werden können. Oberhalb der Promenade in Topla liegt ein kleines Heimatmuseum, welches einst als Gemeindeschule gebaut worden war, in der auch der montenegrinische Regent *Petar Petrović Njegoš* zur Schule ging. Mit der Verlagerung des Bildungswesens nach Cetinje und in andere größere Orte der Bucht übernahm die Patrizierfamilie *Komenović* die Schule als Sommerresidenz, nach dem Zweiten Weltkrieg wurde das Heimatmuseum eingerichtet und zeigt **archäologische Funde** aus den Epochen der Illyrer, Griechen und Römer sowie **zeitgeschichtliche Exponate.**

• **Heimatmuseum,** geöffnet tgl. 9–12 und 15–19 Uhr, Eintritt 1,50 Euro, Zugang von der Binnendurchgangsstraße.

Unterkunft

Der **Hotelbereich** kann einfach über die Zufahrt an der Ampelkreuzung erreicht werden (Ul. Vavića bis zur Promenade).

• Unterkunft findet der Reisende im **€Hotel Topla** (Tel. 088-21456, Fax 44740) mit DZ inkl. Frühstück zu 42 Euro. Alternativen wären das **€€Hotel Aleksandar** (Tel. 088-045760) mit Sauna, Pool und privatem Strandzugang für 65 Euro/DZ, oder das ältere **€€Hotel Centar** (Tel. 088-21422, Fax 22200, 62 Euro/DZ), das im Winter geschlossen hat und auch einige Ferienwohnungen anbietet.

Herceg-Novi

Allgemeines

Als **Zentrum der nördlichen Bucht von Kotor** hat sich Herceg-Novi unmittelbar an bzw. in den Hängen der bis zum Meer hinunter fallenden Berge des **Dobraštica-Gebirgszuges** (bis 1571 m) zu einem beliebten Tagesausflugsort und wegen der nahe gelegenen Kurmöglichkeiten von Igalo auch zu einem Urlaubsstandort gemausert, wozu auch der Ruf als sonnenreichster Ort der Boka beiträgt. Allerdings sind es zu 99 % heimische (serbisch-montenegrinische) sowie bosnische und kroatische Touristen, die hier Ferien machen. Für den mitteleuropäischen Individualreisenden lohnt sich zwar auf jeden Fall ein Stopp (meist auf der Durchfahrt von/nach Dubrovnik) für eine Besichtigung der **interessanten Altstadt,** wegen der langen

Fahrtzeiten zu den anderen Gebieten Montenegros ist Herceg-Novi aber als Urlaubsstandort weniger günstig.

Stadtgeschichte

Die Stadtgründung von 1382 geht auf den bosnischen **König Tvrtko I.** zurück, der eine Burg zur Überwachung der Bucht errichten ließ, aus der sich bald eine Kleinstadt entwickelte. Der Stadtname („Neuer Herzog") geht jedoch auf den Herzog von Hum zurück, der dem bosnischen König als Machthaber folgte. Seit 1483 dann osmanisch, wurde Herceg-Novi im 16. Jahrhundert kurzzeitig von den Venezianern kontrolliert, die sich dabei spanischer Infanteristen bedienten. Aus diesem Grund entstanden die **„spanischen Festungen"** *(Španjola)*, die von den Osmanen unter Beibehaltung des Namens erweitert und restauriert wurden. Erst 1687 wichen die Osmanen vor der Übermacht der Venezianer. Seit der napoleonischen Ära Ende des 18. Jahrhunderts gestalten sich die Machtverhältnisse wie oben im Überblick zur Bucht beschrieben.

monte_136 Foto: wl

Sehenswertes

Die gesamte Innenstadt „hängt" recht steil in den auslaufenden Bergen, ein Gutteil der Altstadtgassen besteht aus Treppen und Stufenwegen. Orientierungspunkte sind die untere **Festung Španjola** an der Durchgangsstraße sowie die schräg gegenüber gelegene **Festung Kanli Kula** („Blutiger Turm"), die sich ihren Namen als Folterkeller und Gefängnis „verdiente". Die heutige Nutzung als Freilichtbühne (Filmfestival, Konzerte) ist weniger martialisch. Von hier führt eine Treppe hinunter zum zentralen Platz Trg Đurkovića mit mehreren Einkehrmöglichkeiten.

Über eine weitere Treppe durch den Torbogen des 1667 errichteten Uhrenturmes gelangt man hinauf zum **Zentrum der Altstadt** mit den frühesten Bauwerken. Auf dem kleinen Platz Trg Herceg Stjepana steht zentral die orthodoxe **Kirche Sv Mihail,** die erst um 1900 auf den Fragmenten zahlreicher christlicher und moslemischer Vorgängerbauten errichtet wurde, auch die Architektur einiger Häuser am Platz erinnert an die langjährige Präsenz der Osmanen. Die Ikonostase wurde im Unterschied zum üblichen Holzmaterial gänzlich aus Stein gebaut; das Mosaik am Eingang zeigt den Erzengel *Michael.*

Von hier aus abwärts lohnt ein Blick auf das **Kirchlein Sv Jerolima** (Hieronymus) von 1850, ebenfalls auf einer vorherigen Moschee erbaut. Das Bildnis der Madonna mit Heiligen datiert aus dem Zeitalter der Türkenkriege und soll 1687 als Geschenk Venedigs nach Herceg-Novi gekommen sein.

Weiter unten in Meeresnähe stehen mit den **Festungen Citadel** und **Fortemare** zwei weitere Wachkastelle, die im 17. Jahrhundert errichtet wurden; auch sie dienen heute als prächtige Kulisse für die Sommerfestspiele.

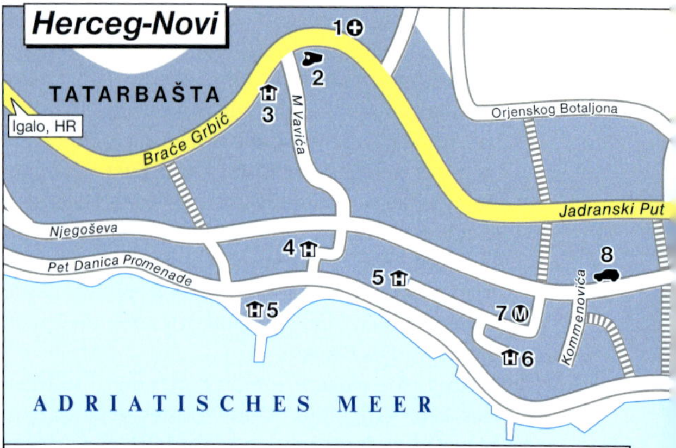

	1	Krankenhaus		15	Gradska Kafana
	2	Polizei		16	Markt
	3	Hotel Aleksandar		17	Bela Vista, Lada, Lukanda
	4	Pension Arnaut	•	18	Trg Herceg Stjepana (Altstadt)
	5	Hotel Topla (& Annex)		19	Festung Kanli Kula
	6	Hotel Centar		20	Festung Španjola
	7	Museum		21	Hotel Plaža
	8	Budget, Eurocar und Rent a Car Verleihstellen	•	22	Ausflugsboote (Tivat, Perast, Kotor, Igalo)
	9	TI		23	Citadel, Fortemare
	10	Post		24	Raffaelo
	11	Bbhf	•	25	Ausflugsboote (Rose, Luštica)
•	12	Gorbis Travel			
•	13	Mediteran Travel			
•	14	Centralna Banka & Atlas-Tours			

Wer genügend Zeit mitbringt, kann in einem halbstündigen Anstieg die Ul. Srbina hinauf zur oberen **Festung Španjola** gehen, von der man einen weiten **Rundumblick** über die Bucht von Kotor und Herceg-Novi genießen kann.

Transport & Verkehr

Der Busbahnhof liegt in Gehnähe zur Altstadt unmittelbar an der Durchgangsstraße Jadranski Put. Eine Art **Stadtbus** verbindet die umliegenden Gemeinden von Njivice bis Zelenika, **Überlandanbindungen** bestehen 7–10x tgl. von/nach Ulcinj und allen dazwischen gelegenen Küstenorten, 5x tgl. von/nach Podgorica über Kotor und Cetinje

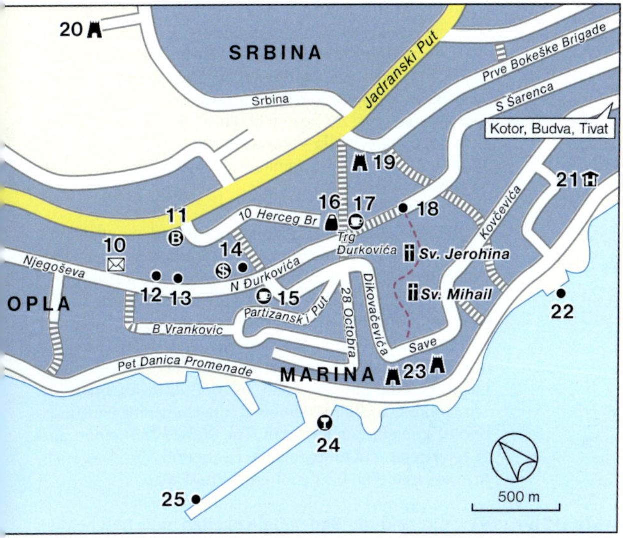

sowie 6x tgl. via Risan. In Erprobung befindet sich derzeit eine **Direktlinie von Dubrovnik** über Herceg-Novi bis Bar (4x tgl.), was das bislang umständliche Prozedere (zu Fuß über die Grenze zu marschieren) ersetzt. Wird dieser Service angenommen, erleichtert das natürlich auch dem Individualreisenden mit öffentlichen Verkehrsmitteln die Fahrt von Dubrovnik nach Herceg-Novi bzw. umgekehrt.

Taxis am Busbahnhof stehen 24 Stunden täglich zur Verfügung, die Strecke vom Busbahnhof nach Igalo kostet 12 Euro, nach Njivice 15 Euro.

Infos, Agenturen

- Die neue **Touristeninformation** wurde etwa mittig zwischen Topla und Herceg-Novi in der Ul. Njegoševa 176 eingerichtet; Tel. 088-322923, geöffnet tgl. 8–20 Uhr.
- **Agenturen: Flughafentransfer, Busfahrkarten, Ausflüge, Unterkunftsorganisation** u.a. bieten günstig im Zentrum **Mediteran-Travel** (Tel. 088-21133, tgl. 8–20 Uhr) in der Njegoševa 50 sowie wenige Häuser weiter **Gorbis-Travel** (Tel. 088-26085, Fax 2224423, gorbis@cg.yu).

Unterkunft

- Von **Privatunterkünften** (über die Touristeninformation oder die Agenturen) abgesehen, bietet sich zentrumsnah (10 Gehminuten) lediglich das €€€**Hotel Plaža** (Tel. 088-22151, Fax 21072) als Unterkunft an. Das ganzjährig geöffnete Haus verfügt u.a. über Meerwasser-Hallenbad und Saunabereich, die DZ kosten 80 Euro inkl. HP. Zentral liegt auch die private €€**Vila Veronas** in der Ul. Kovačevića, Tel. 088-22635, Fax 22752, admiral@cg.yu, wo hübsche DZ ab 24 Euro zu haben sind.

Essen & Trinken

- Zahllose **Cafés und Snackrestaurants** laden entlang der Promenade zum Verweilen ein, die **Gradska Kafana** in der Đurkovića/Ecke Kovačevića gilt als besonders gut für Obstkuchen. Sehr gemütlich sitzt es sich im **Bela Vista** am Trg Herceg Stjepana, wo die Erfrischungen mit 1 Euro/Bier und 80 Ct./Glas Wein noch erschwinglich sind. Preiswert und gut (Snacks) isst man in der **Café-Bar Lada** sowie im **Lukanda** (Lasagne, Spaghetti, Tel. 088-321699), beide am Trg Đurkovića. Beim kleinen städtischen Pier (Ausflugsboote) genießt das **Raffaelo** (Tel. 088-23238) einen ausgezeichneten Ruf für exzellente Fisch- und Muschelgerichte in der mittleren bis gehobenen Preisklasse.

Aktivitäten

- Im Ort sind die **Bademöglichkeiten** sehr bescheiden; besser eignen sich **Igalo** oder der ordentliche Strand von **Njivice** (Pendelboote im Sommer beim Hotel Plaža). Hier fahren auch Boote zur gegenüberliegenden Seite der Boka nach **Rose/Halbinsel Lustica** oder der **Badeinsel Mamula** mit einsamen, schönen Kiesbadestränden (teilweise FKK).

Sonstiges

- **Geld:** Mehrere Banken wechseln in der Ul. Đurkovića, teilweise mit EC-Automat; am Trg Đurkovića bietet die Komercialna Banka ebenfalls Auszahlung am EC-Automaten.
- Selbstversorgern sei der tägliche **Markt** (Obst, Gemüse, Käse, Kajmak, Textilien) in einer Seitenstraße am Trg Đurkovića empfohlen, ein größerer **Supermarkt** liegt mittig zwischen Topla und Altstadt in der Ul. Njegoševa. Die Đurkovića hat sich zu einer kleinen Einkaufsstraße mit Juwelieren, Boutiquen und Banken/Wechselstuben entwickelt, Foto-/Filmbedarf findet man am Trg Đurkovića.
- **Apotheke:** am Trg Herceg Stjepana in der Altstadt.
- **Post:** Ul. Njegoševa nahe der Touristeninformation, Briefmarken erhält man auch im Schreibwarengeschäft am Trg Đurkovića.
- **Internet-Café:** am Trg Herceg Stjepana.
- **Fahrzeugverleih:** Über die Agenturen oder direkt bei einem der lokalen Vermieter wie **Topollino car-rental** (Tel. 088-042032) im Hotel Plaža oder **Eurocar,** Njegoševa 87, Tel. 088-21999, **Budget** (Tel. 088-060013) und **Rent-a-car** (Tel. 088-344069), beide nebeneinander in der Njegoševa nahe der Post.

Küstenabschnitt Herceg-Novi – Risan

Einige Dörfer

Auf einer Strecke von rund 15 km zwischen dem Fährpunkt Kamenari und Herceg-Novi liegen einige Dörfer, die sich als alternative Standorte zu den größeren Städten der Bucht anbieten.

Neben einigen Sobe-/Apartmani-Anbietern liegen im Hafenort **Bijela** (wenig attraktive Werften und Docks) mehrere Hotels, u.a. das Park (Tel. 088-32077, Fax 32076) und das Delfin (Tel. 088-71116, Fax 71730), sowie die Vila Mirelli seeseitig an der Durchfahrtsstraße (Tel. 088-72242, 72240).

Bessere Bademöglichkeiten (beschildert) bieten die Felsbadestrände **Baošići, Đenovići** und **Kumbor,** wo das €€€€Hotel Xanadu (Tel. 088-76006, Fax 76043, xanadu.hotel@cg.yu), ein neuerer Luxustempel mit Pools, Sauna, Tennis usw. unter österreichischer Leitung, Kunden auf diese Seite der Boka zu ziehen versucht. Privatanbieter vermieten einfache Zimmer schon ab 7 Euro/Person.

3 km weiter, am nördlichen Ortsausgang von **Zelenika,** liegt noch vor dem Tunnel das kleine AC Zelenika mit 80 Stellplätzen für 250 Personen, Tel. 088-43361.

Risan (PI3AH)

Serbisch geprägt

Das Städtchen Risan (8500 Einwohner) ist sowohl der älteste als auch der „serbischste" aller Orte in der Bucht von Kotor, was einige historische Funde und kyrillische Beschilderungen belegen. Als geschichtsträchtiger Ort vermutet man einen gewissen traditionellen Tourismus, eine historische Altstadt, hübsche Kirchen und Festungen – weit gefehlt, denn die Stadt bietet im Vergleich zu anderen Punkten rund um die Bucht von Kotor sehr wenig, und auch dem flüchtigen Beobachter erscheint Risan **kaum einen Halt wert** zu sein; Historiker dürften sich für die römischen Mosaiken interessieren.

Stadtgeschichte

Erste Erwähnung fand die Siedlung Rhizanium bereits im 4. Jahrhundert v. Chr. als Zentrum und wichtigster **Hafen** des seinerzeitigen illyrischen Staates. 229 n. Chr. kamen die Römer, die illyrische Königin *Teuta* musste fliehen und starb später den Märtyrertod. Aus dieser Epoche stammen illyrische Münzenfunde sowie die Grundmauern der römischen Villa Rustica mit einigen Mosaiken. Unter dem byzantinischen Kaiser *Diokletian* (um 300 n. Chr.) dalmatisch, wurde Risan vom 6. bis ins 16. Jahrhundert **Bischofssitz.** Von 1540 bis 1690 folgte zunächst die osmanische und anschließend die venezianische Phase, womit dann die Geschichte Risans der allgemeinen Historie der Bucht folgt. Straßen zu allen wichtigen Orten im Hinterland (Nikšic, Trebinje) wurden angelegt, der Hafen zum bedeutenden Warenumschlagplatz ausgebaut. Nach Risan als ältester Siedlung wurde bis ins 18. Jahrhundert hinein die gesamte Bucht benannt, die meisten Bewohner leben heute von einem bescheidenen Anteil am Tourismus, hauptsächlich jedoch vom Frachthafen.

Sehenswertes

In der Ortsmitte rechts, nahe dem Spital an der Abzweigung zur Nebenstraße Richtung Nikšic, liegen linker Hand die Überreste der **römischen Mosaike** (frei zugänglich, „рімски мозайк"), bestehend aus Pflanzenmotiven sowie vermutlich *Hypnos,* dem Gott des Schlafes. Um Risan sind noch ein kleiner Oleandergarten am Nordrand sowie vor allem der **Wasserfall des Orijen** (Orijenski vodoslap) sehenswert, wobei dieser von anderen Punkten der Bucht aus betrachtet besser wirkt.

Unterkunft

• Einziges Hotel ist das €**Hotel Teuta** (Tel. 082-71740, Fax 71315, onogost@cg.yu, nur kyrillisch beschriftet: „Теута"). Sauna, Tennis, DZ 45 Euro inkl. HP. An beiden Ortszufahrten werben einige private Zimmervermittler mit „sobe"-Schildern um Kundschaft.

Sonstiges

Post und **Minimärkte** liegen direkt an der Durchfahrtsstraße, beim Hotel Teuta gibt es einige kleine Spazierwege sowie einen kleinen **Kiesstrand** mit begrenzten Wassersportmöglichkeiten (Scooterverleih). Bessere **Bademöglichkeiten** bestehen in **Donji Morinj** 6 km nördlich.

Perast

Stadtgeschichte

Als Perastium im 14. Jahrhundert erstmals urkundlich nachgewiesen, folgt die Siedlung in ihren historischen Eckpunkten der allgemeinen Geschichte der Bucht, im Wesentlichen stand Perast somit unter venezianischer und österreichischer Verwaltung. Schon immer wurden die **Schiffsbauer** von Perast gerühmt, mit den fremden Herren folgte ein Wirtschaftsaufschwung (Seehandel, Schiffsbau). Die Stadt konnte sich dank der von den Venezianern konstruierten Kastelle auch großer osmanischer Heere erwehren. Wesentlich für die Loslösung von der Verwaltung von Kotor war das „Juli-Attentat von Sv Đorđe" 1535 (siehe Sv Đorđe). Die Solidarität im Kampf gegen Osmanen (Seeschlacht von Lepanto 1571) und Piraten im 16. Jahrhundert brachte Perast bei den Dogen auf der anderen Adriaseite weitere Pluspunkte ein in Form von Zollfreiheit, Auszeichnungen und der Genehmigung zur Gründung einer **Seefahrerakademie** (Nautika), die in der Folgezeit internationale Anerkennung genoss. Die Stadt stand im 17. und 18. Jahrhundert in ihrer Blüte und drückte ihren Wohlstand in nicht weniger als 14 Kirchen aus! Die Dampfschifffahrt war das Ende des Wohlstandes, auch von der in anderen Küstenorten üblichen Alternative des Tourismus profitiert Perast nur in vergleichsweise geringem Umfang. Wegen ihrer historischen Bedeutung und Bauten wurde Perast als Ganzes unter **Denkmalschutz** gestellt.

Sehenswertes

Alles Sehenswerte erstreckt sich entlang oder parallel zum Ufer, an dem ein schmales Sträßchen entlangführt, dazwischen liegen einige Treppen-

und Pflastergassen. Landseitig sind die Reste der **venezianischen Wachkastelle** aus dem 16. Jahrhundert sowie die wenig attraktiven Ruinen der **Festung Sv Križ** (Treppen hinauf) im Ort erhalten. Einige der ehemaligen **Kapitänshäuser** deuten den einstigen Prunk und Wohlstand an, u.a. die **Palata Bujović** (gebaut 1693) am nördlichen Ortsrand, wo heute das **Städtische Museum** mit zahlreichen Ausstellungsstücken zur reichhaltigen Vergangenheit von Perast untergebracht ist.

Der mit 55 m **höchste Glockenturm der Bucht von Kotor** gehört zur **Hauptkirche Sv Nikola** aus dem 15. Jahrhundert. Der neue Campanile von 1691, notwendig geworden nach dem großen

monte_145 Foto: wl

Erdbeben von 1667, verschlang die für damalige Verhältnisse unvorstellbare Summe von mehr als 45.000 Golddukaten, was dem heutigen Gegenwert von rund 10 Millionen Euro entspricht. Eine Gedenktafel kündet stolz vom Triumph über die osmanischen Aggressoren im Jahr 1654, das Innere beherbergt ein kleines **Sakralmuseum** (tgl. außer So 9–16 Uhr, Eintritt: 1,50 Euro).

Sonstiges

• Einfache Unterkunft bietet die €**Vila Perast** an der Uferstraße, 50 m südlich der Kirche empfiehlt sich die urige **Konoba Školji** für Fisch und Muschelgerichte. Wenige Meter weiter bietet die **Agentur Perast** (Tel. 082-373702) Ausflüge und Unterkunftsvermittlung, am Kirchenvorplatz befindet sich die **Dorfpost.** Vor der Post stehen Kartentelefone, gegenüber am Kai bieten Fischer Überfahrt zu den Inseln Sv Đorđe und Gospa od Škrpelja an.

Sv Đorđe und Gospa od Škrpelja

Kircheninseln

Zur **Gemeinde von Perast** gehören auch die beiden vorgelagerten Kircheninseln Sv Đorđe (Hl. Georg) und Gospa od Škrpelja (Unsere Jungfrau [Maria] vom Felsen). Die Fischer am kleinen Bootshafen in Perast sind emsig bemüht, den interessierten Reisenden gegen ein Bakschisch von 5 Euro eine Passage zu den Inseln zu gewähren.

Sv Đorđe

Sv Đorđe wurde von **Benediktinern** im 15. Jahrhundert als Abtei gegründet und war bald eines der bedeutendsten und wohlhabendsten Klöster der Boka mit umfangreichem Landbesitz auf dem gegenüberliegenden Festland. Eine gewisse politisch-historische Rolle kam der Insel, wenngleich ungewollt, am 22. Juli 1535 zu: Venedig kontrollierte zwar die Bucht, war aber den liberalen Tendenzen in Kotor gegenüber misstrauisch, und die

Segleridylle bei Perast

Dogen spielten die Küstenorte gerne gegeneinander aus, um keine kollektiven Unabhängigkeitsbestrebungen aufkommen zu lassen. Die Stadt Kotor als nomineller Verwalter von Perast hatte einen Benediktinerabt auf Sv Đorđe eingesetzt, der von der lokalen Bevölkerung nicht akzeptiert und letztendlich während der Sonntagsmesse vom 22. Juli gemeuchelt wurde. Die Venezianer unterstützten die Peraster und gewährten den Stadtstatus, um den „Liberalen" in Kotor die Grenzen aufzuzeigen. Die Insel wurde fortan als letzte **Ruhestätte für lokale Persönlichkeiten** (Kapitäne) genutzt, um eine ewige, symbolische Verbundenheit zwischen Perast und Sv Đorđe herzustellen.

Gospa od Škrpelja

In einem engen Zusammenhang mit den Ereignissen von Sv Đorđe scheint die Geschichte des benachbarten Inselchens Gospa od Škrpelja zu stehen. Inwieweit **Legende** und Realität vermischt wurden, konnte bis heute nicht hinreichend geklärt werden. Tatsache ist, dass bis ins 16. Jahrhundert hinein keine Seekarte und keine sonstige Aufzeichnung eine Insel an dieser Stelle verzeichnete. Somit scheint gesichert, dass Gospa od Škrpelja nicht existierte. Nach den Geschehnissen auf Sv Đorđe (1535) soll ein Boot auf der Felsspitze einer Untiefe Leck geschlagen haben und aufgegeben worden sein, es blieb fortan teilweise sichtbar. Die Bewohner von Perast sollen nunmehr (aus Furcht vor göttlicher Strafe?) beschlossen haben, an dieser Stelle eine Kapelle zur Begleichung ihrer Erbschuld zu errichten, und fuhren erst unbrauchbare Boote, später Gestein und Erde vom Festland heran und schütteten die Insel Gospa od Škrpelja somit in mehrjähriger Kleinarbeit künstlich auf – daher der Name „Unsere Jungfrau vom Stein/Fels".

Genau 100 Jahre nach dem „Zwischenfall" auf Sv Đorđe, 1635, begann man mit dem Bau einer prachtvollen **Kirche,** deren Fertigstellung sich bis 1722 hinzog. Bei der Innenausgestaltung wurde nicht gespart, Carrara-Marmor für den Altar und

Skulpturen glänzen neben reichhaltigen Malereien des lokalen Künstlers *T. Kokolja,* das Bildnis des *Hl. Rochus* wird *Tiepolo* zugeschrieben, und über 2000 Votivtäfelchen zwischen den Gemälden zeigen das Leben der Stadt und ihrer Bürger. Ein kleines angeschlossenes **Museum** beherbergt etliche interessante Exponate aus dieser Epoche, etwa die Sühnestickerei einer Bürgerin von Perast, die ihr eigenes Haar für ein Kleid für die Jungfrau verspann.

Fackelzug

Der aufgeklärte Reisende des 21. Jahrhunderts wird die Ereignisse von Sv Đorđe und Gospa od Škrpelja nicht sonderlich ernst nehmen. Wer jedoch am **22. Juli** zufällig in Perast weilt, wird nach Einbruch der Dunkelheit die Bewohner zu den Booten huschen und im Fackelzug unter Gesängen nach Gospa od Škrpelja übersetzen sehen, um dort im bizarren Dämmerlicht mitgebrachte Steine zu versenken. Angenehme Nachtruhe!

Kotor

Faszinierende Altstadt

Die (Alt-)Städte der Ostadria, die einen bleibenden Eindruck hinterlassen, kann man an einer Hand abzählen: Es sind dies Korčula, Trogir, Split, Dubrovnik und – Kotor. Die faszinierende Altstadt liegt am äußersten Ende der gleichnamigen Bucht unterhalb des Lovćen und hat sich zu Recht zu einem der beliebtesten Ziele in Montenegro entwickelt und wurde ebenso zu Recht zum **Weltkulturerbe der UNESCO** erklärt.

Worauf gründet diese in Montenegro vielleicht einmalige Faszination? Gewiss, der fotogenen Altstadt, umgeben von hohen, schier unüberwindlichen Stadtmauern, und den verwinkelten Gassen mit zahlreichen historischen Bauwerken haftet das Ambiente einer typischen Mantel-und-Degen-Kulisse an. Bei manchen Besuchern stellt sich außerdem das Gefühl ein, sich auf geschichtsträchtigem

Boden zu bewegen. Der wirkliche Blickfang aber ist die bis zu 10 m hohe **Stadtmauer,** die von Meereshöhe bis zu der auf 260 Höhenmetern gelegenen, in den Berg gehauenen Festung Sv Ivan hinaufgebaut wurde und Festung und Altstadt beinahe wie eine „chinesische Mauer" umschließt. Ein ähnliches Ortsbild hat von den Küstenstädten der Ostadria nur noch Ston auf der kroatischen Halbinsel Pelješac. Im Übrigen wird Kotor oft als **„kroatische Stadt"** dargestellt, was auch eine Inschrift an der Kathedrale unterstreicht, wonach 1925 die „Kroaten der Stadt Kotor ihrem König *Tomislav* gedenken", der exakt 1000 Jahre zuvor das erste unabhängige kroatische Königreich geschaffen hatte.

Mit den eingemeindeten umliegenden Ortsteilen (Dobrota) leben heute rund **15.000 Menschen** in Kotor hauptsächlich vom Tourismus und vom Hafen. Für einen Badeurlaub empfiehlt sich die Stadt am Ende der Bucht nicht unbedingt, umso mehr jedoch für einen Streifzug durch die historische Altstadt.

Stadtgeschichte

Autonomie und Fremdbestimmung

Von den Römern Catarum genannt, war die Stadt im Mittelalter auch als Catera oder Decadarum bekannt. Mit dem Untergang Westroms erhielt Catarum unter den Byzantinern den Status einer autonomen Stadt, den sie auch über die serbische Epoche der Nemanjiaden (ab 1178) hinaus behielt, unterbrochen nur von wenigen kurzzeitigen Fremdherrschaften. Mit der Einverleibung Kotors als Cattaro in die venezianische Dogenrepublik (1420–1797) folgten **Jahrhunderte der Fremdbestimmung bei weitgehenden inneren Verwaltungsfreiheiten.** Während dieser fast 400 Jahre

Kotor – die Altstadt unterhalb der hohen Stadtmauern

monte_149 Foto: wl

dauernden Oberhoheit Venedigs wurden mehrere Versuche der Osmanen, Kotor zu erobern, erfolgreich abgewiesen. Mit *Napoleon* und der Auflösung Venedigs verlief die historische Entwicklung Kotors wie in den anderen Orten der Bucht.

Sehenswertes

Stadtmauer

1420 begannen die Venezianer die Altstadt mit einer bis zu 18 m dicken und 10 m hohen Mauer von insgesamt 4,5 km Länge zu umgeben; ihr Bau dauerte bis ins frühe 19. Jahrhundert und führte letztlich dazu, dass Kotor nie gewaltsam erobert werden konnte. Die Altstadt kann über drei Tore betreten werden: das **Nordtor (Sjevernaja gradska vrata)** am Flüsschen Škurda, das **Südtor (Južna gradska vrata)** an einem Teich mit unterirdischer Quelle – beide waren ursprünglich mit Zugbrücken gesichert – sowie durch das **Haupttor (Glavna vrata)** gegenüber der Anlegepiere.

Durch das Haupttor betritt man den Platz **Trg Oktobarske revoljuce** mit einigen Cafés, Banken und Geschäften. Gegenüber vom Tor fällt der **Stadtturm (Gradska kula)** auf, der 1602 errichtet und 200 Jahre später von den Franzosen um die Turmuhr ergänzt wurde. Er diente als Gefängnis und Folterkammer, die denkmalartige Steinkonstruktion vor dem Turm als Pranger.

Vom Haupttor aus rechts gehend, passiert man mehrere ehemalige **Patrizierhäuser,** u.a. der Kapitänsfamilie *Beskuća* (18. Jahrhundert) und des Händlerclans *Bisanti* (17. Jahrhundert, einer der *Bisantis* wurde Bischof von Kotor). Kotor weist eine ganze Reihe weiterer, teilweise verfallener Familiensitze („palata") auf, die Restaurierung wird noch einige Jahre in Anspruch nehmen.

Sv Trifun

Ein Stückchen weiter öffnen sich die verwinkelten Gassen zum Platz **Trg Ustanka mornara** mit der **(katholischen) Kathedrale** Sv Trifun (geöffnet tgl. 9–17 Uhr, außer zu Messezeiten, Eintritt: 1,50 Euro), einem der prächtigsten Gotteshäuser Montenegros. Es gilt auch ein wenig als Aushängeschild der Katholiken Montenegros, mit Hilfe kräftiger Zuschüsse aus Rom (bzw. in Rom eingegangener Kirchensteuern) wurde es Anfang dieses Jahrhunderts zu einem wahren Prunkstück herausgeputzt. Reste eines Vorgängerbaus aus dem 9. Jahrhundert wurden während der jüngsten Restaurierungen unter der Sakristei entdeckt. Die heutige Kathedrale wurde im frühen 12. Jahrhundert im romanischen Stil errichtet, sie blieb selbst während des Erdbebens von 1667 unbeschädigt. Lediglich die Westseite musste restauriert werden, bei dieser Gelegenheit wurden die barocken Glockentürme ergänzt.

Im Inneren werden die Sarkophage des Kathedralenbaumeisters *Saracenis* (9. Jahrhundert) aufbewahrt, dem der Vorgängerbau zugeschrieben wird. Das Innere war ursprünglich mit Fresken ausgestaltet worden, Teile (Apsis) wurden freigelegt und auf das 14. Jahrhundert datiert. Die roten Marmorsäulen stammen aus dem nahe gelegenen Kamenari. Der gesamte Altarbereich gilt als Meisterstück des gotisch-romanischen Sakralbaustils, der Baumeister konnte bislang nicht identifiziert werden. In der Schatzkammer im nördlichen Kirchenschiff werden neben regionalen Goldschmiedearbeiten und Gemälden die Gebeine des *Hl. Trifun* aufbewahrt, die im 9. Jahrhundert aus Konstantinopel überführt worden waren. Der Heilige ist nicht mit dem Bischof *Tripun* (16. Jahrhundert) aus der Familie *Bisanti* zu verwechseln, dessen letzte Ruhestätte sich im südlichen Kirchenschiff befindet.

Palata Drago

An der Nordseite des Trg Ustanka mornara steht der Palata Drago, zu erkennen an dem torbogenartigen Durchgang, der **älteste Stadtpalast von Kotor.** Er wurde bereits im 12. Jahrhundert im gotischen Stil errichtet, beim Erdbeben 1667 weitgehend zerstört und in der Folgezeit mit leichten Modifikationen restauriert.

Palata Gigurin

Wenige Meter nordwestlich gibt die Häuserfront den Blick auf den Trg Bokeljske mornorice mit dem kanonenbewehrten Palata Gigurin frei. Das Innere des barocken Familienpalastes beherbergt heute das örtliche **Marinemuseum** mit Exponaten zum Thema Seefahrt in der Boka Kotorska (geöffnet tgl. 8–14 Uhr, Eintritt: 1 Euro). In dem nach dem Zweiten Weltkrieg eröffneten Museum werden Dokumente, Bilder und Schiffsmodelle, aber auch archäologische und kulturgeschichtliche Sammlungen u.a. zum Volksbefreiungskampf aufbewahrt.

Sv Luka

Einen Steinwurf entfernt liegt der **Trg Bratstva i Jedinstva** mit Boutiquen und Cafés sowie der **Kapelle des Hl. Lukas.** Der einschiffige Bau entstand 1195 unter *Sven Nemanija* (Inschrift an der Fassade) und diente bis 1657 als römisch-katholische

Kirche, ehe er der serbisch-orthodoxen Kommune übereignet wurde. Im Inneren werden einige wertvolle Ikonen einheimischer Künstler aus dem 17. und 18. Jahrhundert aufbewahrt.

Sv Nikola

Hauptblickfang auf der Nordseite des Platzes ist jedoch die relativ moderne, erst 1910 erbaute **serbisch-orthodoxe Nikolauskirche** (Sveti Nikola). An ihrer Stelle befand sich ein 250 Jahre alter Vorgängerbau, der bei einem Brand 1896 völlig zerstört wurde. Der heutige Bau wurde vom Sakralbaumeister *Iveković* gestaltet und nennt eine wertvolle Ikonensammlung sowie eine Ikonostase des böhmischen Malers *František Cikler* sein Eigen.

Sv Marija

Richtung Nordtor passiert man die kleinere **orthodoxe Kirche** Sv Marija, die bereits im 9. Jahrhundert urkundlich dokumentiert ist, Anfang des 13. Jahrhunderts abbrannte und 1221 auf dem Fundament ihres Vorgängerbaus wiedererrichtet wurde. Sogar Reste einer Kapelle aus dem 6. Jahrhundert, der Ära *Justinians,* sollen gefunden worden sein. 1434 wurde die Kapelle des *Hl. Johannes* angebaut und im Jahre 1771 der Campanile ergänzt. In den 1920er Jahren wurde die Kirche der (selig gesprochenen) Nonne *Berta Hosanna* gewidmet, die im 16. Jahrhundert ihr Leben dem Kampf gegen die Piraten in der Bucht verschrieben hatte und deren Gebeine in der Kirche aufbewahrt werden. Etliche Szenen der Innenausgestaltung sind ihrem Leben gewidmet.

Festung Sv Ivan

Zur 260 m hoch gelegenen Ruine der Festung Sv Ivan (Johannesfestung, Zugang 1 Euro) führen unweit der Marienkirche (Hinweisschild) nicht weniger als 1350 Stufen, ein im Hochsommer nicht gerade einfaches Unterfangen, für welches mindestens eine Stunde (aufwärts) eingeplant werden muss. Auf halbem Weg passiert man die kleine **Kapelle Gospa od Zdravlja** aus dem 16. Jahrhundert, die Ursprünge der Festung selbst reichen bis

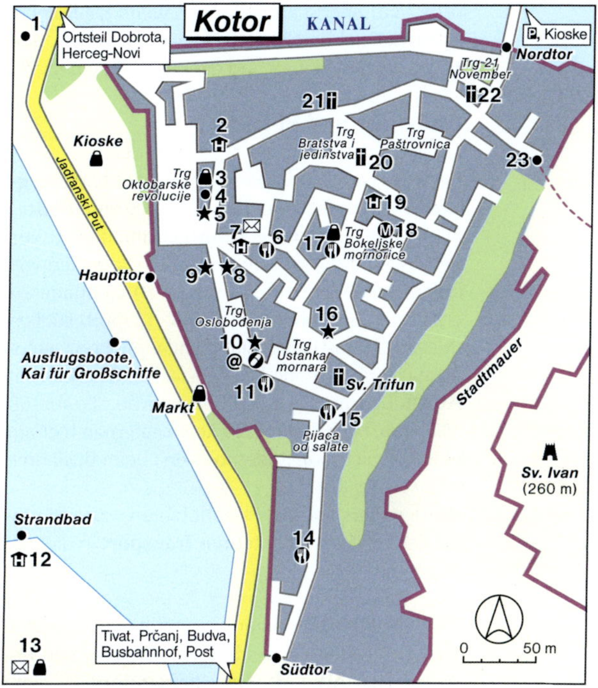

●	1	Marina & Hafenmeisterei	✉	13	Post & Supermarkt
🏨	2	Hotel Marija			(Ri. Prčanj)
	3	Minimarkt		14	Restaurant Atrium
●	4	Merkur Intours		15	Fischrest. Scala Santa
★	5	Stadtturm	★	16	Patrizierhaus Drago
	6	Pizzeria Pronto		17	Minimarkt & Grill-Pizzeria Kantun
🏨	7	Hotel Vardar &	Ⓜ	18	Gigurin (Marinemuseum)
✉		Post (Nebenstelle)	🏨	19	Hotel Rendezvous
★	8	Patrizierhaus Bisanti		20	Sv. Luka
★	9	Patrizierhaus Beskuća		21	Sv. Nikola
@	10	Internet-Café,		22	Sv. Marija Koledata
★		Palata Pima,	●	23	Aufgang zur Festung Sv. Ivan
		Apotheke			
	11	Pizzeria Sara			
🏨	12	Hotel Fjord			

ins 8. Jahrhundert zurück. Auch wenn die Ruinen selbst vielleicht nicht mehr so viel hergeben, der Blick über die Altstadt und die Bucht ist sagenhaft!

Transport und Verkehr

Bus

Kotor liegt am Schnittpunkt der **Busroute Herceg-Novi – Ulcinj** sowie der alten **Cetinje-Route.** Zwar liegt ein offizieller Bushalt unmittelbar vor dem Altstadttor, wer aber sein Glück lenken will (Sitzplatz!), sollte zu dem keine 10 Gehminuten entfernten Busbahnhof (Tel. 082-325809) südlich der Altstadt die Hauptstraße entlanggehen („autobusna stanica", nahe Eco-Tankstelle). Hier besteht Anbindung an alle Küstenorte sowie alle 45–60 Min. von/nach Cetinje. Tickets kauft man hier am Schalter, nicht wie andernorts erst beim Busfahrer.

Taxi

An den Piers vor der Altstadt bieten wartende Taxis den raschen, aber **teuren Transport** in die umliegenden Orte an.

Auto

Der Küstenstraße folgend, erreicht man aus allen Richtungen den Hafenbereich direkt neben der **autofreien Altstadt.** Unmittelbar nördlich fließt das Flüsschen Škurda, dort bestehen rechter Hand zahlreiche **Parkmöglichkeiten** (teilweise gebührenpflichtig).

Touristische Infrastruktur

Infos, Agenturen

- **Touristeninformation:** unmittelbar vor dem Haupttor zur Altstadt, geöffnet tgl. 8–14 Uhr, Tel. 082-325952.
- **Agenturen: Vizin-Travel** (am Haupttor, Tel. 082-71671), mit Fahrzeugvermietung, **Merkur-Inturs** (am Trg Oktobarske revoljuce, Tel. 082-322113, Fax 325113) sowie ein Stück abseits der Altstadt **Meridian-Tours** (Tel. 082-11188, Fax 11226, travel@cg.yu).

Gotisch gestaltetes Fenster am Palata Drago

Unterkunft

Wer weniger Wert auf Baden legt oder etwa während der Wintermonate kommen möchte, kann in Kotor durchaus sein Urlaubsquartier aufschlagen. Die Stadt bietet einige, nicht einmal überteuerte, Möglichkeiten.

- In **Altstadtnähe,** direkt am Meer, liegt das große €**Hotel Fjord** (Tel. 082-325011, Fax 325061) mit Strandbad, Hallenbad, Tennis und DZ zu 46 Euro. In der Altstadt selbst bietet das kleine, private €€**Hotel Marija** (Tel. 082-325162, Fax 325073) hübsche DZ ab 60 Euro. Die tolle Lage wiegt die Nachteile des touristischen Rummels bis in die späten Abendstunden und die weite Entfernung zu Parkmöglichkeiten (Trägerservice!) auf. Ebenfalls innerhalb der Stadtmauern nahe der Poststelle findet man ferner das staatliche €**Hotel Vardar** (Tel. 082-325018, Fax 325061), welches etwas schlichtere DZ für 38–48 Euro inkl. Frühstück anbietet (je nach touristischem Andrang im Winter geschlossen).
- Richtung Herceg-Novi erstreckt sich unterhalb des gleichnamigen Höhenzuges der **Ortsteil Dobrota;** hier findet man einige kleine private **Pensionen,** z.B. die €**Vila**

monte_152 Foto: wl

Panonija (Tel. 082-325755, Fax 325756, vilapanonija@hotmail.com) mit angeschlossenem Restaurant und DZ ab 25 Euro. Ebenfalls im Bezirk Dobrota findet man neben zahlreichen Zimmeranbietern („sobe“) die Pensionen €**Vila Perast** (Tel. 082-72098, Fax 72092) und €**Vila Favorit** (Tel. 082-72098).

Essen & Trinken

- Für Erfrischungen und Snacks vom Burger bis zu Ćevapi bieten sich die **biergartenähnlichen Kioske** außerhalb der Stadtmauer unmittelbar nördlich vom Haupttor an. Kleinigkeiten auch zum Mitnehmen erhält man in der **Pizzeria Pronto** hinter dem Hotel Vardar. Gemütlich bei ordentlicher italienischer Küche sitzt man in der **Pizzeria Sara** neben der Kathedrale, wer Fleischgerichte bevorzugt, dem sei die günstige **Grill-Pizzeria Kantun** am Trg Bokeljske mornorice (gegenüber vom Marinemuseum) empfohlen.
- Am oberen Ende der Preis-Qualitätsskala rangieren für Fischgerichte das **Scala Santa** (Tel. 082-433523) an der Pijaca od salate, für montenegrinische Küche die **Konoba Atrium** (Tel. 082-322434) nahe dem Südtor.

Aktivitäten

- Baden in Kotor ist nicht unbedingt der Hit, eine Art **Strandbad** wurde vor dem Hotel Fjord angelegt, im Ortsteil Dobrota wurden mehrere (beschilderte) **Felsstrandabschnitte** ausgewiesen. Ansonsten wende man sich von Dobrota aus gut 2 km nordwärts zum Weiler **Orahovać** mit dem beliebten Restaurant Mlini, wo mehrere ruhigere Felsbadestrände (Ljuta, Orahovać) ausgeschildert sind.
- Jüngere Besucher wird in Kotor das **Theaterfestival für Kinder** (im Juli, Näheres in der Touristeninformation) interessieren, abendliche Unterhaltung bietet der **Disco Club Secondo Porto** gegenüber der Post.

Sonstiges

- Selbstversorger finden einen **Supermarkt** gegenüber der Post, in der Altstadt gibt es zudem einige **Minimärkte.** Lohnenswert ist sicher auch ein Besuch des außen in die Stadtmauern integrierten **Marktes** (aus dem Haupttor links), wo vormittags die Händler Fisch, Hausmacherkäse, Kajmak und saisonal frisches Obst anbieten.
- **Post:** An der Straßengabel 100 m südlich vom Südtor; **Kartentelefone** findet man nahe der Touristeninformation am Haupttor.
- **Geld:** Opportunity Bank (mit EC-Automat) und Euromarket Bank (VISA-Automat) am Haupttor zur Altstadt.
- **Krankenhaus:** an der Hauptstraße Richtung Herceg-Novi im Ortsteil Dobrota, Tel. 082-16548.
- **Apotheke:** in der Altstadt gegenüber vom Palata Pima.
- **Marina:** Anlegemöglichkeit für 67 Kleinyachten, Tel. 082-325578.
- **Internet-Café:** Günstig in der Altstadt nahe der Kathedrale liegt das **IDK,** Tel. 082-322440, www.kotor.com.

Prčanj

Allgemeines

Das **lang gezogene Straßendorf** Prčanj erstreckt sich auf einer Länge von fast 6 km an der Ostseite der Landzunge von Tivat und hat sich in jüngster Vergangenheit einen Namen bei Reisenden gemacht, die fernab vom Trubel gemütlich und genüsslich das Alltagstreiben in der Bucht von Kotor erleben wollen. Dabei genießt Prčanj einen traditionellen Ruf als **Nautikerhochburg,** bis in die Neuzeit hinein brachte der Ort einige hervorragende, auch über die Landesgrenzen hinaus bekannte Seefahrer hervor.

Sehenswertes

Hauptattraktion ist die **Marienkirche Bogorodici Hram,** die in der Spätphase der venezianischen Oberhoheit 1789 von *Bernardino Maccarucci* im späten Renaissance-Stil konzipiert wurde und bis zu deren Fertigstellung 120 Jahre vergehen sollten. Der weiße Marmor für den Bau wurde aus Korčula (Kroatien) angeliefert. Auch der eilige Reisende sollte vielleicht kurz bei der Kirche verweilen, da sich einige interessante historische Ereignisse mit ihr verbinden. Auf der Terrasse vor dem Eingang etwa wurden zahlreiche **regionale Berühmtheiten als Büste** verewigt, u.a. der berühmte kroatische **Bischof Josip Juraj Štrossmayer** (1815–1905), Bischof von Đakovo, Beichtvater Kaiser *Franz Josephs* und Vordenker des **Panslawismus** (Streben nach Einheit aller Slawen von Russland bis Kroatien). Da aber hierzu die slawisch-orthodoxe und die römisch-katholische Kirche vereinigt werden mussten, war er ein Gegner aller die Kirchen trennenden Dogmen, insbesondere der katholischen Theorie der unbefleckten Empfängnis, womit er in scharfer Opposition zum Papst stand (1. Vaticanum 1870). Eine andere historische Berühmtheit ist der in Prčanj gebürtige **Kapitän Ivo Visin** (1806–1868), der 1852 mit nur zwölf Matrosen eine siebenjährige Weltumsegelung (unter österreichisch-ungarischer Flagge) schaffte und dafür von Kaiser *Franz Joseph* die weiße Flagge mit Kaiseradler – seinerzeit die höchste Marineauszeichnung – erhielt. Auch das Innere der (verständlicherweise nicht immer zugänglichen) Marienkirche birgt reiche Schätze, etwa Gemälde von *Tiepolo* oder Werke des berühmten kroatischen Bildhauers *Ivan Meštrović*, der auch die Visin-Büste geschaffen hat. Ein Silbergefäß in der Sakristei gehörte dem berühmten britischen Dichter und Adeligen **George Noel Byron** (1788–1824, „Don Juan"), der auf seiner Reise nach Messolongion zum griechischen Freiheitskampf in Prčanj Zwischenstation machte und eine Affäre mit einer örtlichen Kapitänsgattin begonnen haben soll.

monte_160 Foto: wl

Sonstiges

!

- Es gibt lediglich die Durchfahrtsstraße, daher bereitet die Orientierung keine Probleme. **Zwei Minimärkte** bieten eine Basisausstattung für Selbstversorger, für zünftige Mahlzeiten in der einfachen bis mittleren Kategorie empfiehlt sich das **Restaurant Plaža.** Für Unterkunft sorgen die **Pensionen €Vila Marija** (Tel. 082-11115, Fax 12111, DZ ab 26 Euro) mit angeschlossenem Restaurant und **€Vila Stoliv** (Tel. 082-15034) mit Zimmern ab 25 Euro. Die Verbindung zur Außenwelt hält die kleine **Dorfpost** unterhalb der Marienkirche.

Lepetani

Fährort

Während die Straße von Tivat bis zur Fähre gut ausgebaut wurde, beließ man das enge Küstensträßchen vom Fährort bis Kotor unverändert. Aus diesem Grunde dürfte der Abschnitt zwischen Lepetani und Prčanj der schönste der Bucht sein. Hier hat man auch sehr schöne Blicke zu den Kapelleninseln von Perast, rund um den Weiler **Stoliv** bieten sich einige schattige **Felsbuchten** zum Baden an. Vor allem das **Strandbad Markov Rt** erlangte einige Bekanntheit als Heilstation für Atemwegs- und Herz/Kreislauferkrankungen (Tel. 082-325963 und 325977, Fax 325987, 550 Betten, Hallenbad).

Transport & Verkehr

Die beiden **Autofähren** verbinden Lepetani mit **Kamenari** (beides winzige Fährorte) und verkürzen die Fahrtzeit von Tivat nach Herceg-Novi auf etwa 45 Min., für die Umrundung der gesamten Bucht sind etwa 1½ Stunden Fahrtzeit zu kalkulieren. Von Juni bis September fahren die RoRo-Fähren durchgehend, sonst von 5–24 Uhr etwa alle 20 Min. (3,50 Euro/Pkw inkl. beliebig vieler Passagiere). Die öffentlichen **Busse** fahren zur Fähre (von Tivat), auf der anderen Seite besteht sofort Linienbusanbindung bis Igalo (Fährlinie Igalo - Kamenari - Igalo).

Tivat

Transitort

Schon vor über 2000 Jahren wurde die Bucht um Tivat von illyrischen Stämmen besiedelt, primär weil in den flachen Uferregionen kostbares **Salz** gewonnen werden konnte. Salinenreste sieht der Reisende heute noch am Südrand der Stadt beim Flughafen, die meisten der gut 20.000 Einwohner leben inzwischen jedoch vom Hafen und den Werften oder indirekt vom Tourismus (Flughafen, Sommertheater). Für Reisende ist Tivat hauptsächlich ein bedeutender Transitpunkt, als Urlaubsstandort empfiehlt sich der Ort eigentlich nur dann, wenn man mit öffentlichen Verkehrsmitteln reist und in Flughafennähe wohnen möchte. Auch Selbstfahrer kommen durch Tivat, wenn sie die Fähre von Lepetani nach Kamenari Richtung Herceg-Novi nehmen wollen (was die Anfahrt deutlich verkürzt).

Sehenswertes

Auch wenn Tivat eher den Eindruck einer geschäftigen Hafenstadt macht, erweist sich das **Zentrum mit Park- und Grünanlagen** sowie einer **Uferpromenade mit Bademöglichkeiten** doch attraktiver, als man auf den ersten Blick vermuten mag. Für Besucher lohnt ein Blick in das alte **Kastell am Hafenrand,** das schon seit dem 14. Jahrhundert die Bucht überwacht. Es wird derzeit restauriert, der gegenüberliegende Teil wurde zum **Freilicht-Sommertheater** umgestaltet; aktuelle Veranstaltungshinweise findet man direkt am Zugang.

Transport & Verkehr

Die öffentlichen **Busanbindungen** sind ordentlich, alle 30 Min. wird **Budva** angefahren, alle 45 Min. **Kotor,** 20x tgl. **Herceg-Novi,** 1–2x tgl. Anbindung nach Belgrad und Niš (Kosovo). Der Bushalt liegt unmittelbar vor der Post in der Ul. Palih Boraca.

Wachtturm am Kastell von Tivat

Infos

•**Touristeninformation:** Eine Informationsstelle wurde in der Moše Pijade/Ecke Palih Boraca im Zentrum eingerichtet; geöffnet Mo bis Fr 8–21 Uhr, Tel. 082-671324, tictivat @cg.yu, www.tivat.com.

Agenturen

•Tivat ist weniger ein El Dorado für organisierte Ausflüge und Touren, einige Agenturen bieten jedoch auch hier vornehmlich **Flugorganisation** und **Transfers,** aber auch **Ausflugstouren** und **Unterkunftsvermittlung.** Günstig im Zentrum liegen **Montenegrino Tours** (Tel. 082-674900, Fax 674899) in der Ul. 21. Novembra (schräg gegenüber vom Primorje-Kaufhaus) oder **SIP-Travel** (Tel. 082-672342, Fax 672175) in der Ul. Druge Dalmatinske brigade neben **Montenegro Airlines** (Tel. 082-671237, officetv@mgx. cg.yu).

monte_165 Foto: wl

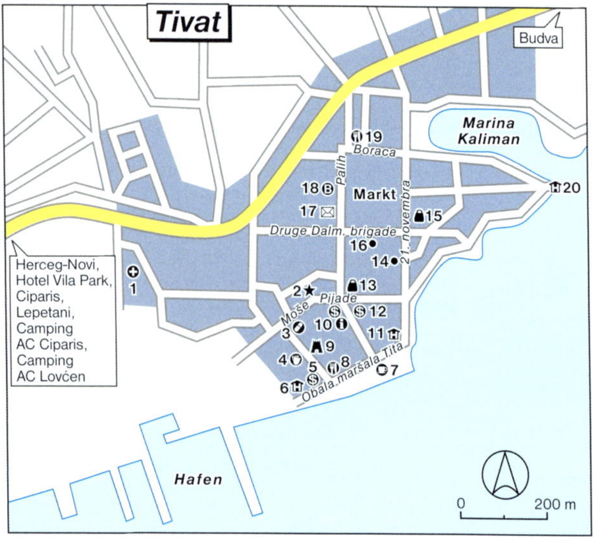

1	Krankenhaus	12	Montenegro Banka (EC)
2	Stadtpark & Spielplatz	13	Supermarkt
3	Apotheke	14	Agentur Montenegrino Tours
4	Freilichtheater	15	Kaufhaus Primorje
5	Atlas-Mont Banka	16	SIP Travel & Montenegro Airlines
6	Hotel Pine	17	Post
7	Café-Bar Regina	18	Bushaltestelle
8	Pizzeria Pine	19	Konoba Bacchus
9	altes Kastell	20	Pension Zlatno Sidro
10	Podgorica Banka, TI		
11	Hotel Mimoza		

Unterkunft

Es gab einmal einen Versuch der bekannten französischen MidMed-Gruppe, in Tivat, genauer gesagt, auf einer der kleinen Inseln in der Bucht, Fuß zu fassen. Das Projekt ließ sich zwar gut an, seit den NATO-Luftangriffen ist die Anlage jedoch aufgegeben worden. Heute sind es einfache **Mittelklassehotels** im €-Bereich, die den Reisenden eine bescheidene Auswahl ermöglichen.

• Das €**Hotel Pine** (26 Zimmer, Tel. 082-671391, Fax 671305, mimozatv@cg.yu) liegt ufernah unmittelbar an der kleinen Fußgängerzone rund um das Kastell und nimmt 40 Euro pro DZ. Es gehört ebenso zu den staatlich geleiteten

Hotels wie das €€**Hotel Mimoza** (Tel. 082-672250, Fax 671305, mimozatv@cg.yu) bei identischem Preis, welches jedoch abseits vom Hafen am Strandbad und daher etwas besser gelegen ist. Ab 55 Euro für das DZ zahlt man im €€**Hotel Palma** (Tel. 082-672288, Fax 672175, primorje@cg.yu), wo man sogar einen eigenen Kühlschrank im Zimmer hat.

- Im Bereich der **Privatunterkünfte/Pensionen** empfehlen sich die **Pension €Zlatno Sidro** (Tel. 082-684746) mit DZ um die 30 Euro im Zentrum oder die €**Vila Park** (Tel. 082-675310, Fax 670115) bei gleichen Preisen etwas außerhalb nahe des Campingplatzes.

Camping

- Etwa 2 km westlich (Ortsausgang Richtung Herceg-Novi) bietet der Campingplatz **AC Ciparis** Unterkunft für bis zu 600 Camper, Restaurant und Minimarkt (Tel. 082-672532).
- Auf halbem Wege zur 4 km entfernten Lepetani-Kamenari-Fähre liegt noch der Platz **AC Lovćen** (Tel. 082-686110), der ebenfalls Wohnwagenanmietung anbietet.

Essen & Trinken

- Einfache **Snacks und Cafés** findet man rund um den Markt, für einen Drink bietet sich die hübsch gelegene **Café-Bar Regina** am Westende der Uferpromenade an.
- Gutbürgerlich isst man in der **Konoba/Pizzeria Pine** (Obala Maršala Tita), wo neben sehr guten Pizzen auch preiswert und gut montenegrinische Fisch- und Fleischgerichte serviert werden.
- Im gehobeneren Segment ragt die **Konoba Bacchus** in der Ul. Palih Boraca mit sehr guten heimischen und internationalen Weinen sowie heimischen Spezialitäten wie Kajmak (Kräuterkäse) oder Ispod (Lammtopf) heraus.

Sonstiges

- Tivat als Einkaufsparadies zu bezeichnen, wäre sicherlich maßlos übertrieben, dennoch kann man preiswert seine Vorräte aufstocken. Einen günstigen **Supermarkt** findet man in der Moše Pijade/Ecke Palih Boraca, preiswerte heimische **Textilien** im **Primorje-Kaufhaus** in der Ul. 21. Novembra. Gegenüber findet täglich ein großer **Obst- und Gemüsemarkt** statt, auf dem man praktisch alle landwirtschaftlichen Erzeugnisse des Landes erstehen kann.
- **Geld:** Mehrere Banken an der Kreuzung Palih Boraca/Moše Pijade bieten Wechselmöglichkeiten, die Montenegro Banka auch Direktabhebung per EC-Automat.
- Das **Krankenhaus** liegt unmittelbar seeseitig der Hauptstraße (Tel. 082-452666), eine **Apotheke** findet man am oberen Ende der Fußgängerzone beim Kastell.
- Die **Post** liegt sehr günstig neben der Bushaltestelle in der Palih Boraca.
- Für Segler wird die **Marina Kaliman** (Tel. 082-671271) am Ostrand des Zentrums von Interesse sein.

Halbinsel Luštica

Touristisch ohne Bedeutung

Die Halbinsel Luštica liegt **im äußersten Westen der Bucht von Kotor** und ist der touristisch bislang am wenigsten entwickelte Teil dieser Region. Dies liegt nicht zuletzt daran, dass die Bucht von Tivat industriell genutzt wird und auch der unmittelbar benachbarte Flughafen nicht gerade zum Bild eines idyllischen Urlaubsortes beiträgt. Nur an der Nordwestseite um **Rose** gibt es noch unberührte Fleckchen, Ausflüge werden per Boot in Herceg-Novi angeboten.

Die beiden **Zufahrten zur Halbinsel** liegen nördlich und südlich des Flughafens. Auf der Nordseite unmittelbar um den Flughafen herum passiert man die Ruinen des orthodoxen Klosters Sv Mihail (blaues Schild: „манастір") linker Hand, rechts hat man freien Blick über die Bucht von Tivat und die kleinen, weniger empfehlenswerten Badestrände Krtole und Kaladovo.

Über die südliche Zufahrt kommt man zunächst durch **Đuraševići,** wo entlang der Straße Einkaufsmöglichkeiten für in der Bucht gezüchtete Muscheln (auf Schilder achten: „školjike"), aber auch Fisch *(ribe)* und hausgebrannten Schnaps *(rakija)* bestehen.

Zum eigentlichen „Hauptort" hat sich **Radovici** in der Pržna-Bucht entwickelt, da hinter dem Ort auch der Campingplatz AC Pržno-Plavni Horizont (50 Stellplätze für 500 Personen, Wohnwagenverleih, Restaurant, Tennisplätze, Tel. 082-672342) und das gleichnamige große €€Hotel (Tel. 082-671535 und 452243, Fax 672261, primorje@cg.yu, mit Fahrradverleih) Unterkunft und Strandzugang bieten. Im Hochsommer (nur Juli/August) organisiert die Tauchbasis Žanjice (Tel. 088-683477, www.rcud.cg.yu) Tauchkurse und geführte Tauchgänge – alles sehr preiswert, der POW kostet hier 220 Euro, 10 Tauchgänge 150 Euro.

Im Ort (Anbieter von Ferienwohnungen, Post, Minimärkte) zweigt eine kleine Nebenstraße auf die Nordseite der Halbinsel Luštica ab, nach etwa 2 km bietet die **Bucht Međeđa,** nach 11 km die **Bucht Žanjica** einige Bademöglichkeiten. Die Route führt über den 374 m hohen Merdari-Pass und erlaubt feine Blicke über die Bucht von Kotor bis nach Kroatien hinüber. Über das **Kap Rose** erreicht man 12 km an der Ostseite der Halbinsel entlang wieder Đuraševići und die Hauptstraße bei Tivat.

294sd08 Foto: wl

Anhang

Literaturtipps

- *Bodrožić, Marica:* **Tito ist tot,** Suhrkamp Verlag. Kurzgeschichten und Erzählungen zum neuen Kroatien.
- *Deschner, Kh. & Petrovic, M.:* **Der ewige Kreuzzug auf dem Balkan.** München, 1999.
- *Dubravka Ugrešić:* **Kultur der Lüge,** Suhrkamp Verlag. Auseinandersetzung mit dem jugoslawischen bzw. kroatischen Nationalstaat.
- *Dubravka Ugrešić:* **Lesen verboten,** Suhrkamp Verlag. Weitere Auseinandersetzung mit dem jugoslawischen bzw. kroatischen Nationalstaat.
- *Elsässer, Jürgen:* **Kriegslügen,** Kai Homilius Verlag, 2004. Erläutert die unselige Geschichte des Balkankonfliktes bis zum Milošević-Prozess.
- *Hösch, Edgar:* **Geschichte der Balkanländer,** C. H. Beck Verlag. Grundlagenwerk zur Geschichte des ehemaligen Jugoslawien und seiner Nachfolgestaaten.
- *Jovanović, Dragoslav:* **Kroatisch – Wort für Wort,** Kauderwelsch Band 98, REISE KNOW-HOW Verlag, Bielefeld. Kroatisch für den einfachen Einstieg und die schnelle Verständigung im Reisealltag. Der „AusspracheTrainer Kroatisch" (Audio-CD, ca. 60 Min. Laufzeit) enthält die wichtigsten Sätze und Redewendungen des Kauderwelsch-Bandes zum Hören und Nachsprechen.
- *Mappes-Nieldick, Norbert:* **Balkan Mafia,** Berlin 2003. Beschreibt die Balkanstaaten in der Hand krimineller Banden und Politiker, sehr aktuell bis zum Djindić-Attentat.
- *Schmidt, H. & Barth, E.W.:* **Hafenhandbuch Mittelmeer,** in 6 Bänden, Nautik-Verlag. Detaillierte Pläne und Beschreibungen aller adriatischen Hafenanlagen und Segelreviere.
- *West, Rebecca:* **Schwarzes Lamm und grauer Falke,** Berlin, 2002. Geschichtlicher und kultureller Hintergrund des Balkan basierend auf einer Reise einer Engländerin in den 1930er Jahren.

Bild auf den Seiten zuvor: Potomje-Dingać auf der Halbinsel Pelješac

Glossar

• **Abecedarium:** Alphabet (lateinisch, kyrillisch oder griechisch), welches vom Bischof bei der Kirchweihe in den Boden graviert wird.
• **Antolčić, Ivan** (*15.5.1928 in Komarevo, Sisak): In Zagreb ausgebildeter Bildhauer, von 1954–1991 Bühnendekorateur und Skulpteur des Nationaltheaters in Zagreb, gleichzeitig gefragter Poster-Zeichner (Ballett Zagreb) und Maskenbildner. Seit 1963 stellt er selbst aus und arbeitet bevorzugt für Kinderzeitungen („Radost", „Modra"), gestaltet Folianten, Medaillen, Plaketten u. Ä. *Antolčić* gilt als Aushängeschild der kroatischen Allround-Kunst des 20. Jh.
• **Aquilea** (ital. Aquileja): Ab 181 v. Chr. als römische Kolonie erwähnt, wurde als zweite italienische Stadt christianisiert und war eine der größten Städte Italiens überhaupt. Ab Mitte des 6. Jh. war es Patriarchat („Patriarch" ursprünglich: Vorsteher des Sanhedrin, des höchsten jüdischen Gerichtes, dann ähnlich einem Erzbischof). Ab 1421 gehörte das Patriarchat Aquilea zu Venedig, verlor 1445 seine weltliche Macht und wurde schließlich von Papst *Benedikt XIV.* aufgelöst. Heute Ruinenstadt in Nordost-Italien (Grado). Mit dem Zusammenbruch Westroms (476) fielen zahlreiche Städte Nordkroatiens, insbesondere Istriens, an das Patriarchat Aquilea.
• **Archidiaconus:** geistlicher Titel (Erzdiakon), ursprünglich erster Diakon und Vertreter des Bischofs, oft in Personalunion Dompropst, beteiligt an Vermögensverwaltung und Kirchenrechtsprechung.

• **Ban:** Vizekönig, Statthalter.
• **Byzanz:** Hauptstadt des byzantinischen Weltreichs (später Konstantinopel, heute Istanbul), gleichzeitig Bezeichnung für das oströmische Reich nach der Abspaltung von Westrom (Reichsteilung 395 n. Chr.). Während Westrom schon 476 n. Chr. von den germanischen Goten zerschlagen wurde (Odoaker), blieb Byzanz (Ostrom) bis zur Eroberung durch die Türken 1453 ein wichtiger Machtfaktor und Bollwerk gegen den Islam im östlichen Mittelmeerraum. Obgleich die kroatische Adria im Allgemeinen und Istrien im Besonderen eher dem weströmischen Einfluss zuzurechnen sind, war Ostrom nicht unbedeutend, was an der nur allmählichen Trennung von Kirche und Staat lag: Kirchlich unterstanden viele Städte weiterhin dem Patriarchen von Konstantinopel, während sie politisch an die Nachfolger Westroms fielen (etwa Venedig) und so erst später unter römisch-katholischen Einfluss gerieten.

• **Campanile:** Glockenturm, der abgesetzt neben der Kirche steht, sehr häufig in Italien und in vielen Kirchen Kroatiens, die während der venezianischen Phase errichtet worden sind.

• **Dalmatinac, Juraj** (1410–1473): Dalmatischer Innenarchitekt und Künstler aus Zadar in der Übergangsphase von der Spätgotik zur Renaissance. Seine Werke sind von außerordentlicher Bedeutung für Kroatien und sogar Italien, wo *Dalmatinac* in Ancona und Venedig (Kaufmannsloge) tätig war. Die Gesamtanlage der Stadt Pag, Wohnhäuser und Befestigungsmauern von Dubrovnik sowie die Kathedrale von Šibenik gehören zu seinen bedeutendsten Werken.

• **Exarchat:** Verwaltungsrat und Statthalter von Byzanz.

• **Frankopanen:** Kroatisches Fürstengeschlecht in Hoch- und Spätmittelalter sowie der frühen Neuzeit, welches insbesondere die Kvarner Bucht südlich von Rijeka kontrollierte und mit Wehrschlössern befestigte. Architektonische Musterbeispiele findet man in der Kvarner Bucht von Bakar bis Novi Vinodolski sowie auf den Inseln.

• **Garibaldi:** Nach der Kapitulation des faschistischen Italien (1943) schlossen sich etliche der bis dahin für die Achsenmächte auf dem Balkan kämpfenden Italiener den Partisanen *Titos* im Kampf gegen die Deutschen an. Diese italienischen Einheiten wurden als „Division Garibaldi" bekannt und erlangten einiges Ansehen in den befreiten jugoslawischen Landesteilen. Ihnen zu Ehren findet man in einigen Städten Istriens eine „Ulica Garibaldi" (Garibaldi-Straße).

• **Gespanschaft:** Die Republik Kroatien ist administrativ in 20 Gespanschaften gegliedert, die etwa einem Bundesland bzw. Kanton entsprechen (die Stadt Zagreb bildet zusätzlich eine eigene Verwaltungseinheit). Der Begriff stammt aus der k.u.k. Zeit und wurde 1918 übernommen (Königreich der Serben und Kroaten), nach dem Zweiten Weltkrieg abgeschafft und 1992 reaktiviert.

• **Glagolitisch:** altslawische Schrift, die im 9. Jh. entwickelt wurde, um Bibeltexte ins Altslawische zu übersetzen.

• **Gregor von Nin (Grgur Ninski):** Hochmittelalterlicher Bischof (10. Jh.) der Stadt Nin sowie Zeitgenosse und Berater, später Kanzler des kroatischen Königs *Tomislav. Gregor* trat für die Erhaltung der slawischen Sprache (statt Latein) in den Gottesdiensten ein, wandte sich stets gegen den dominanten Klerus von Split und wird als eine Art erster kroatischer Freiheitskämpfer verehrt.

• **Histrer & Liburner:** Im Nordwesten des heutigen Kroatien, insbesondere in Istrien verbreitete regionale ethnische Gruppe der Illyrer des Altertums. Der Name der Halbinsel

„Istrien" (lat. Histria) wird oft auf die dort einst ansässigen „Histrer" zurückgeführt.

- **Ikonostase:** dreiteilige, mit Ikonenbildern versehene Trennwand zwischen Altar und Kirchenhauptschiff in serbisch- und griechisch-orthodoxen Kirchen.
- **Illyrer:** Bedeutende indoeuropäische, staatlich organisierte Volksgruppe des Altertums, die im Nordwesten des Balkans und entlang der Adria beheimatet war; einzelne Stämme sind auch in Italien und sogar Griechenland nachgewiesen. Nach der Zeitenwende wurden die Illyrer schnell romanisiert; ab Mitte des 3. Jh. gingen zahlreiche römische Imperatoren („Zeit der illyrischen Kaiser", *Diokletian)* aus ihren Reihen hervor. Auf der Halbinsel Pelješac bei Dubrovnik wurde im Jahr 2000 in einer Höhle eine 8000 Jahre alte, unberührte Tempelstätte gefunden, deren Auswertung noch andauert. Die Annahme, dass ihre Herkunft in Mitteldeutschland (Lausitzer Kultur) liegt, blieb bislang ohne zwingende Beweise.

- **Lapidarium:** Für kleine Museen und Ausstellungen wird oft der Begriff Lapidarium verwendet. Es handelt sich dabei um Sammlungen steinerner Relikte (lat. *lapidarius* = steinern) wie Fußböden, Wandplatten oder andere Fragmente bzw. Bauteile (etwa Säulen).

- **Meštrović, Ivan** (*1883 in Otavice/Šibenik, †1962): Bildhauer und Urheber zahlreicher Büsten und Denkmäler in den Küstenorten Kroatiens. Er emigrierte wegen der italienischen Besatzung in die USA und gilt heute als bedeutendster kroatischer Vertreter des modernen Expressionismus und Neoklassizismus. Sein einstiges Atelier liegt in der Zagreber Altstadt (Gradec) in der Mletačka-Straße nahe des Markusplatzes.
- **Militärgrenze:** In der Zeit vom 16. bis 19. Jh. ein militärisch organisierter und mit zahlreichen Festungsbauten bestückter Landstrich an der türkischen Grenze Österreich-Ungarns (wurde 1849–1866 ein eigenes österreichisches Kronland). 1881 wurde die kroatisch-slawonische Militärgrenze mit Kroatien-Slawonien vereinigt. Die Grenzer waren örtliche Bauernsoldaten, die Wehrdienst in Grenzregimentern leisteten und dafür zu meist keine Abgaben zu entrichten hatten.

- **Polyptychon:** Meist holzgeschnitzte, baldachinähnliche Kirchenaltäre oder Seitenschreine mit einer Vielzahl von Bildnissen christlicher Heiliger. Das äußere Erscheinungsbild eines Polyptychon ist dem einer Ikonostase nicht unähnlich, man geht daher von einem byzantinischen Ursprung aus. Der für Kroatien bedeutendste Künstler ist *Antonio Vivarini.*

●**Portikus:** Von Säulen getragenes Vordach einer Kirche, Kathedrale oder Basilika, das häufig bei Sakralbauten byzantinischen Ursprungs zu sehen ist.

●**Sanmichele, Michele:** Venezianischer Architekt, der Mitte des 16. Jh. im Auftrag der Dogenrepublik zahlreiche weltliche und geistliche Baudenkmäler in Nord- und Zentraldalmatien schuf (Zadar).

●**SFOR** (Stabilisation Forces Of Restjugoslavia): Internationales Kontingent unter deutscher Beteiligung zur Überwachung des Daytoner Friedensabkommens in Bosnien-Herzegowina. Das deutsche Kontingent in Bataillonsstärke ist bei Sarajevo (Rajlovac) stationiert und untersteht dem Kommando der französisch-multinationalen DMNSE (Division Multinationale Sudeste) mit Hauptquartier in Mostar-Ortijes. Das Divisionsgebiet erstreckt sich von der Gegend um Sarajevo über Mostar bis zur kroatischen Grenze. Die SFOR-Truppen wurden 2005 von einer EU-geführten internationalen Truppe („Operation Athea") abgelöst.

●**Štrossmayer:** Fast jeder größere Ort Kroatiens hat eine Hauptstraße mit dem Namen „Ulica Štrossmayera". Dahinter verbirgt sich *Josip Juraj Štrossmayer* (1815–1905), Bischof von Djakovo und Beichtvater Kaiser *Franz Josephs*. Er war ein Vordenker des Panslawismus (Streben nach Einheit aller Slawen von Russland bis Kroatien). Da aber hierzu die slawisch-orthodoxe und die römisch-katholische Kirche vereinigt werden mussten, war er ein Gegner aller die Kirchen trennenden Dogmen, v.a. der katholischen Theorie der unbefleckten Empfängnis, womit er in scharfer Opposition zum Papst stand (Erstes Vaticanum 1870).

●**Tesla, Nikola:** In vielen kroatischen Gemeinden wird der Besucher auf eine Ulica N. Tesla (Nikola-Tesla-Straße) treffen, wobei es sich um den Erfinder und Elektroingenieur *N. Tesla* (1856–1943) aus Lika bei Gospić (Dalmatien) handelt. Der Sohn serbischer Eltern machte den Wechselstrom nutzbar und gilt auch in Kroatien als einer der bedeutendsten Serben des Landes.

●**Uškoken:** Mittelalterliche Seeräuberbande, die sich gegen die türkische und die venezianische Fremdbestimmung auflehnte und entlang der norddalmatischen Küste mit Zentrum in Senj ihr Unwesen trieb.

Die Reiseführer auf einen Blick

Reisehandbücher
Urlaubshandbücher
Reisesachbücher
Edition RKH, Praxis

Algarve, Lissabon
Amrum
Amsterdam
Andalusien
Apulien
Athen
Auvergne, Cévennen

Barcelona
Berlin, Potsdam
Borkum
Bretagne
Budapest
Burgund

City-Trips mit Billigfliegern
City-Trips mit Billigfliegern, Bd.2
Cornwall
Costa Blanca
Costa Brava
Costa de la Luz
Costa del Sol
Costa Dorada
Côte d'Azur, Seealpen, Hochprovence

Dalmatien
Dänemarks Nordseeküste
Disneyland Resort Paris
Dresden

Eifel
El Hierro
Elsass, Vogesen
England, der Süden
Erste Hilfe unterwegs
Estland
Europa BikeBuch

Fahrrad-Weltführer
Fehmarn
Föhr
Formentera
Friaul, Venetien
Fuerteventura

Gardasee, Trentino
Golf von Neapel, Kampanien
Gomera
Gotland
Gran Canaria
Großbritannien

Hamburg
Helgoland
Hollands Nordseeinseln
Hollands Westküste
Holsteinische Schweiz

Ibiza, Formentera
Irland
Island, Faröer
Istanbul
Istrien, Kvarner Bucht

Juist

Kalabrien, Basilikata
Katalonien
Köln
Kopenhagen
Korfu, Ionische Inseln
Korsika
Krakau, Tschenstochow
Kreta
Krim, Lemberg, Kiew
Kroatien

Landgang an der Ostsee
Langeoog
La Palma
Lanzarote
Latium mit Rom
Leipzig
Ligurien, Cinque Terre
Litauen
London

Madeira
Madrid
Mallorca
Mallorca, Leben/Arbeiten
Mallorca, Wandern
Malta, Gozo, Comino
Mecklenb./Brandenb.: Wasserwandern
Mecklenburg-Vorp. Binnenland
Menorca
Montenegro
Moskau
Motorradreisen
München

Norderney
Nordseeinseln, Dt.
Nordseeküste Niedersachsens
Nordseeküste Schleswig-Holstein
Nordspanien
Nordzypern
Normandie
Norwegen

Ostseeküste Mecklenburg-Vorp.
Ostseeküste Schleswig-Holstein
Outdoor-Praxis

Register

I

J

K

L

M

N

O

P

R

S

T

Der Autor

Werner Lips, Jahrgang 1961, betätigte sich nach dem Studium der Ostsprachen und Geschichte in verschiedenen Bereichen: als Offizier im Balkaneinsatz, als Manager bei Markenunternehmen und Betriebsleiter in der Baunebenbranche, als Fachhochschuldozent für Sprachen und Kulturwissenschaften. Als gefragter Experte im Bereich Osteuropa/Asien beriet er wiederholt Fernsehen (WDR, VOX, ZDF/Arte) und Behörden. Der Taucher, Motorradfahrer und Trekker ist seit vielen Jahren intensiv über und unter Wasser rund um das Mittelmeer, dabei besonders in dessen Osthälfte, unterwegs auf der Suche nach interessanten Reisezielen. Kroatien bzw. Istrien fasziniert ihn landschaftlich, kulturell und in geschichtlicher Hinsicht, nicht zuletzt wegen der zahlreichen historischen Stätten, aber auch wegen der politischen Besonderheiten auf dem Balkan. Von ihm sind bei REISE KNOW-HOW auch Reisebücher zu Kroatien, Istrien, Norddalmatien, Montenegro, Malta und Zypern (Süd und Nord) erschienen.

Danksagung

Zahlreiche Menschen trugen zur Verbesserung dieses Buches bei. Mein herzlicher Dank richtet sich dabei insbesondere an: *N. Hartge, M. Albrich & K. Bradl, M. Linke, K. Rosenfeld, P. Huber, A. Vilim, S. & B. Meier-Neiss, B. Carlson, Dr. D. Martin, S. Kagerer, B. Kier & F. Friedrich, S. Burkert, S. Hermann, Y. Dalferth, B. Schönegger, A. Kuck, M. Klotzbach, N. Suppanz, N. Röß, R. Russ, J. Kiel* und *B. Patocka.*